Birgit Lechtermann
Michael Koroll
DER SCHICKSALS-CODE

BIRGIT LECHTERMANN
MICHAEL KOROLL

DER SCHICKSALS-CODE

EHRENWIRTH

Ehrenwirth in der Verlagsgruppe Lübbe

Originalausgabe

Textredaktion: Dr. Anita Krätzer, Schwarzenbek
Umschlaggestaltung: Guter Punkt, München
Umschlaggestaltung: © Guter Punkt, Andrea Barth
Autorenfotos: Olivier Favre
Satz: Bosbach Kommunikation & Design GmbH, Köln
Gesetzt aus der Weiss Antiqua
Druck und Einband: Friedrich Pustet, Regensburg

Printed in Germany
ISBN 978-3-431-03801-9

5 4 3 2 1

Sie finden uns im Internet unter: www.luebbe.de
Bitte beachten Sie auch: www.lesejury.de

Über die Autoren

Birgit Lechtermann ist Journalistin und Moderatorin. Sie moderierte zahlreiche bekannte Sendungen im deutschen Fernsehen wie »1, 2 oder 3« oder »Trivial Pursuit«. Sie entwickelte TV-Shows wie »Wir testen die Besten«, ist Autorin diverser Bücher und Hörspiele. Darüber hinaus ist sie als Moderations- und Personal-Coach tätig.

Michael Koroll ist Marketingberater, Designer und entwickelt Markenkonzepte. Er verhalf vielen bekannten Produkten aus dem Food-Bereich zum Erfolg. Seit über zehn Jahren arbeitet er an der Entschlüsselung des Schicksals-Codes.

Besuchen Sie auch die Homepages der Autoren:
Birgit Lechtermann: www.biggi-lechtermann.de
Michael Koroll: www.brands4.us
www.schicksalscode.com

INHALT

WIE ALLES BEGANN

EIN MANUSKRIPT MIT STEILER THESE

Von Birgit Lechtermann

Es ist vier Jahre her, da lag eine Präsentationsmappe mit der Aufschrift *Code of Destiny* auf meinen Schreibtisch. Michael Koroll, von Beruf Markenentwickler, hatte sie mir zugeschickt, nachdem ein gemeinsamer Freund ihm geraten hatte, sich mit diesem Thema an einen Journalisten zu wenden. Seine spektakuläre Entdeckung, so meinte er, würde manche Ereignisse im Leben berühmter Persönlichkeiten in einem neuen Licht erscheinen lassen. Jeder Mensch habe in seinem Leben in individuellen, regelmäßigen Abständen Hochs und Tiefs, und Erfolge und Schicksalsschläge ließen sich anhand eines Schicksals-Codes nicht nur in der Vergangenheit verfolgen, sondern auch für die Zukunft zeitlich eingrenzen. Zur Untermauerung seiner These verwies Koroll auf seine zu über neunzig Prozent zutreffenden Auswertungen, die er bereits zu vielen prominenten Persönlichkeiten erstellt hatte.

Das ist eine steile These, dachte ich. Zukunftsprognosen zum Thema Liebe, Erfolg, Triumphe und Veränderungen füllen täglich die Zeitungen und Zeitschriften. Wenn ich überhaupt mal ein Horoskop in einer Zeitung lese, finde ich es eher amüsant. Ich lasse mir nicht die Karten legen, würde keinen TV-

Wahrsager für 1,90 Euro die Minute anrufen und glaube fest daran, dass man sein Leben selbst bestimmt.

Nach einigen Telefonaten mit Michael Koroll legte ich die Mappe zunächst auf den Stapel mit den unerledigten Projekten. Andere Dinge hatten zu der Zeit eine höhere Priorität in meinem Leben. Allerdings erschien mir Michael Koroll in den Telefonaten als seriöser Entwickler von Markenkonzepten und nicht als durchgeknallter Guru mit irgendeiner neuen Lebensphilosophie. Das war wohl auch der Grund, warum ich ihm die Präsentation nicht gleich postwendend zurückschickte.

Vier Jahre später fielen mir seine Unterlagen wieder in die Hände, und meine journalistische Neugier, was wohl aus dieser Entdeckung geworden war, ließ mich zum Telefon greifen. Michael Koroll freute sich über meine Nachfrage zu dem Entwicklungsstand seines Projekts. Nach einigem Zögern sagte er:

»Ich habe mir erlaubt, auch Ihre Daten in meine Berechnungen einfließen zu lassen. Das Zeitfenster für ›Erschütterung‹ trat nach Ihrem Schicksals-Code in den letzten vier Jahren gleich mehrfach, teilweise doppelt innerhalb eines Zeitraums auf. Bei allen Referenzdaten, die ich aus den Biografien von prominenten Menschen errechnet habe, weist dieser Code immer auf Katastrophen oder, wie man so sagt, auf Schicksalsschläge hin. Ich nenne Ihnen einige Beispiele:

Bei der berühmten Modeschöpferin Coco Chanel taucht dieser Zahlen-Code auf, als ihr Geliebter, Paul Iribe, am 28. September 1935 plötzlich auf dem Tennisplatz zusammenbricht und stirbt. Auch im Schicksals-Code von John F. Kennedy, dem ehemaligen Präsidenten der USA, habe ich diese Zahlenkombination gefunden. Sie zeigt sich im August 1944, als das Flugzeug von Kennedys Bruder über dem Ärmelkanal explodiert.«

Dann erzählte mir Koroll noch, dass er mit Hochdruck weiter am Projekt Schicksals-Code gearbeitet habe. Daten aus Hunderten von Biografien seien inzwischen von ihm gesammelt und ausgewertet worden. Einige besonders spektakuläre Beispiele für die Übereinstimmung des Schicksals-Codes mit tatsächlichen Ereignissen würde er mir zukommen lassen.

Als ich den Hörer auflegte, war ich verunsichert. Ja, es hatte in meinem Leben jüngst ziemlich heftige Erschütterungen gegeben. Sowohl meine Mutter als auch mein Mann waren innerhalb weniger Jahre nacheinander gestorben. Den tragischen Tod meines Mannes hätte Michael Koroll aber auch ohne Erstellung meines Schicksals-Codes der Presse entnehmen können.

Was war mit der Übereinstimmung dieses geheimnisvollen Zahlen-Codes mit schicksalhaften Ereignissen in anderen Biografien? Wie konnte er überhaupt die Zahlen für die Erstellung einer solchen Lebensmatrix ermitteln? Wieso hatte es eine doppelte Zahlenkombination für »Erschütterung« in der hinter mir liegenden Phase meines Lebens gegeben? Und wieso gab es bei anderen Menschen auch solche Zahlenkombinationen? Schon während ich mir diese für Journalisten typischen W-Fragen stellte, versuchte ich nüchtern zu analysieren: Waren es, neben meiner beruflichen Neugier, nicht auch meine persönlichen Erfahrungen, die mich intensiv über das Thema Schicksal und den Schicksals-Code nachdenken ließen?

Ich erzählte einer Freundin, die sich täglich beruflich mit mathematischen Zusammenhängen auseinandersetzen muss, vom Projekt *Schicksals-Code* und bat sie, mir einige Jahreszahlen zu einschneidenden Erlebnissen in ihrem Leben zu nennen. Die dazugehörenden Ereignisse sollte sie nicht beschreiben. Diese Daten schickte ich, zusammen mit ihren Geburtsdaten, an Michael Koroll. Ich bat ihn um die Erstellung des Schicksals-Codes meiner Freundin. Danach vereinbarte ich einen Telefontermin zwischen den beiden, bei dem Koroll meiner Freundin seine Auswertungen darlegen sollte.

Zwei Tage später rief mich meine Freundin an. Sie erzählte mir, dass Koroll die Zahlen-Codes der von ihr genannten Jahre mit denen berühmter Persönlichkeiten in seiner Datenbank abgeglichen habe. Sie habe ähnliche Ereignisse wie die Prominenten mit identischen Zahlen-Codes erlebt, positive wie negative. Auch erscheine ihr das System als durchaus nachvollziehbar, da es doch unter anderem um eine statistische Hochrechnung gehe, die die Zeitpunkte bereits geschehener Ereignisse als Grundlage habe. Die Auswertung sei äußerst treffsicher und zugleich überzeugend gewesen. – Ich war sehr erstaunt.

Nächster Test: Würden meine männlichen Kollegen für dieses Thema nur ein Kopfschütteln übrig haben und die Entdeckung eines solchen Schicksals-Codes als Unsinn abtun? Also erzählte ich einem Kollegen, der als TV-Produzent arbeitet, von dem Thema Schicksals-Code. Er ist in Zahlen, Tabellen und Kalkulationen zu Hause und lässt sich so gar nicht mit »Kaffeesatz lesen« und »in die Glaskugel schauen« in Verbindung bringen. »Die Vergleichbarkeit mit anderen Biografien ist sehr spannend«, war sein Kommentar, »da schlummert etwas.« Ein anderer Kollege merkte an, dass schon in der Bibel Hinweise auf zyklische Abläufe wie die sieben fetten und die sieben mageren Jahre zu finden seien. »Im Übrigen auch in meinem Leben«, verriet er mir augenzwinkernd. »Ich war zweimal verheiratet und habe eine gescheiterte Beziehung hinter mir, interessanterweise gingen alle drei Partnerschaften nach jeweils acht Jahren in die Brüche.«

Das Thema war also von Interesse – nicht nur für mich. Um den Schicksals-Code einer breiteren Öffentlichkeit zugänglich zu machen, mussten wir uns diesem Thema allerdings journalistisch nähern. Das jedoch würde aufwendige Recherchen über die Lebensgeschichten von Prominenten und Persönlichkeiten aus vergangenen Jahrhunderten erfordern. Ebenso würde es notwendig sein, dass uns nicht prominente Menschen ihr Schicksal erzählten und uns ihre Daten für eine Auswertung zur Verfügung stellten. Für eine Beweisführung müssten wir einige Menschen mit ihrem eigenen Schicksals-Code konfrontieren und sie auffordern, die Ereignisse ihres vergangenen Lebens den auffälligen Zahlenwerten in den Berechnungen zuzuordnen. Positive wie negative Erfahrungen, auch emotional belastende, mit Mühe verdrängte Schicksalsschläge müssten in den dazu geführten Gesprächen noch einmal offen angesprochen werden. Auch das Thema Schicksal würden wir grundsätzlich beleuchten müssen. Was ist im Leben eines Menschen unvermeidlich, was hat jeder Mensch selbst in der Hand, welchen Entscheidungsspielraum hat er, sein Schicksal zu gestalten?

Als ich mit Michael Koroll über diese Anforderungsliste für ein Buch über den Schicksals-Code sprach, sagte er mir jegliche Unterstützung und die Offenlegung seiner bisherigen Erkenntnisse zu.

ALLES NUR ZUFALL?

Von Michael Koroll

Als ich einmal rückblickend auf meine bis dahin wichtigsten Lebensstationen schaute, fiel mir auf, dass einige Ereignisse in bestimmten zeitlichen Abständen geschehen waren. Veränderungen im Beruf, in der Liebe, neue Wohnorte, außergewöhnliche Begegnungen tauchten bei näherer Betrachtung in zyklischer Folge auf. Es schien mir, als gäbe es ähnlich lange Zeitabschnitte, nach denen in meinem Leben bestimmte Entwicklungen begünstigt wurden. »Interessanter Zufall!«, dachte ich und kümmerte mich nicht mehr weiter darum.

Einige Jahre später, als ich schon etwas mehr Zeit hinter mir hatte, auf die ich zurückblicken konnte, wurde das Bild noch deutlicher. Jetzt wollte ich es genauer wissen.

Zunächst trennte ich die verschiedenen Themenbereiche in meinem Leben voneinander wie zum Beispiel Beruf und Partnerschaft. Die Auflistung der Ereignisse mit den dazugehörenden Jahreszahlen zeigte, mit wenigen Abweichungen, tatsächlich bestimmte Intervalle. Zum Beispiel traten entscheidende berufliche Neuorientierungen immer im Abstand von neun Jahren auf. Alle sieben Jahre zeigten sich Veränderungen in der Partnerschaft. Ich stellte mir die Frage, ob diese Regelmäßigkeiten nur bei mir auftauchten oder auch bei anderen Menschen. Ich begann Biografien zu studieren, ordnete Ereignissen konkrete Jahreszahlen zu und war überrascht. Meine Zyklen waren kein Einzelfall.

Jahre später, als ich bereits als Markenberater für große Unternehmen arbeitete, wurde ich wieder mit zyklischen Strukturen konfrontiert: Markentrends, Life-Cycles, Verbrauchergewohnheiten, Modetrends – alles schien einem ständigen Auf und Ab unterworfen zu sein. Oder war es gar eine kreisförmige beziehungsweise zyklische Bewegung? Ich fragte mich, ob es den idealen Zeitpunkt für den Erfolg einer Idee, das Kennenlernen eines Partners oder einen wichtigen Geschäftsabschluss gab. Wenn es ihn tatsächlich gab, wie konnte dieser Zeitpunkt ermittelt werden?

Ich begann zunächst in den Biografien von erfolgreichen Unternehmern nach Strukturen zu suchen. In einer fand ich eindeutige Zyklen, welche die wichtigsten Stationen im Leben eines Supermanagers konkret anzeigten. Es handelte sich dabei um die Erfolgsgeschichte von Steve Jobs, in der ich auffällige Zehn-Jahres-Zyklen entdeckte. 1976 gründet Steve Jobs die Firma Apple Computer, zehn Jahre später, 1986, gründet er NeXT Computer und kauft das Trickfilmstudio Pixar. Wieder zehn Jahre später, 1996, verkauft er NeXT Computer gewinnbringend an Apple. Weitere zehn Jahre später, 2006, verkauft er Pixar – ebenfalls für viel Geld – an den Unterhaltungskonzern Walt Disney Company. Alles nur Zufall?

Ich begann, weitere Daten zu sammeln, Biografien zu studieren und nach Mustern hinter anderen herausragenden Ereignissen zu suchen. Ob im Leben von Boris Becker, der Gesundheit von John F. Kennedy oder der Karriere von Elvis Presley – fast überall stieß ich auf Zyklen. Ich fragte mich: »Wenn sich bei einigen Menschen das Thema Liebe, Erfolg oder beispielsweise gesundheitliche Probleme in so regelmäßigen Abständen wiederholt, setzt sich dieses Muster dann auch in der Zukunft fort?«

Die Idee für den *Schicksals-Code* war geboren. Nur ahnte ich damals noch nicht, wie viel Arbeit noch vor mir liegen sollte, um den Schlüssel für den Code zu finden.

DAS PHÄNOMEN SCHICKSAL

Täglich werden wir in privaten Gesprächen oder in den Medien mit dem Wort *Schicksal* konfrontiert. Kluge Menschen widmeten diesem Thema Bücher oder ließen es in Opern, Filme und Kunstwerke einfließen. Es gibt kaum ein Thema, das die Menschen so berührt, bei dem aber gleichzeitig die Meinungen so sehr auseinandergehen.

Die einen sind der festen Überzeugung, dass alles, was ihnen widerfährt, fremdgesteuert ist und längst festgeschrieben steht. Die anderen halten diese Annahme für ausgemachten Unsinn. Sie nehmen alles selbst in die Hand und glauben nicht an ein festgelegtes Schicksal. Sie sind der Meinung, dass sie mit ihren aktiven Handlungen bestimmen, was hier und jetzt und in der Zukunft passiert.

Auffällig ist, dass die meisten Menschen das Wort *Schicksal* weit häufiger mit unangenehmen Ereignissen in Verbindung bringen als mit Glücksfällen. Sie glauben, dass das Schicksal immer nur dann aktiv wird, wenn etwas Tragisches in ihrem Leben geschieht, das sie unvorhersehbar trifft. Aber ist das Schicksal wirklich immer nur für die unangenehmen Erfahrungen verantwortlich zu machen? Ist das Schicksal ausschließlich die Macht, die unsere Pläne durchkreuzt? Vielleicht werden wir auf diese Fragen niemals eine Antwort finden, aber möglicherweise denken Sie über das Phänomen »Schicksal« etwas anders, wenn Sie dieses Buch gelesen haben.

Im Zuge der Recherche zu diesem Buch haben uns ganz unterschiedliche Menschen ihre Lebensgeschichte erzählt. Sie erfahren, wie diese Menschen es schafften, eine Krise zu meistern, trotz schwerer Rückschläge den Blick nach vorn zu richten und die Hoffnung auch in schwierigen Zeiten nicht aufzugeben. Die Biografien von großen Persönlichkeiten der Geschichte und von Prominenten machen deutlich, dass jeder Mensch Höhen und Tiefen durchlebt und keiner von Erschütterungen verschont bleibt.

Ist es möglich, Zeiträume einzugrenzen, die einen Wendepunkt im Leben ankündigen, einen neuen Anfang ermöglichen, einen Kurswechsel begünstigen?

SCHICKSAL: BESTIMMUNG ODER FREIER WILLE?

Wenn man Antworten auf Fragen sucht wie: »Ist mein Schicksal vorbestimmt?« oder »Habe ich alles selbst in der Hand, was in meinem Leben geschieht?«, ist es sinnvoll, das Schicksal zunächst in zwei Arten zu unterscheiden. Einmal in das Schicksal, das wir nicht ändern können. Nennen wir es das *bestimmte Schicksal*. Zum anderen in das *unbestimmte Schicksal*.

Unser *bestimmtes Schicksal* ist es, geboren zu werden und am Ende unserer Tage zu sterben. Daran gibt es nichts zu rütteln. Hinzu kommen noch die Rahmenbedingungen, die uns quasi als Starter-Paket in die Wiege gelegt werden. Zum Beispiel unser Elternhaus, unser Geschlecht, der Kulturkreis mit seinen gesellschaftlichen Normen, in den wir hineingeboren werden, und die uns umgebenden wirtschaftlichen Verhältnisse. Im Gegensatz dazu bietet uns das *unbestimmte Schicksal* reichlich Spielraum für eigene Entscheidungen. Es ist durch uns beeinflussbar, bietet unzählige Wahlmöglichkeiten und stellt uns täglich vor neue Aufgaben und Herausforderungen. Wir können Chancen ergreifen,

Risiken ausweichen, Dinge ausprobieren, Ziele ansteuern oder auch an ihnen vorbeifahren.

Vergleichen wir das Schicksal mit den Dreharbeiten zu einem Kinofilm. Der Film hat logischerweise einen Anfang und ein Ende. Auch die Zeit, in der er spielt, steht fest. Ebenso, dass Sie in jedem Fall in diesem Film die Hauptrolle spielen werden. Das sind die Eckdaten, die für das *bestimmte Schicksal* stehen. Während der Dreharbeiten kann es jedoch auch viele unvorhergesehene Zwischenfälle geben: das *unbestimmte Schicksal*. Schlechte Wetterbedingungen verzögern die Dreharbeiten. Nun können Sie die Zeit anderweitig nutzen oder einfach abwarten. Der Regisseur streicht Ihnen wichtige Szenen. Jetzt sind Sie gefordert. Setzen Sie sich durch, oder akzeptieren Sie die Änderung Ihrer Rolle widerstandslos? Ihr Stuntman fällt aus. Übernehmen Sie das Risiko, oder warten Sie auf den Ersatzmann? Es gibt viele Dinge, die nicht im Drehbuch stehen, aber Sie haben ebenso viele Möglichkeiten, darauf zu reagieren. Sie können immer wieder aktiv dazu beitragen, dass der Film Ihres Lebens am Ende ein Erfolg wird.

SCHICKSAL PASSIERT JEDEM

Denkt man über das Thema Schicksal nach, fragt man sich zwangsläufig, warum manche Menschen scheinbar das Glück gepachtet haben, während andere keinen Ausweg aus ihrer unglücklichen Situation finden. Lesen und hören wir von erfolgreichen Menschen, die scheinbar nur auf der Sonnenseite des Lebens stehen, so gewinnen wir vielleicht den Eindruck, dass sie keine Rückschläge kennen. Wenn wir jedoch genauer hinschauen, sehen wir, dass auch die so genannten Sonnenkinder Krisen und schwere Zeiten durchleben, danach aber wieder den Weg an die Spitze finden.

Wir haben in den Interviews danach gefragt, wie es den

Betreffenden gelungen ist, ihr Schicksal zu meistern und relativ schnell einen Ausweg aus der Krise zu finden. Sie alle akzeptierten zunächst einmal, dass das Leben für jeden diese Höhen und Tiefen bereithält, und richteten bereits auf dem Tiefpunkt ihres Weges den Blick wieder aufmerksam nach links und rechts, um die Abzweigung, die aus dem Tal herausführen könnte, nicht zu verpassen. Einige gingen sogar noch weiter. Sie sagten, dass sie ohne eine solche Krise in ihrem Leben nicht weitergekommen wären.

Eine Krise als Chance? Schauen wir uns die ursprüngliche Bedeutung des Wortes *Krise* an. Das Wort ist dem altgriechischen Wort *krisis* abgeleitet. Es heißt so viel wie *Entscheidung* oder *entscheidende Wendung*. Laut Duden stellt eine Krise den Wende- und Höhepunkt einer gefährlichen Entwicklung dar, was nicht unbedingt heißt, dass eine Krise schlecht ist, auch wenn wir sie in den meisten Fällen als bedrohlich empfinden. Vielmehr ist sie der Höhepunkt einer fehlgeleiteten Entwicklung.

Häufig führt gerade die mangelnde Bereitschaft, Veränderungen vorzunehmen, erst in eine Krise hinein. Die Entscheidungen, die in einer Krise unumgänglich werden, erzwingen dann die längst fälligen Kurskorrekturen und Richtungswechsel, die uns auf neue Wege führen können. Krisen sollten deshalb nicht von vornherein gefürchtet werden, denn sie drängen uns zu Schritten, die wir ohne sie vermutlich niemals gewagt hätten.

Es gibt zwei Möglichkeiten im Leben, mit Krisen umzugehen: Man kann sich auf die Schwierigkeiten, die man gerade hat, konzentrieren und darüber brüten, dass und wie viel schlimmer es noch kommen könnte. Außerdem kann man die Fehlerursache bei sich oder bei anderen suchen und sich fragen, warum gerade einem selbst so etwas passieren musste – und dabei die Hoffnung verlieren. Oder man entsinnt sich, als zweite Wahlmöglichkeit, wie es nach der letzten Talfahrt wieder aufwärtsging. Dann heißt es, seine Kräfte und seine Konzentration zu bündeln und vorbereitet zu sein auf den Zeitpunkt, an dem sich das Blatt unweigerlich wenden wird. Dabei kann man sich ausmalen, wie man das nächste Hoch, die nächste Chance noch besser für sich nutzen kann.

ALLES HAT SEINE ZEIT – LEBENSZYKLEN

Beginnen wir das Thema Schicksals-Code zu entwirren, indem wir uns einem Phänomen widmen, das nicht nur in der Naturwissenschaft eine Bedeutung hat, sondern allgemein zu einem viel beachteten Thema geworden ist: den Zyklen. Sie spiegeln sich im Laufe der Jahreszeiten ebenso wider wie im Wechsel von Tag und Nacht, Ebbe und Flut, dem Wechsel des Mondes, dem Monatszyklus der Frau oder den Lebenszyklen wie Kindheit, Jugend, Reife und Alter. Jeder verlässt sich darauf, dass nach einer Ebbe wieder die Flut kommt, dass nach einer Nacht der Tag anbricht. Diese Zyklen sind für uns so selbstverständlich, dass wir uns kaum Gedanken darüber machen – es sei denn, wir können bei Vollmond nicht schlafen, oder es bleibt einmal der Monatszyklus aus.

Weitere Beispiele für sich wiederholende Zyklen finden wir in der Wirtschaft. Nach extremen Talfahrten an der Börse folgt zwangsläufig der Aufschwung. Oder nehmen wir das Thema Mode. Haben Sie sich nicht auch schon darüber geärgert, dass Sie Ihre Schlaghosen erst vor geraumer Zeit der Kleidersammlung des Deutschen Roten Kreuzes übergeben haben? Einige Jahre später stehen Sie garantiert fasziniert vor den Verkaufsauslagen mit solchen Hosen. Auch die Mode unterwirft sich immer wiederkehrenden Zyklen.

Nach der Vorstellung der meisten Zeitgenossen verläuft das Leben eines Menschen jedoch ganz anders, besonders das eigene. Danach ist es lediglich eine gerade Linie zwischen zwei Punkten, dem Zeitpunkt der Geburt und dem des Todes. Dazwischen passieren eine Menge angenehme, aber auch unangenehme Ereignisse in bunter und zufälliger Reihenfolge. Aber ereignen sich die Geschehnisse eines Menschenlebens wirklich so unstrukturiert zwischen zwei Punkten, wie es den Anschein hat?

Trennt man einmal die in der Vergangenheit erlebten Ereignisse voneinander und sortiert sie nach bestimmten Kategorien wie zum Beispiel Beruf, Liebe oder Partnerschaft, so stößt man möglicherweise auf Regelmäßigkeiten bei den Abständen zwischen den Ereignissen. Nehmen wir den Bereich Partnerschaft. Erinnern Sie sich einmal an alle wichtigen Begegnungen in Ihrem Leben, von der ersten Liebe bis zum heutigen Tage. Begegnungen, die Sie und Ihr Leben nachhaltig beeinflusst haben. Auch negative Ereignisse wie Trennung oder Scheidung gehören zu diesem Thema.

Eines sollten all diese Ereignisse aber gemeinsam haben: Sie müssen für Ihr Leben von Bedeutung gewesen sein. Vielleicht sind Sie sogar während einer Partnerschaft einem Menschen begegnet, der Ihnen gefallen hätte, aber es war nicht der richtige Zeitpunkt. Möglicherweise stellen Sie nach einer zeitlichen Zuordnung dieser Ereignisse fest, dass zwischen diesen einzelnen Erfahrungen ähnlich lange Abstände liegen. Es besteht eine große Wahrscheinlichkeit, dass die Ereignisse, die Sie zum Thema Partnerschaft oder Liebe in Ihrem eigenen Leben finden, in einem Abstand von sieben, neun oder zwölf Jahren stattgefunden haben. Natürlich ist es mit entsprechendem Alter wegen der Fülle von Ereignissen einfacher, solche Daten aufzulisten und eine latent vorhandene Struktur zu entdecken.

So verschieden die Lebenswege und Erlebnisse der Menschen auch waren, die Birgit Lechtermann ihre Geschichte erzählt haben – bei der Auswertung der Daten durch Michael Koroll zeigten sich häufig ähnliche Zeitabstände zwischen den wichtigen Erfahrungen innerhalb eines bestimmten Lebensbereichs. Nach den geführten Gesprächen legten wir den Betreffenden nur die reinen Daten der Ereignisse und die zyklischen Abstände, die sich daraus ergaben, vor. Immer waren die Interviewpartner erstaunt. Sie hatten es so noch nicht gesehen, denn in ihrer Erinnerung hatten sich diese Ereignisse mit vielen anderen vermischt, und was sie erlebt hatten, sah eher zufällig und chaotisch aus. Sie bezeichneten Strecken mit vielen positiven Geschehnissen häufig als Glückssträhne oder im umgekehrten Fall als Pechsträhne. Ordneten wir allerdings einen Themenbereich, wie beispielsweise Partnerschaft und Liebe, ganz gezielt Kalenderdaten zu, wirkte es gar nicht mehr so zufällig. Es waren eindeutige Zyklen zu erkennen. Viele sahen das sprichwörtlich bekannte verflixte siebte Jahr nun in einem völlig neuen Licht.

Kennenlernen, Heirat, Geburt des ersten Kindes, Trennung vom Partner fanden in gleichen Abständen statt. Triumphe und Niederlagen folgten in bestimmten Zeitabständen aufeinander. Bei einigen Menschen trafen die zyklischen Wiederholungen auf den Monat genau ein, bei anderen gab es geringe Abweichungen. Dennoch zeigte sich eine Regelmäßigkeit, in der die Ereignisse stattfanden. Am Beispiel der biografischen Daten von prominenten Persönlichkeiten und in persönlichen Gesprächen mit Menschen, die nicht in der Öffentlichkeit stehen, werden diese Lebenszyklen deutlich.

BORIS BECKER UND SEINE ERFOLGE

Boris Becker gehört sicher zu den größten deutschen Sportlern des 20. Jahrhunderts. Der Tennisheld riss die Fans zu Begeisterungsstürmen hin und löste bei der jungen Generation einen wahren Tennisboom aus. Seine sportlichen Erfolge sind Legende: Mit siebzehn Jahren gewann er als jüngster Spieler die All England Championships of Wimbledon. Insgesamt dreimal konnte der Ausnahmespieler den »heiligen Rasen« als Sieger verlassen. Zu seinen Erfolgen gehören neunundvierzig Turniersiege im Einzel, und zweimal holte er den Davis Cup für Deutschland. Er wurde Doppel-Olympiasieger, Tennisweltmeister, war zweimal die Nummer eins der Tenniswelt. Die Liste seiner Erfolge ließe sich weiter fortsetzen.

Boris Becker zieht von Center Court zu Center Court. Siege und Triumphe, aber auch Niederlagen wechseln in den achtziger und neunziger Jahren in schneller Abfolge. Das Leben eines Profispielers wird vom Rhythmus der Turniere bestimmt. Trotz der Vielfalt von Ereignissen in seinem Leben hat Boris Becker seine persönlichen Zyklen sehr klar aufgedeckt. In einem Interview mit Dagmar von Taube, das am 11. Dezember 2007 in Welt-Online veröffentlicht wurde, bekannte Boris, dass er wohl in einem Sieben-Jahres-Rhythmus lebe: *»Mit 35 bin ich in die Schweiz gezogen, wurde Unternehmer. Mit 28 war mir klar, mein erstes Berufsleben geht zu Ende. Nicht leicht. Ich musste mir über mein ›Leben danach‹ klar werden: Was will ich, wer bin ich, was mache ich? Mit 14 wollte ich der beste Tennisspieler der Welt werden. Mit 7 wurde ich eingeschult.«*

Im Gegensatz zu anderen Menschen, die häufig vielfältige Ereignisse aus unterschiedlichen Lebensbereichen miteinander vermischen, hat Boris Becker seine für ihn wichtigen Schritte im Berufsleben sehr klar herausgefiltert.

Um eine ebensolche Konzentration auf einen bestimmten Bereich seines Lebens baten wir Alexander. Er war zum Zeitpunkt des Interviews dreiundfünfzig Jahre alt und führte im Gegensatz zu Boris Becker kein Leben in den Scheinwerfern der Öffentlichkeit. Bei der Erzählung seiner Lebensgeschichte sollte sich Alexander ausschließlich auf das Thema Partnerschaft und Liebe beschränken. Dieses Thema war für ihn mit so viel Emotionalität verbunden, dass in seiner Schilderung zunächst die Dramatik des Geschehens im Vordergrund stand. Deshalb konnten wir ihn auch erst im Anschluss des Gesprächs bitten, die Ereignisse konkreten Zeitpunkten zuzuordnen.

ALEXANDER UND DIE GROSSE LIEBE

Alexander ist jung, erfolgreich und hat eine Freundin, mit der er schon einige Jahre zusammenlebt. Kennengelernt hat er sie mit einundzwanzig. Seine Hochzeit im Alter von achtundzwanzig Jahren ist eine eher halbherzige Entscheidung. Viele seiner Freunde sind bereits fest liiert, und es gibt für ihn eigentlich keinen triftigen Grund, sich dem Drängen seiner Freundin und deren Eltern auf eine Heirat zu widersetzen. »*Ehrlich gesagt wusste ich damals nicht genau, wie sich die große Liebe wirklich anfühlt. Viel wichtiger war für mich, dass sich an meinem Leben auch nach der Heirat nicht viel ändern würde. Ich sah die Hochzeit mehr als Formalität an, außerdem wollte ich dem Wunsch meiner Frau nicht im Wege stehen.*« Die Hochzeitsfeierlichkeiten sind wieder einmal ein willkommener Anlass mehr, mit allen Freunden zu feiern. Nach der Hochzeit ist tatsächlich kein großer Unterschied zu vor der Hochzeit.

»*Als meine Freunde nach und nach verheiratet waren, praktischerweise mit den Freundinnen, die sie ohnehin bereits hatten, wurde in unserem Freundeskreis das nächste große Thema aktuell: Kinder! Es war gar nicht so sehr mein dringlichster Wunsch oder unser gemeinsames Zukunftsziel, es waren eher meine Schwiegereltern, die sich sehnlichst Enkelkinder wünschten und mit meiner Frau dieses Thema immer wieder intensiv besprochen haben.*« Alexanders Frau ist, wie ihre Eltern, ebenfalls von dem Gedanken begeistert, ein Kind zu haben, zumal viele ihrer Freundinnen gerade Kinder bekommen haben oder schwanger sind. Wieder lässt sich Alexander von den Argumenten seiner Frau und deren Eltern überzeugen.

Einige Monate später – seine Frau ist bereits schwanger – begegnet er im Rahmen seiner Arbeit einer Frau, die ihn von Anfang an fasziniert. Nach einigen Wochen stellt Alexander fest, dass er sich ernsthaft in sie verliebt hat. »*Sie stellte für mich alles dar, was ich mir bis dahin als Traumfrau vorgestellt hatte. Blond, hübsch, mit einer aufregenden Figur. Im Gegensatz zu meiner Frau konnte ich mich mit ihr auch auf beruflicher Ebene sehr gut austauschen. Sie verstand mich. Nach ein paar Wochen war ich sicher: Das ist meine große Liebe!«* Zumindest ist das, was Alexander fühlt, viel intensiver als das, was er am Anfang seiner ersten Beziehung als Verliebtheit erlebt hatte.

Das Dilemma, in dem sich Alexander befindet, wird täglich größer. Einerseits will er diese unglaubliche Begegnung nicht einfach ignorieren, andererseits hat er mit seiner Heirat und der Schwangerschaft seiner Frau alle Weichen für sein zukünftiges Leben bereits gestellt. Die Situation erscheint ihm ausweglos, und er kennt niemanden, den er um Rat fragen könnte. Noch heute erinnert er sich wehmütig an die wenigen, intensiven Begegnungen mit seiner großen Liebe, denn sie waren von außergewöhnlicher Leidenschaft geprägt. »*Genießen konnte ich sie allerdings kaum. Zu groß waren der Stress, die Angst und meine Not, eine Entscheidung treffen zu müssen.«*

Die Entscheidung wird Alexander kurze Zeit später abgenommen. Wenige Wochen nach der Geburt muss seine Tochter mit einer schweren Infektionskrankheit in eine Klinik eingeliefert werden. Drei Wochen lang wird auf der Intensivstation um das Leben des kleinen Mädchens gekämpft, und in dieser schweren Zeit rücken alle anderen Aspekte seines Lebens in den Hintergrund. Nur das Leben des Babys ist jetzt wichtig. Die Frage nach einer neuen, glücklichen Beziehung mit seiner Traumfrau stellt sich nach diesen schicksalhaften Ereignissen nicht mehr, denn das kleine Kind braucht in den nächsten Monaten zu viel Zuwendung und Liebe.

Von nun an wird Alexanders weiteres Leben immer wieder von zwei Fragen geprägt: »*Wie wäre mein Leben verlaufen, wenn ich mich damals anders entschieden hätte, und was wird passieren, wenn ich meiner großen Liebe noch einmal begegne?«* Durch einen Zufall begegnet Alexander genau dieser Frau, die sein Leben so ins Wanken hatte geraten lassen, einige Jahre später wieder. »*Aber es war zu viel Zeit vergangen und zu viel in meinem Leben passiert, um diese Liebe fortzusetzen. Wir verloren uns deshalb wieder aus den Augen.«*

Als seine Tochter zehn Jahre alt ist, hält Alexander es nicht mehr aus, mit einer Frau zusammenzuleben, die er nicht wirklich liebt. »*Ich war inzwischen der Ansicht, dass so eine Ehelüge dem Kind mehr schaden kann als eine saubere Trennung.*« Im Jahr 2000 reicht Alexander die Scheidung ein. »*Danach habe ich mich erst einmal total zurückgezogen. Wenn man so lange Zeit in einer Partnerschaft gelebt hat, in der Liebe nicht der Hauptgrund des Zusammenlebens war, sondern das Kind, das Haus, der Freundeskreis, dauert es lange, bis man zu sich selbst und zu seinen Gefühlen zurückfindet. Danach*«, so Alexander, »*hatte ich zwar verschiedene Kurzzeitbeziehungen, aber ich habe sie immer mit meiner ersten großen Liebe verglichen. Ich glaubte auch nicht mehr daran, dass ich noch jemals in meinem Leben einen Menschen treffen würde, den ich so lieben könnte.*«

Vier Jahre nach seiner Scheidung begegnet Alexander einer Frau, die seiner ersten großen, unerfüllten Liebe verblüffend ähnlich ist. Die beiden sind seitdem ein Paar, und Alexander ist heute noch genauso verliebt wie am ersten Tag. »*Natürlich habe ich mich immer wieder gefragt, warum ich die Entscheidung, mein Leben zu ändern und meine Frau zu verlassen, erst so spät getroffen habe. Warum habe ich damals nicht zu meiner großen Liebe gestanden? War es Verantwortungsgefühl oder Feigheit? Heute glaube ich, dass alles so kommen musste. Ich wäre unter den damaligen Voraussetzungen vermutlich nicht mit der anderen Frau glücklich geworden. Jetzt habe ich vom Schicksal meine zweite Chance bekommen. Wir haben uns in einer völlig anderen, unbelasteten Lebenssituation kennen- und lieben gelernt. Ich bin sehr dankbar und glücklich.*«

Sehen wir uns die wichtigsten Daten aus Alexanders Liebes-Chronologie noch einmal an und ordnen nun den Ereignissen die jeweiligen Jahreszahlen zu:

1976 hatte Alexander seine Frau kennengelernt, sieben Jahre später, 1983, geheiratet. 1990, wieder waren sieben Jahre vergangen, begegnete er der Frau, in die er sich unsterblich verliebte, mit der er aber nicht zusammenkam. Im gleichen Jahr wurde er Vater. 1997 wechselte er den Arbeitgeber, und im Rahmen dieser

Veränderung kam es zu einer erneuten Begegnung mit seiner großen Liebe. Drei Jahre später ließ sich Alexander scheiden. 2004 verliebte er sich unsterblich in seine heutige Lebenspartnerin.

Erstaunlich ist hier, mit welcher Genauigkeit das Thema Liebe und Beziehung im Abstand von etwa sieben Jahren eine schicksalhafte Bedeutung hat. Zwar gab es zwischendurch einige andere Begegnungen, aber die aufgeführten waren von besonderer emotionaler Bedeutung für Alexander – und das in zyklischen Abständen.

Nach diesen eindeutigen Intervallen in der Abfolge seiner Liebes-Chronologie gehört Alexander zum Sieben-Jahres-Typ im Bereich Partnerschaft. Alexander ist kein Einzelfall. Dieser »Sieben-Jahres-Liebes-Zyklus« ließ sich auch in anderen Biografien auffällig häufig nachweisen. Ebenso traten auch Neun- oder Zehn-Jahres-Zyklen auf.

Wird Alexander seinen Sieben-Jahres-Zyklen auch in Zukunft unterworfen sein? Wird seine neue, glückliche Partnerschaft mit seiner »Traumfrau« im siebten Jahr nach dem Kennenlernen auch auf eine Probe gestellt werden?

Wie können Menschen mit eindeutig nachweisbaren Zyklen im Bereich Liebe ihr Wissen im Interesse einer Partnerschaft positiv nutzen? Da es sich bei den Zyklen offensichtlich um eine persönliche Programmierung handelt, sollte bei einer Beziehungskrise, die genau in das Zeitmuster fällt, zunächst die Ursache für den Wunsch nach Veränderung gesucht werden.

Sollte das persönliche Schicksals-Timing die Ursache für den Wunsch nach Veränderung sein, können die anstehenden Kurskorrekturen möglicherweise gemeinsam mit dem Partner durchgeführt werden.

Zyklen lassen sich nicht nur im Bereich Liebe und Partnerschaft nachweisen. Die folgenden Geschichten decken versteckte Intervalle auch in Karriereverläufen auf.

STEVE JOBS: EINE AMERIKANISCHE KARRIERE

Schauen wir uns jetzt die ungewöhnliche Karriere eines Mannes an, dessen Produkte heute weltweit Menschen in ihren Händen halten – in Form eines iPods, iPhones oder eines Computers, mit dem sie ihre tägliche Arbeit erledigen. Dieser Mann hat den bezeichnenden Namen Steve Jobs, und er entwickelte gemeinsam mit Steve Wozniak den legendären Computer, der noch heute einen Apfel mit Biss als Markenzeichen trägt.

1976 gründeten die beiden in Kalifornien zusammen mit Ronald Wayne das Unternehmen Apple. Steve Jobs war einundzwanzig Jahre jung, das Startkapital von knapp 2000 Dollar des heutigen Weltkonzerns kam, neben Ersparnissen, aus dem Verkauf von Jobs VW-Bus und dem Hewlett-Packard-Taschenrechner von Wozniak. Ihre Anfänge sind heute Legende: Sie arbeiteten am Küchentisch oder im Schlafzimmer von Jobs, und als Testlabor für ihre ersten Computer diente ihnen die Garage von Steve Jobs Eltern. Eine typisch amerikanische Story, die vielen anderen immer wieder Mut macht. Vom Tellerwäscher zum Multimillionär; von technikbegeisterten Jungs, die in der Garage tüfteln, zu den Revolutionären der Computerwelt.

Am 24. Januar 1984 wurde der mittlerweile legendäre Apple Macintosh auf dem Markt eingeführt. Ein Jahr später verließ Steve Jobs nach einem internen Machtkampf die Firma. Er gründete eine weitere Computerfirma, NeXT Computer, die zwar mit ihren Geräten anderen am Markt technologisch weit voraus war, aber außerhalb der wissenschaftlichen Forschung nie richtig populär wurde. 1986 gründete Jobs außerdem mit Edwin Catmull die Pixar Inc., ein Computerzeichentrickfilm-Studio in Emeryville. Pixar Filme haben als Logo eine animierte Schreibtischlampe im Vorspann, und diese Animation war 1986 einer ihrer ersten prämierten Kurzfilme. In den folgenden zwanzig Jahren wurden Pixar-Filme mit zwanzig Oscars ausgezeichnet, und die Filme wurden weltweit

Knaller: *Toy Story, Das große Krabbeln, Die Monster AG, Findet Nemo* oder *Die Unglaublichen,* nur um einige zu nennen. Eine Woche nach dem Start von *Toy Story* ging Pixar an die Börse, die Aktie verdoppelte ihren Wert und machte Steve Jobs zum Milliardär.

1996 kaufte Apple Steve Jobs Computerfirma NeXT für knapp 400 Millionen US-Dollar. Steve Jobs übt seitdem eine Beratertätigkeit für das Unternehmen aus, das er einst gründete. Am 24. Januar 2006 gab der Medien- und Entertainment-Konzern Walt Disney nach US-Börsenschluss bekannt, dass er die Pixar Inc. für ungefähr 7 Milliarden Dollar übernehmen werde. Teil des Übernahmevertrags war die Aufnahme von Steve Jobs in den Verwaltungsrat von Disney. Jobs wurde größter Einzelaktionär bei Disney.

Lassen sich auch in dieser Erfolgsgeschichte Zyklen erkennen?

Wenn nur diejenigen Daten aus Jobs Karriere herausgefiltert werden, die mit der Gründung oder dem Verkauf von Unternehmen in Zusammenhang stehen, dann beginnt die Erfolgsgeschichte mit der Gründung der Firma Apple im Jahr 1976, es folgt die Gründung von Pixar und NeXT im Jahr 1986, der Verkauf von NeXT Computer im Jahr 1996 und der Verkauf von Pixar im Jahr 2006. Diese entscheidenden Ereignisse in der Unternehmergeschichte von Steve Jobs fanden in Abständen von zehn Jahren statt. Natürlich waren die Einführung des Apple Computers, die Entwicklung des iPods oder die Markteinführung des iPhones revolutionäre Produktinnovationen des Unternehmers Steve Jobs, aber dabei handelt es sich um Produkte. Die Zeitpunkte jedoch, zu denen Steve Jobs Unternehmen wie Apple, NeXT und Pixar gründete oder wieder verkaufte, liegen jeweils zehn Jahre auseinander. Dieser Mann hat einen eindeutigen Erfolgs-Zyklus!

Nicht nur in der Welt der Superunternehmer zeigen sich solche Meilensteine in zeitlich gleichen Abständen.

Auch die nachfolgenden Karrierestationen von Bettina, Inhaberin eines Modegeschäfts, zeigen zyklische Wiederholungen. Wir baten Bettina vor dem persönlichen Gespräch um ihren Lebenslauf. Als erfolgreiche Karrierefrau schickte sie ihn in tabellarischer Auflistung, so wie es normalerweise für Bewerbungsgespräche üblich ist.

BETTINA: KINDER UND KARRIERE

1959	in Bremen geboren
1965	Einschulung Grundschule Hamburg
1969	Gymnasium Hamburg
1977	Abitur (2,8)
	anschließend diverse Aushilfsjobs
	Volontariat beim Verlag
	3 Monate Studienreise Mittelamerika
1978	Studium der Ethnologie und Germanistik, Universität Hamburg (5 Semester)
1980	Ausbildung zur fremdsprachlichen Sekretärin
1981	Alleinsekretärin, Ingenieurbüro, Hamburg
	Sekretärin, Florida, USA
	Sekretärin Reiseveranstalter, Hamburg
1983	Chefsekretärin und Veranstaltungsorganisation, Hamburg
1985	Regionale PR-Managerin, Schallplattenfirma, Hamburg
1987	Leitung Abteilung Radiopromotion, Hamburg
1988	Produktmanagerin innerhalb der Firma, Hamburg
1990	Senior-Product-Mangerin, Plattenfirma, Köln
1991	Marketing Managerin, Köln
1993	Gründung einer eigenen Agentur, Köln/Zürich
1995	Geburt des ersten Kindes, Hausfrau und Mutter
1997	Geburt des zweiten Kindes, Hausfrau und Mutter

2001	Teilzeitmitarbeiterin in einer Agentur
2003	Selbstständigkeit in der Modebranche
2006	weiterer Ausbau der Selbstständigkeit
2009	Kauf eines florierenden Modegeschäfts

Auf den ersten Blick ist das der Lebenslauf einer erfolgreichen Frau, die für ihre beiden Kinder eine berufliche Pause eingelegt hat. Wir wollten es genauer wissen und baten Bettina um ein persönliches Interview. Wir fragten sie, welche Stationen in ihrem Leben von zentraler emotionaler Bedeutung für sie waren beziehungsweise besondere Veränderungen oder entscheidende Fortschritte für sie darstellten.

Das Abitur 1977 ist für Bettina von zentraler Bedeutung, da die Ergebnisse deutlich besser ausfallen, als sie es erwartet hat. Selbst in ihrem Schmerzfach Mathematik übertrifft sie die Prognosen der Lehrer. Ein Triumph für die damals Achtzehnjährige. Danach folgt eine Zeit der Orientierungslosigkeit. Sie selbst bezeichnet diese Zeitspanne als Durststrecke. Sie schlägt sich mit diversen Aushilfsjobs durch, schnürt den Rucksack und geht auf eine Studienreise durch Mittelamerika, beginnt ein Studium und bricht es wieder ab, um sich zur Fremdsprachensekretärin ausbilden zu lassen. Als Sekretärin wechselt sie jedes Jahr den Arbeitgeber.

Das Jahr 1985 endet für Bettina mit einem Durchbruch, auf den sie sehnsüchtig und lange gewartet hat. Endlich findet sie ihren Traumjob in Hamburg: Promotion-Managerin bei einer Schallplattenfirma. Rückblickend erzählt Bettina uns mit glänzenden Augen, dass dies der Grundstein für ihre weitere Karriere war. Endlich konnte sie all ihre Talente einbringen: Kreativität, Management, Organisation, Mitarbeitermotivation. Die nächsten Karriereschritte folgen in atemberaubendem Tempo, von der Leitung der Abteilung bis zur Marketingmanagerin.

1993 gibt es für Bettina ein neues einschneidendes Ereignis

in ihrer beruflichen Laufbahn: Ihre erfolgreiche Tätigkeit setzt sie nun mit einer eigenen Agentur fort. Das Unternehmen etabliert sich sofort in Köln und Zürich. Es ist schon ein besonderer Triumph, sich innerhalb dieses hart umkämpften Marktes mit einem kleinen Unternehmen zu behaupten.

Der Wunsch nach Kindern wird allerdings immer größer. Eines steht dabei für sie fest: Nach der Geburt des ersten Kindes wird sie sich ausschließlich dem Muttersein widmen, eine berufliche Auszeit nehmen. Die beiden Kinder werden im Abstand von zwei Jahren geboren. Nach der Kinderpause macht sich Bettina Gedanken über den Wiedereinstieg ins Berufsleben.

2001 setzt Bettina ihre berufliche Laufbahn in der Agentur fort. Die Rückkehr ins Berufsleben ist geglückt, wenn auch wegen der Kinder nur in Teilzeit. Viele Mütter, die aus dem Berufsleben ausgestiegen sind, werden bestätigen, dass die Rückkehr ein ganz besonderer Moment ist. Nachdem die Firma wegen des inzwischen schwierigen Marktes ins Straucheln gerät, entschließt sich Bettina, einen anderen beruflichen Weg einzuschlagen. Sie wagt den Schritt in ein neues, ihr bis dahin unbekanntes Business.

2009 ist Bettina so erfolgreich in ihrem neuen Arbeitsgebiet, dass sie ein etabliertes Modegeschäft kaufen kann. Das bedeutet neue Herausforderungen und größere Verantwortung, auch für die Mitarbeiter, deren Chefin sie jetzt ist.

Im Gegensatz zu den Informationen über die unternehmerischen Aktivitäten von Steve Jobs, die sich bereits durch die Berichterstattung in den Medien auf den Bereich Karriere konzentrierten, waren die zyklischen Strukturen im Leben von Bettina nicht ganz so offensichtlich.

Ereignisse im Berufsleben, der Partnerschaft, die Geburt der Kinder, ihre Freundschaften, alles schien bunt durcheinandergewürfelt. Erst die Konzentration auf einen bestimmten Lebensbereich machte ihre Zyklen sichtbar.

Schauen wir uns nur die Karriereschritte von Bettina an, die für sie von besonderer Wichtigkeit und emotionaler Bedeutung waren, dann stellen wir fest, dass diese in zeitlich gleichen Abständen liegen. Etwa alle acht Jahre macht sie den nächsten entscheidenden Karriereschritt in ihrem Beruf. Bettina war selbst erstaunt, als sie diese Struktur so deutlich sah. Zwar hatte sie bereits von anderen Menschen gehört, dass sie auffällige Zyklen in ihrem Leben gefunden hatten. Allerdings schien ihr buntes Leben solche Strukturen nicht aufzuweisen. »*Das ist ja interessant, dann bin ich wirklich ein Acht-Jahres-Typ!*«, sagte Bettina. »*Dann werde ich jetzt schon mal überlegen, wo ich 2017 sein will.*«

Wenden wir uns nun einem anderen wichtigen Bereich des menschlichen Lebens zu, der Gesundheit. Bei unserer Recherche sind uns in einigen Biografien auch Krankengeschichten aufgefallen, in denen Zyklen auftraten. Hier ein besonders spektakuläres Beispiel:

JOHN F. KENNEDYS GESUNDHEIT

John F. Kennedy, der 35. Präsident der Vereinigten Staaten von Amerika, war eine besonders schillernde Persönlichkeit. Würden wir eine Karteikarte seiner Ärzte beziehungsweise seiner Krankenhausaufenthalte ziehen, ergäbe sich daraus folgende Geschichte:

Bereits während der Schulzeit hatte John F. Kennedy gesundheitliche Probleme und durfte deshalb auch nicht seinem Lieblingssport, dem Football, nachgehen. 1935 hatte er die Schule beendet und reiste nach England, um sich dort an der London School of Economics für ein Studium einzuschreiben. John F. Kennedy bekam zu diesem Zeitpunkt so große gesundheitliche Probleme, dass er sich sofort in ärztliche Behandlung begeben musste. Aus dem Studium in England wurde deshalb nichts.

1945 flog Kennedy als Korrespondent der Hearst Presse nach Deutschland. Als Journalist nahm er an der Potsdamer Konferenz teil, wo die Siegermächte die Nachkriegsordnung Europas aushandelten. Wieder zwang ihn eine Krankheit, in die USA zurückzukehren. 1954/1955 erkrankte der längst mit Jackie verheiratete und zum Senator des Staates Massachusetts ernannte Kennedy wieder. Diesmal standen sogar längere Krankenhausaufenthalte wegen zweier Rückenoperationen an. 1963 schließlich wurde John F. Kennedy bei einem Attentat in Dallas/Texas erschossen.

Auffällig ist, dass es sich bei den Erkrankungen Kennedys immer um massive gesundheitliche Beeinträchtigungen gehandelt haben muss, da er entweder wichtige Reisen abbrechen musste oder längere Krankenhausaufenthalte erforderlich wurden. Interessanterweise treten diese Beschwerden in Abständen von neun bis zehn Jahren auf. Das Spektakulärste an dieser Biografie ist sicher, dass sogar das tödliche Attentat in diesen Zyklus hineinpasst.

DECKEN SIE DIE ZYKLEN IN IHREM LEBEN AUF

Sind Sie neugierig geworden, ob es auch in Ihrem Leben Zyklen gibt, von denen Sie nichts wissen?

Sie können auf sehr einfache Weise zyklische Strukturen in Ihrer eigenen Biografie erkennen. Dafür zeichnen Sie eine Spirale mit mindestens vier Windungen auf. Unterteilen Sie diese Spirale dann sternförmig in sieben, acht oder neun Segmente, je nachdem, nach welchen Zyklen Sie suchen wollen (Abb. 1). Jetzt tragen Sie Ihr Lebensalter in die einzelnen Felder ein (Abb. 2). Die Spirale stellt jetzt Ihren eigenen Lebenskalender dar. Jedes Feld der Spirale entspricht einem Lebensjahr. Markieren Sie die

Jahre, in denen in Ihrem Leben auffällige Ereignisse geschahen, mit einem Filzstift. Verwenden Sie dafür verschiedene Farben: z.B. Violett für VERÄNDERUNGEN, Blau für TRIUMPHE, Rot für LIEBE und Grün für SCHOCKS (eine Erläuterung zu den genannten Begriffen finden Sie auf den Seiten 57–59).

Machen Sie sich erst einmal Notizen auf einem Blatt Papier. Es könnte sein, dass Sie das eine oder andere Datum korrigieren müssen. Haben Sie alle Ereignisse farbig in die Felder der Spirale übertragen, schauen Sie sich das entstandene Muster an. Interessant sind besonders die Felder, die von außen nach innen gesehen die gleichen Farben zeigen. Sollte es in Ihrem Leben zum Beispiel alle neun Jahre periodisch wiederkehrende Themenschwerpunkte gegeben haben, zeigen sich jetzt bestimmte Farben in einer Reihe. Das sind Ihre Zyklen, ähnlich wie die von John F. Kennedy, Boris Becker oder Steve Jobs. Ein solches Zyklen-Diagramm können Sie auch mit jedem anderen Zeitintervall anfertigen.

Die folgenden Grafiken (S. 40 f.) sollen Ihnen als Anleitung für einen eigenen Zyklenplan dienen. Jede Spiralwindung entspricht einem Zyklus. Im Beispiel entspricht ein Zyklus neun Jahren.

Die verschiedenen Ereignisse sind den Lebensjahren zugeordnet. Im Bereich LIEBE zeigen sich in Abbildung 8 vier eindeutige Zyklen im Alter von zweiundzwanzig, einunddreißig, vierzig und neunundvierzig Jahren.

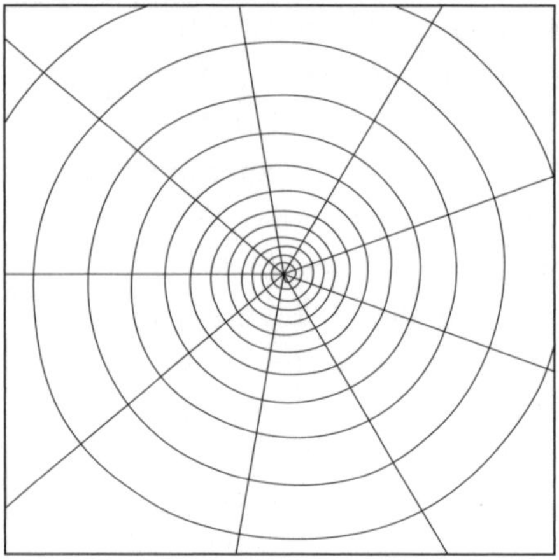

Abb. 1
Eine Spirale mit mindestens vier Windungen wird beispielsweise in jeweils sieben, acht, neun oder zehn Jahre umfassende Segmente unterteilt.

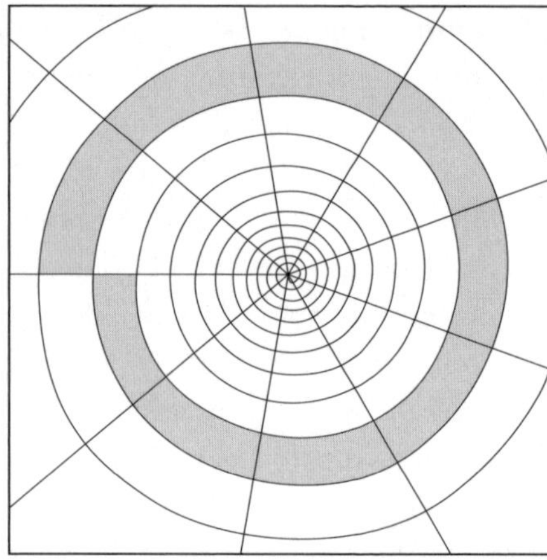

Abb. 2
Die Spirale auf der Abbildung ist in jeweils neun Jahre umfassende Segmente unterteilt. Eine Spiralwindung von 360° entspricht neun Jahren.

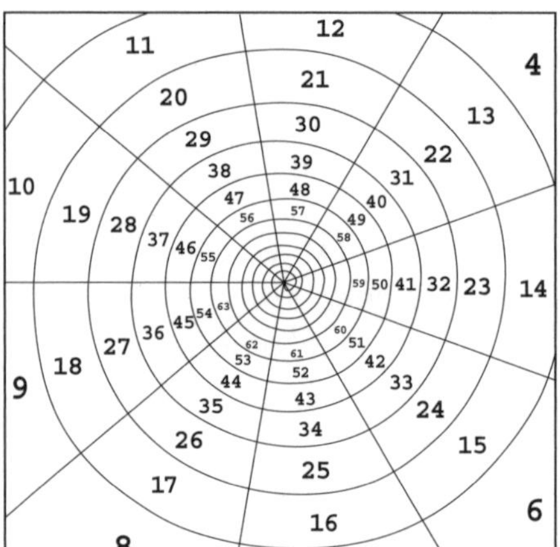

Abb. 3
Jetzt tragen Sie entlang der Spiralwindung fortlaufend Ihr jeweiliges Lebensalter in die Felder ein.

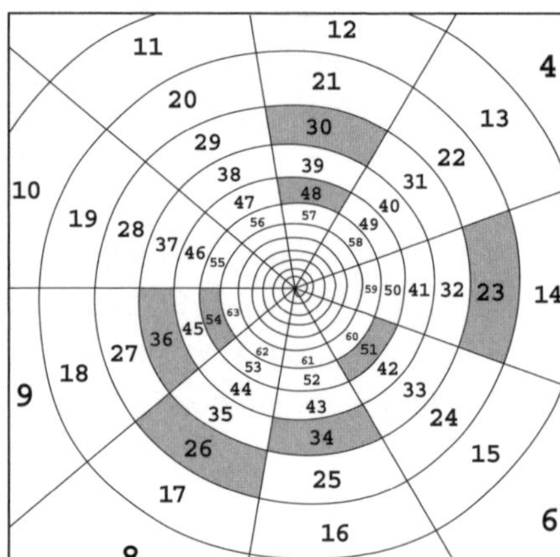

Abb. 4
Markieren Sie zuerst alle Jahre, in denen Sie Ereignisse einer bestimmten Kategorie, zum Beispiel SCHOCKS, erlebt haben.

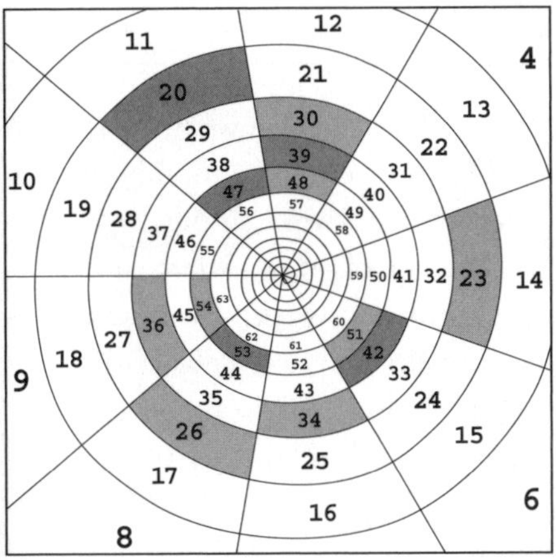

Abb. 5
Markieren Sie als Nächstes alle Jahre, in denen Sie deutliche VERÄNDERUNGEN in Ihrem Leben erfahren haben …

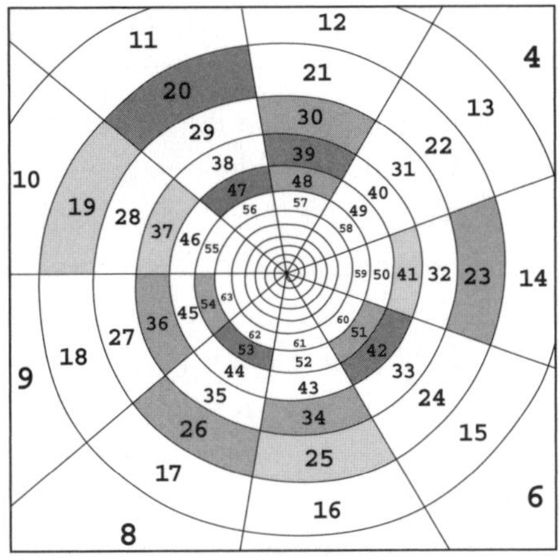

Abb. 6
Markieren Sie dann alle Jahre, in denen Sie besondere TRIUMPHE in Ihrem Leben verzeichnen konnten …

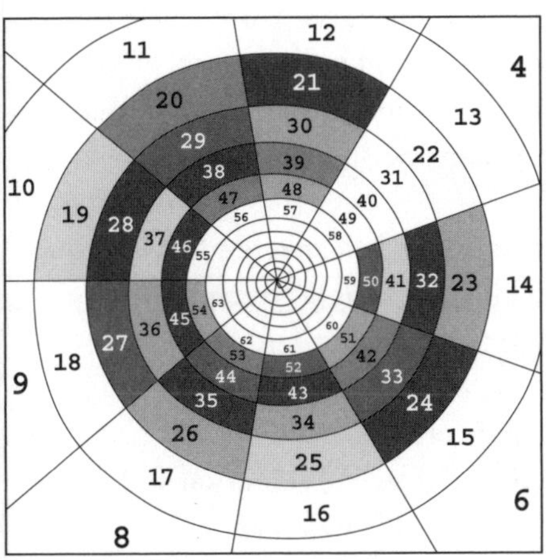

Abb. 7
Vielleicht haben Sie ein weiteres Thema, das sie zuordnen wollen, z.B. ANFÄNGE oder ÖFFENTLICHKEIT.

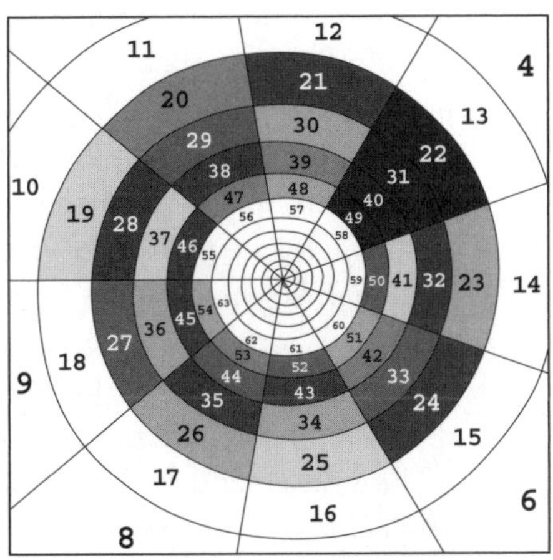

Abb. 8
Markieren Sie nun alle Jahre, in denen das Thema LIEBE von besonderer Bedeutung für Sie war.

EIN BLICK IN DIE ZUKUNFT?

In den meisten Biografien, die Michael Koroll ausgewertet hat, konnte er Zyklen nachweisen. Ihre Dauer ist ebenso individuell wie jeder Mensch. Zyklisch auftretende Ereignisse finden sich besonders in den Bereichen Liebe/Partnerschaft, Karriere und Gesundheit. Sie werden sichtbar, wenn Erfahrungen in diesen Lebensbereichen isoliert von anderen Ereignissen betrachtet werden. In erster Linie treten solche Ereignisse zyklisch auf, die für den weiteren Lebensweg von entscheidender Bedeutung sind.

Die Analyse der eigenen Zyklen kann einen Teil des persönlichen Lebens-Timings aufdecken und Hinweise liefern, an welcher Stelle eines Zyklus sich ein Mensch gerade befindet. Im Bereich Partnerschaft kann ein Mensch durchaus häufige Veränderungen erleben und dennoch ein Fünf-Jahres-Typ sein. Die entscheidenden Begegnungen, die einen nachhaltigen Einfluss auf den Lebensweg haben können, finden dann trotzdem in einem zeitlichen Abstand von etwa fünf Jahren statt. Das ist nur ein Beispiel für zyklische Veränderungen im Bereich Partnerschaft. Es gibt auch Veränderungen, die sich innerhalb einer dauerhaften Beziehung abspielen, zum Beispiel Ereignisse wie Kennenlernen, Heirat, erstes Kind.

Das Gleiche trifft auf Zyklen im Bereich Karriere zu. Veränderungen können sowohl innerhalb einer langjährigen Beschäftigung in Form von Beförderungen, Versetzungen oder Änderung des Zuständigkeitsbereichs als auch durch einen Wechsel des Arbeitgebers oder des Berufs auftreten.

Die Auseinandersetzung mit den eigenen Zyklen wirft aber noch eine weitere Frage auf: Haben solche Zyklen auch Auswirkungen auf meine Zukunft? Michael Koroll kann anhand zahlreicher Beispiele belegen, dass sich zeitliche Intervalle, die in der Vergangenheit auftraten, auch über die Gegenwart hinaus fortsetzten, so wie die Jahreszeiten in einem Kalender.

Das heißt konkret: Wenn jemand in seinem bisherigen Berufsleben gleiche Zeitabstände zwischen wichtigen Karriereschritten entdeckt, kann er seinen aktuellen Zyklus über die Gegenwart hinaus in die Zukunft fortschreiben. Er stellt dann möglicherweise fest, dass er kurz vor dem nächsten Zeitpunkt für einen lange erwarteten beruflichen Erfolg steht. Das kann eine durchaus hilfreiche Information für ihn sein.

Die Zyklen stellen nur einen Teilbereich der Berechnungen des Schicksals-Codes dar. Sie liefern erste Anhaltspunkte für das persönliche Lebens-Timing, sind sozusagen die Meilensteine des bisherigen Lebenswegs.

VON GUTEN UND VON SCHLECHTEN ZEITEN – ZEITQUALITÄT

Zeit lässt sich heute in so kleine Teilmengen trennen, dass die kleinste messbare Zeiteinheit mit unseren menschlichen Sinnen nicht mehr wahrnehmbar ist. Zeit wird gemessen, verschwendet, gespart, vertrödelt oder genutzt. Wir organisieren sie, indem wir in bestimmten Bereichen Zeit sparen, um sie an anderer Stelle zu nutzen. Das alles betrifft aber immer nur den quantitativen Umgang mit Zeit. Mindestens genauso wichtig für die Entschlüsselung des Schicksals-Codes sind Zeitqualitäten.

Was aber genau ist die Qualität von Zeit, und wie lässt sie sich erfassen? Wir sprechen oft von guten und von schlechten Zeiten, einem günstigen oder gar dem idealen Zeitpunkt für eine Aktion. Die gleiche Handlung zu unterschiedlichen Zeitpunkten ausgeführt, bringt verschiedene Ergebnisse hervor.

Nehmen wir ein Beispiel: »Liebling, es wird schon nichts passieren …« Der Satz, kurz vor dem Sex geflüstert, stützt sich auf die Annahme, dass die wenigen fruchtbaren Tage der Frau im Moment der Leidenschaft vermutlich gerade nicht stattfinden. Ist es aber nur eine Annahme, die nicht auf exakter Berechnung beruht, könnte nach ein paar Wochen der Satz folgen: »Schatz, wir brauchen bald einen Kombi!« Hier hätte die Kenntnis der vorherrschenden Zeitqualität im Augenblick wilden Verlangens geholfen, die Anschaffung eines Familienautos zu vermeiden. Umgekehrt wird der Wunsch nach einem Baby vermutlich nicht allzu bald in Erfüllung gehen, wenn die Frau ihre empfängnisbereiten Tage nicht kennt und die intensiven Bemühungen beider Partner größtenteils außerhalb des fruchtbaren Zeitraums von etwa acht Tagen liegen. Das Erfolgsrezept ist trotz gegensätzlicher Interessenlage in beiden Fällen die Wahl des geeigneten Zeitpunktes, um das gewünschte Ziel zu erreichen.

Einen Volltreffer zu landen und den idealen Zeitpunkt zu finden, ist allerdings nicht immer ganz einfach, denn Zeitqualitäten sind einer ständigen Veränderung unterworfen. Aber es gibt Ereignisse, an denen Sie eine positive Zeitqualität erkennen können. Sie treffen den Traumpartner, machen einen entscheidenden Karrieresprung, oder Ihr Gesundheitszustand verbessert sich nach langer Krankheit. Hinter all diesen Ereignissen steht immer eine Zeitqualität, die solche Ereignisse begünstigt. Das Timing dafür ist bei jedem Menschen anders.

Schauen Sie sich einmal Ihr vergangenes Leben an. Vom Zeitpunkt Ihrer Geburt an haben Sie verschiedene Zeiträume mit unterschiedlichen Erfahrungen durchlaufen. Es gab Zeiten, da ging alles wie geschmiert. Sie kamen auf Ihrem Weg gut voran und erreichten zügig Ihre Ziele. Sie befanden sich auf einer schnellen Autobahn. Alles funktionierte reibungslos und mit hohem Tempo. Es ging ungebremst geradeaus.

Es gab sicher auch Zeiten, da glich ihr Leben einer Reise über die Landstraße. Sie mussten abbiegen, an Ampeln halten, Umleitungen fahren und kamen nur mit einer eingeschränkten Reisegeschwindigkeit voran. Trotzdem gelangten Sie an Ihr Ziel. Die Betonung liegt hier auf langsamer, umständlicher und gebremster. Und dann gab es noch Zeiten, in denen Kurve auf Kurve folgte und sich Neigungen und Steigungen abwechselten. Solche beschwerliche Strecken sind Bergstraßen mit Serpentinen sehr ähnlich. Aber auf allen drei beschriebenen Wegen ging es vorwärts. Nur mit unterschiedlichen Geschwindigkeiten und Gefahrenstufen.

Vermutlich sind Sie auf Ihrem Lebensweg auch in Sackgassen geraten, an Punkte, die Sie zur Umkehr oder auf einen neuen

Kurs zwangen. Trotzdem ging es für Sie danach immer wieder auf einer neuen Route weiter, bis Sie zur nächsten Abzweigung auf eine vielleicht noch schnellere Strecke kamen.

Das folgende Gespräch mit Bruno, einem einundsechzigjährigen Unternehmer, sowie seine eigene Analyse der Zeitqualitäten in seinem Leben haben wir als Beispiel ausgewählt.

BRUNO UND SEIN »FAHRTENSCHREIBER«

In jungen Jahren hat Bruno recht eigenwillige Vorstellungen von seiner Zukunft. »*Sehr zum Leidwesen meines Vaters, der bereits einen fertigen Plan für mich in der Tasche hatte. Ich sollte sein Nachfolger in seinem Steuerbüro werden.*« Bruno – mehr Rocker als Konservativer, mehr Kreativer als Sachbearbeiter – flüchtet deshalb vorsichtshalber nach Paris. »*Obwohl ich mit der Idee der 68er-Generation im Herzen nach Frankreich aufbrach, wurde meine persönliche Revolution vom vive l'amour und dem Pariser Nachtleben unterwandert.*« Aber seinen Bohemien-Lifestyle kann er auf Dauer nicht mit den Gelegenheitsjobs finanzieren, die er tagsüber ausübt. Deshalb fällt es ihm nicht sehr schwer, dem Ruf seines Vaters zu folgen, der aus diesem Grund extra nach Paris gekommen ist, um seinen Sohn nach Hause zu holen.

Wieder daheim, arbeitet Bruno bis Mitte 1969 in einer Möbelfabrik, und als die Filiale eines Computerherstellers eine Promotion-Stelle zu vergeben hat, wechselt er sofort. Nach einem Jahr verlässt er das Unternehmen wieder, um in London zu arbeiten. 1971 bekommt Bruno dann die Chance, in die PR-Abteilung einer Computerfirma einzusteigen. Das ist genau sein Ding. Bereits vier Jahre später wird er Senior Product Manager dieser Firma und international tätig. 1978 schickt man Bruno als Krisenmanager dieser Firma ins Ausland. Krisenerprobt, wie er ist, bringt er den Laden auf Vordermann und wird vier Jahr später sogar Geschäftsführer des Unternehmens.

1982 wird seine Tochter geboren. Bruno ist zu der Zeit eher mit seiner Firma verheiratet als mit seiner Frau, die sich mehr und mehr vernachlässigt fühlt. Im Jahr 1985 folgt die Scheidung, und seine Frau geht mit dem Kind zurück in die Heimat.

1991 ergibt sich in Brunos Unternehmen ein entscheidender Führungswechsel, der weitreichende Konsequenzen für ihn haben soll. »*Es stellte sich schnell heraus, dass die neue Führungsspitze mit meinen unkonventionellen Arbeitsmethoden nicht ganz einverstanden war. Nur meine außergewöhnlichen Erfolge, die ich bis dahin nachweisen konnte, sicherten noch meine Position.*« Aber das Ende ist nicht mehr abzuwenden. Nach monatelangem Hin und Her muss Bruno 1993 entnervt und frustriert die Firma verlassen, für die er so lange voller Leidenschaft gearbeitet hat.

Als externer Berater ist er noch ein Jahr lang für das Unternehmen tätig, bis er im Jahr 1997 seine eigene Firma gründet. Das Unternehmen boomt, denn Erfahrung hat Bruno in den vergangenen Jahren genug sammeln können. Trotz seiner brillanten Geschäftsideen und seiner geschickten Unternehmensführung geht es jedoch nach etwa drei Jahren schlagartig bergab. Bruno kann die Talfahrt nicht stoppen, denn schuld daran ist eine nicht vorhersehbare Marktentwicklung, die dem gesamten Zweig der Branche die Existenzgrundlage entzieht. Das ist das Ende für seine Firma, die er im Jahr 2004 schließen muss.

Seitdem arbeitet Bruno an neuen Zielen. »*Meine Erfolge sind zurzeit noch nicht groß, aber ich weiß, dass auch diese Phase wieder zu Ende gehen wird.*« Er wäre kein Vollblutunternehmer, wenn er nicht schon längst seinen nächsten Erfolg vorbereitet hätte. »*Ich bin gut aufgestellt, habe auf die richtige Marktentwicklung gesetzt!*« Die ständig steigende Zahl lukrativer Angebote gibt ihm Recht.

Wir baten Bruno, seinem Karriereverlauf verschiedene Geschwindigkeiten zuzuordnen, wie bei einem Fahrtenschreiber. Wann ging es schnell von einem Ziel zum anderen, und wann geriet die Fahrt ins Stocken? Nachdem Bruno diese Phasen eindeutig zuordnen konnte, erstellten wir aus diesen Informationen zehn Diagramme. Die Diagramme zeigen in chronologischer Folge Brunos Karriereabschnitte mit ihrer jeweiligen Dauer und Geschwindigkeit.

Der »Fahrtenschreiber« von Bruno:

In den Abbildungen 1 bis 10 ist Brunos gesamter Karriereverlauf, vom Start im Jahr 1971 bis zum heutigen Tag, dargestellt. Es zeigt sich, dass die langen Hochgeschwindigkeitsstrecken immer wieder durch Ereignisse unterbrochen werden, die ihn zwingen, das Tempo zu drosseln oder völlig neue Wege zu gehen. Auffällig an Brunos Karriere-Charts ist aber auch, dass die Phasen auf der schnellen Spur eindeutig länger sind als die langsamen Strecken. Die Charts spiegeln fraglos das Leben eines Erfolgsmenschen wider. Wann immer Bruno Rückschläge hinnehmen musste, tat er alles in seiner Macht Stehende, um auf dem kürzesten Weg über Serpentinen, Feldwege und Landstraßen wieder auf die Überholspur der Autobahn zu kommen. Seine positiven Erfahrungen aus der Vergangenheit geben ihm heute die tiefe Gewissheit, dass er es auch dieses Mal wieder schaffen wird.

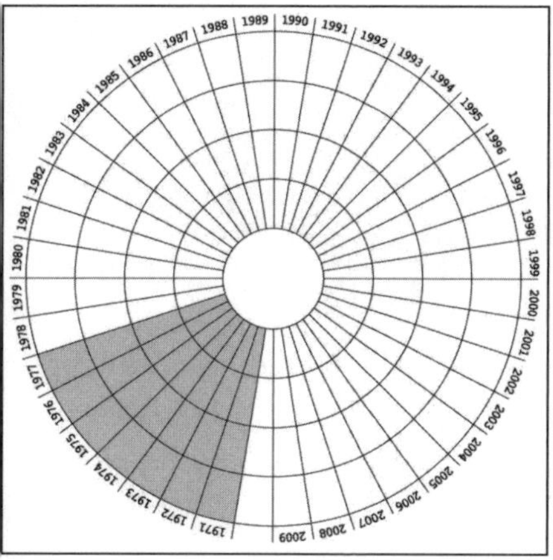

Abb. 1
AUTOBAHN: Beginn der Karriere, 1971. PR-Manager, International General Manager.

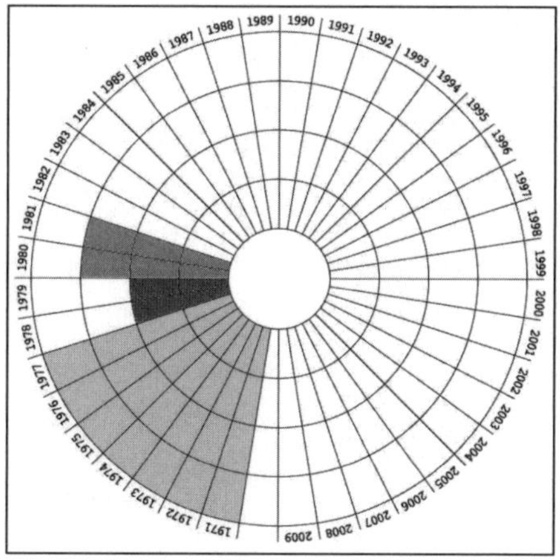

Abb. 2
SERPENTINE und LANDSTRASSE: 1978 wird Bruno als Krisenmanager ins Ausland versetzt.

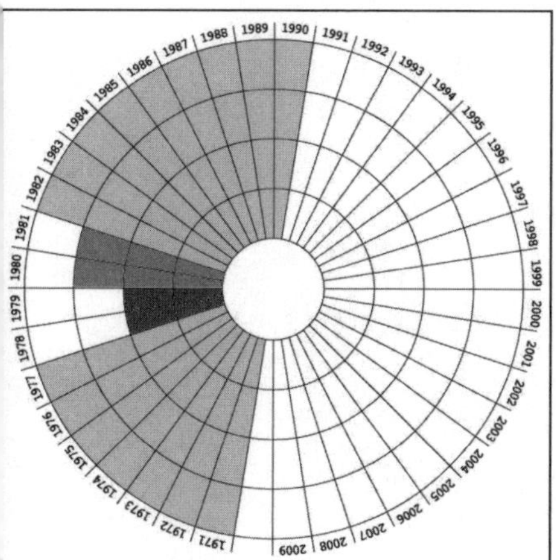

Abb. 3
AUTOBAHN: 1982 bis 1990 ist Bruno Geschäftsführer des Unternehmens.

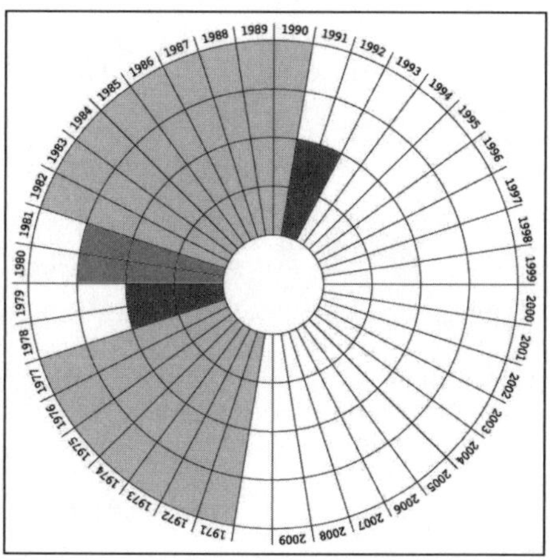

Abb. 4
SERPENTINE: Ab 1991 wird es holprig. Führungswechsel im Unternehmen.

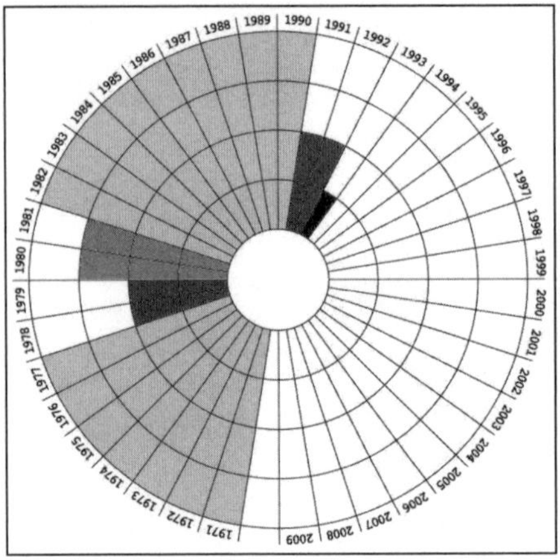

Abb. 5
SACKGASSE: 1993 geht es für Bruno im Unternehmen nicht mehr weiter. Er muss die Firma verlassen.

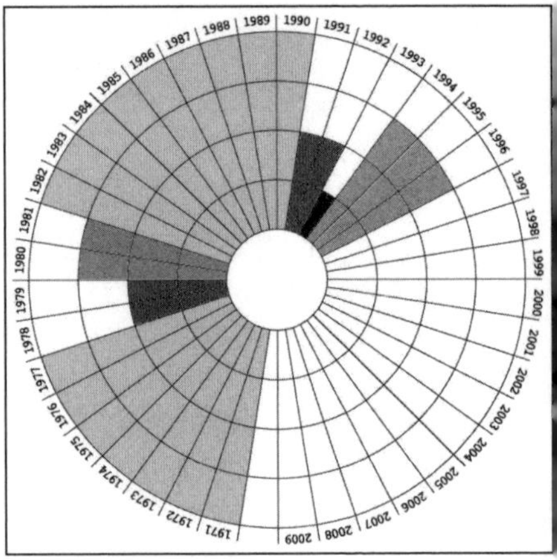

Abb. 6
LANDSTRASSE: Bruno braucht einige Zeit zur Orientierung. Er probiert viele neue Wege aus.

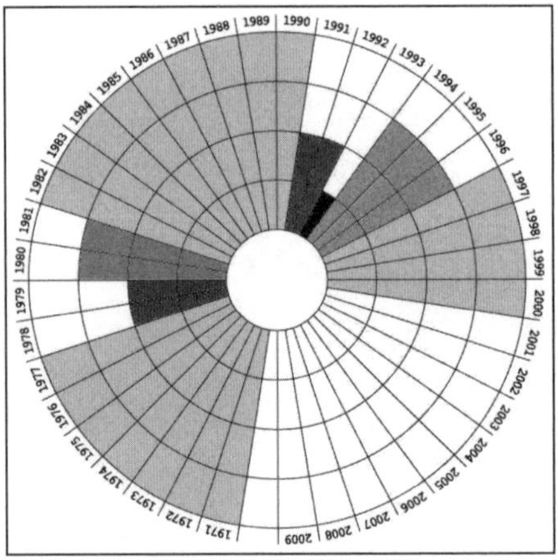

Abb. 7
AUTOBAHN: Nach Gründung seines eigenen Unternehmens im Jahr 1997 startet Bruno wieder richtig durch.

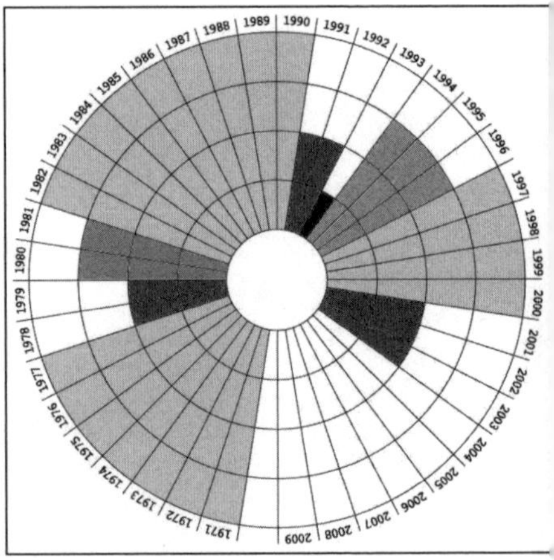

Abb. 8
SERPENTINE: Im Jahr 2001 bricht der Markt zusammen, und Bruno muss um seine Existenz kämpfen.

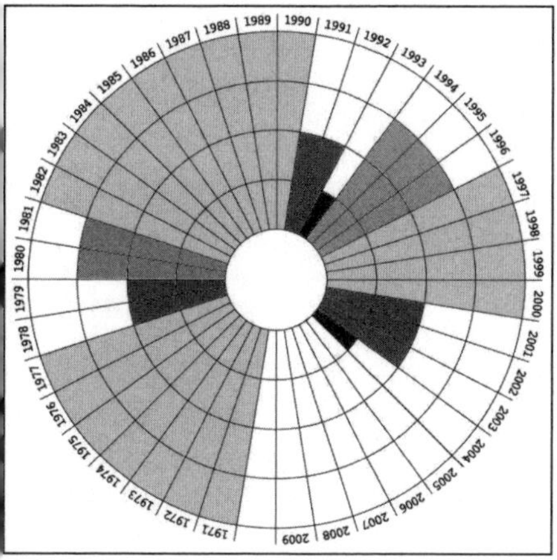

Abb. 9
SACKGASSE: Nichts geht mehr. Im Jahr 2004 muss Bruno sein Unternehmen schließen.

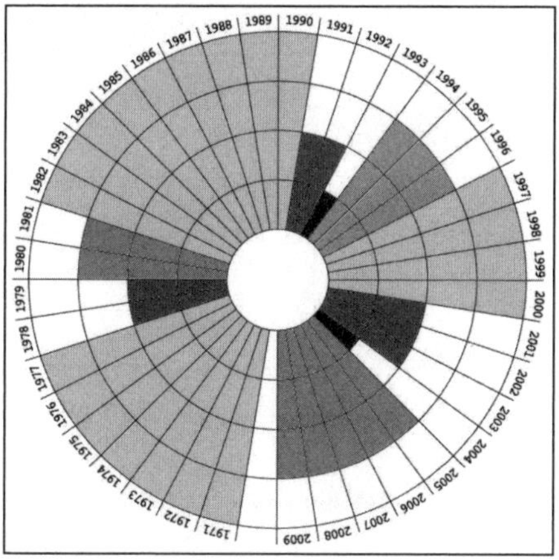

Abb. 10
LANDSTRASSE: Ab 2005 bereitet sich Bruno bereits wieder auf die nächste Autobahn vor.

Wir haben für die Diagramme zwar ein Beispiel ausgewählt, das sich auf den Bereich Karriere fokussiert, aber ebenso können hiermit die wichtigsten Phasen in anderen Bereichen wie Partnerschaft oder Gesundheit dargestellt werden. Ähnlich wie bei der Ermittlung der Zyklen müssen die Lebensbereiche mit den unterschiedlichen Streckenabschnitten auch hier voneinander getrennt werden. Derartige Diagramme liefern wichtige Daten, die eine weitere Grundlage zur Erstellung einer individuellen Lebens-Matrix sind. Diese Lebens-Matrix stellt den entschlüsselten Schicksals-Code dar. Alle erkannten Zyklen, Zeitqualitäten und Zeitpunkte, an denen schicksalhafte Ereignisse stattfanden, sind darin abgebildet. Das Aufdecken von Strukturen innerhalb dieser Lebens-Matrix und die Fortsetzung dieser Muster über die Gegenwart hinaus in die Zukunft gibt Aufschluss über das Schicksals-Timing eines Menschen – seinen Schicksals-Code!

DER SCHICKSALS-CODE

Wir haben beschrieben, wie Zyklen in Form einer Spirale und Zeitqualitäten wie ein Fahrtenschreiber dargestellt werden können. Im nächsten Schritt werden Ereignisse ausgewertet, die keinem zyklischen Muster zuzuordnen sind. Der Beginn einer großen Liebe muss nicht zwangsläufig in einen Zyklus passen, Schicksalsschläge können zu jedem Zeitpunkt das Leben eines Menschen erschüttern. Beides löst eine veränderte Zukunft aus. Zwei Menschen verlieben sich und beschließen, den Rest ihres Lebens gemeinsam zu verbringen. Stirbt ein Partner, ist der andere für eine bestimmte Zeit oder vielleicht sogar für den Rest seines Lebens allein.

Vergleichen wir das Leben eines Menschen mit einem Kalenderjahr, dann entsprechen die Zyklen den zwölf etwa gleich langen Monaten. Die Zeitqualitäten lassen sich mit Jahreszeiten vergleichen, die mal kälter oder wärmer, heller oder dunkler sein können. Ereignisse, die keinem zyklischen Muster folgen, sind mit Feiertagen innerhalb eines Kalenderjahres vergleichbar, die sich, scheinbar keinem Muster folgend, unregelmäßig auf das Jahr verteilen.

Übertragen auf ein Ereignis wie dem Beginn einer großen Liebe sind für die Berechnungen des Schicksals-Codes folgende Informationen erforderlich:

Passt der Zeitpunkt für dieses Ereignis in einen Liebes-Zyklus? War es Auslöser für eine Lebensphase mit einer neuen

Zeitqualität? Weist das Ereignis Ähnlichkeiten zu vergangenen Erlebnissen auf?

Die Auswertung der Antworten auf diese Fragen lassen erkennen, ob und welches Muster die scheinbar zufällig auftretenden Ereignisse aufweisen. Das ist der dritte Baustein für die Entschlüsselung des Schicksals-Codes.

DER SCHLÜSSEL ZUM SCHICKSALS-CODE

Seit dem Beginn der Arbeit am Projekt Schicksals-Code vor zehn Jahren hat sich eine unglaubliche Menge an Daten angesammelt. Hunderte von Biografiedaten von prominenten und nicht prominenten Menschen mit Tausenden von Ereignissen, die zunächst ausgewertet werden mussten, füllen heute die Datenbank. Die Formeln für die weiteren Berechnungen sind kompliziert, und die Suche nach Übereinstimmungen der Codes ist so aufwendig, dass es nur mit Hilfe des Computers möglich ist, Schicksals-Codes zu entschlüsseln und die Ergebnisse mit Referenzdaten abzugleichen.

Die Zahlenketten des Schicksals-Codes sind in sieben unterschiedliche Zyklen aufgeteilt. Vom Zeitpunkt der Geburt an bilden sie, durch das Fortschreiten der einzelnen Zyklen, ständig neue Zahlenkombinationen ab. Der längste Zyklus kann dreißig Jahre dauern, der kürzeste ist einen Monat lang. Nach vielen Versuchsreihen ließ sich mit dieser Abstufung bislang die größte Trefferquote bei der Übereinstimmung von Code-Zahlen und tatsächlichen Ereignissen erzielen. Die Zahlenketten ergeben sich aus folgenden Daten, die zur Berechnung eingegeben werden: Geburtsdatum und -zeitpunkt sowie Kalenderdaten wichtiger Ereignisse und deren Beschreibung. Sie sind der wichtigste Faktor, da sie später den Zahlen einen Bezug geben. Betrachten wir die Zahlenwerte des Schicksalskalenders isoliert, haben sie noch keine Aussagekraft. Erst durch die Verbindung mit konkreten Ereignissen bekommen sie ihren Informationswert.

Nehmen wir als Beispiel einen Kassenbon. Stehen auf diesem Kassenbon nur Preise, keine Waren, dann sind die Zahlen ohne Bezug, und die Waren können weder als teuer noch als billig eingestuft werden; auf dem Bon stehen eben nur Zahlen. Erst wenn Sie wissen, dass zu jedem Preis von 25,99 Euro eine Flasche Champagner gehört, bekommt diese Zahl eine Bedeutung.

Auch die Zahlenwerte in den Berechnungen des Schicksals-Codes sind zunächst neutral, einfach nur Rechenergebnisse. Deshalb werden die verfügbaren Biografiedaten eines Menschen dem Kalender chronologisch zugeordnet. Nun ist jedes Ereignis mit einem Zeitpunkt und dieser wiederum mit einer Zeichenkombination verknüpft, so wie die Artikel auf dem Kassenbon mit dem jeweiligen Preis.

Die Beschreibungen der individuellen Ereignisse werden übergeordneten Themenbereichen wie beispielsweise Liebe, Trennung, Neubeginn, Erschütterung, Erfolg oder Veränderung zugewiesen. Aus diesem Grund hat jeder Code einen zusätzlichen Buchstabenschlüssel, der ihn einem bestimmten Themenbereich zuordnet und seine Wiedererkennung bei der Auswertung erleichtert. Aus diesen Daten wird eine *Lebensmatrix* für hundert Jahre berechnet. Die Vorgabe von hundert Jahren deckt die heutige hohe Lebenserwartung weitestgehend ab. Die vom Computer erstellte *Lebensmatrix* zeigt für jeden Zeitpunkt eine andere Zeichenkette an, die sich aus den Codes der sieben Zyklen zusammensetzt.

Als Beispiel hierfür eine Zeichenkette, die in der Lebensmatrix von John F. Kennedy zum Zeitpunkt der Präsidentschaftswahlen im Jahr 1960 angezeigt wird:

d6 - f0 - b3 - x0 - e3 - e3 - e3

Neben dem Wert für STABILITÄT – b3 – an dritter Stelle, zeigt sich der Code für Triumph – e3 – gleich dreifach.

Der zeitliche Fortschritt der einzelnen Zyklen lässt sich anhand eines beliebigen Kalenderdatums erklären: 30.12.1983. Dieses Datum setzt sich von links nach rechts aus 30 Tagen, 12 Monaten, 1 Jahrtausend, 9 Jahrhunderten, 8 Jahrzehnten und 3 Jahren zusammen. Wie bei einem Zählwerk verändert sich die kleinste Zeiteinheit jeden Tag einmal. Die nächstgrößere, die Monate messende, schreitet fort, wenn der kleinere Zyklus abgelaufen ist. Der Schicksals-Code zählt nun aber nicht in Jahrhunderten oder Jahrzehnten, sondern nach dem zuvor ermittelten persönlichen Timing eines jeden Menschen, beispielsweise in sieben, acht oder neun Jahre umfassenden Zyklen.

Je mehr Lebensdaten vorliegen, desto konkreter wird das Bild und umso genauer lassen sich individuelle Schicksalsmuster nachweisen. Dennoch kann die Verknüpfung zwischen dem Code und dem Ereignis noch immer zufällig sein. Filtern wir nun aus vielen Biografien nur die romantischen Ereignisse heraus, ist damit immer eine Zeichenkombination aus insgesamt sieben Zyklen verbunden. Treten dann bestimmte Code-Segmente in neunzig von hundert Fällen in Verbindung mit einer romantischen Erfahrung auf, ist die Wahrscheinlichkeit hoch, dass es sich um den LIEBES-CODE handelt.

In vielen Fällen zeigen sich tatsächlich für den Zeitpunkt eines gemeinsam erlebten Geschehens identische Code-Zahlen bei den an diesem Geschehen beteiligten Personen. Zwei Menschen verlieben sich ineinander, und bei beiden zeigt sich für diesen Zeitraum der Zahlenwert für romantische Gefühle. Es gibt aber auch Erfahrungen, die für die beteiligten Menschen von unterschiedlicher emotionaler Bedeutung sind. Manches Ereignis, das von dem einen der Beteiligten als schmerzliche Trennung und/oder als Enttäuschung empfunden wird, stellt für den anderen einen Neuanfang dar. Es ist das gleiche Ereignis, das aber mit zwei oder drei verschiedenen Erlebniswelten verbunden sein kann.

Ein Beispiel: Bei einem Ehepaar neigt sich die Zeit der gegenseitigen Liebe dem Ende zu. Es folgt eine Trennung. Bei einer Scheidung ist ein Partner möglicherweise auf die Trennung fokussiert, ist schockiert, leidet darunter, dass eine lange Partnerschaft nun zu Ende geht, und trauert um die gemeinsamen schönen Zeiten. Der andere hat aber vielleicht schon längst eine neue Partnerschaft begonnen und die Phase des Abschieds und der Trauer bereits hinter sich gelassen.

Das gemeinsam erlebte Ereignis ist Trennung, Scheidung. Aber die Code-Zahlen der beiden Beteiligten, die diesem Ereignis zuzuordnen wären, sind zu diesem Zeitpunkt nicht identisch. Bei dem Partner, der diese Trennung als schmerzlich erlebt, zeigt sich SCHOCK oder ENDE, bei dem Partner, der die Trennung bereits vor der eigentlichen Scheidung verarbeitet hatte, ist möglicherweise ANFANG zu finden.

Es hat sich herausgestellt, dass Codes, die innerhalb einer Zeichenkette mehrfach auftreten, sich in höherem Maße in zeitgleich auftretenden Ereignissen widerspiegeln. Ein Beispiel für das mehrfache Auftreten desselben Codes findet sich im Schicksals-Code von Elisabeth, der Kaiserin von Österreich und Königin von Ungarn. Am 10.9.1898 zeigt sich der Code für SCHOCK zeitgleich auf drei Zyklen. Es ist der Tag, an dem die Kaiserin Opfer eines Attentates wird. In Genf stürzt sich ein junger italienischer Anarchist auf die Kaiserin und rammt ihr eine Dreikantfeile ins Herz. Kurze Zeit später erliegt Kaiserin Elisabeth der tödlichen Verletzung.

Nicht in allen Biografien zeigt sich der Code für SCHOCK in Verbindung mit dem Tod eines Menschen.

SCHOCK ist der Oberbegriff für eine Gruppe von Codes, die ausschließlich bei erschütternden Ereignissen angezeigt werden.

DIE VERSCHIEDENEN KATEGORIEN DER CODES

In den Berechnungen des Schicksals-Codes zeigen sich bei ähnlichen Ereignissen oft dieselben Zahlenwerte. Je nach Art der Ereignisse haben sich aus den Übereinstimmungen Code-Gruppen mit verschiedenen Themenbereichen herauskristallisiert, die mit geeigneten Oberbegriffen zusammengefasst wurden. Zum Beispiel trägt der Zahlenwert, der bei Erfolgen, Siegen oder entscheidenden positiven Wendungen am häufigsten erscheint, die Bezeichnung TRIUMPH. Die Liste der verschiedenen Themenbereiche befindet sich in ständiger Weiterentwicklung und wird mit jedem neu berechneten Schicksals-Code statistisch weiter verfeinert.

Nachfolgend eine Auflistung der im Buch verwendeten Bezeichnungen, unter denen Codes zusammengefasst wurden, die in den Berechnungen immer in Verbindung mit gleichen oder ähnlichen Ereignissen auftraten:

TRIUMPH zeigt sich z. B. bei Siegen, erfreulichen Anlässen, erfolgreich geführten Kämpfen, Anerkennung oder dem entscheidenden Durchbruch.

LIEBE steht für Codes, die in Zeiträumen auftauchen, in denen Zuneigung, eine emotionale Verbindung, romantische Gefühle, Hingabe und liebevolle Begegnungen von Bedeutung sind.

ZIEL fasst Codes zusammen, die sich bei der Erreichung von Zielen, einer Vollendung, einer glücklichen Heimkehr oder einer ersehnten Ankunft zeigen.

GLÜCK heißen die Codes, die in Zeiträumen tiefer emotionaler Zufriedenheit, Erfüllung und Freude zu finden sind.

BEFREIUNG steht für Codes in Zusammenhang mit Wendepunkten, Wiederaufbau und der Lösung aus Verstrickungen oder Abhängigkeiten.

ANFANG bezeichnet Codes, die überwiegend in Phasen, in denen Initiative, Aktivität und neue Anfänge im Vordergrund stehen, auftauchen.

ENDE Dieser Begriff fasst Situationen zusammen, in denen Veränderungen, Trennungen, Abschiede oder Verluste erlebt werden. In Zeiten, die von diesem Thema beherrscht werden, entsteht Platz für neue Entwicklungen.

STABILITÄT Hierzu gehören Codes, die sich in Verbindung mit finanzieller Unterstützung, einer soliden Basis für neue Pläne und Situationen, in denen Unterstützung und Hilfe von außen kommt, zeigen.

ÖFFENTLICHKEIT fasst Code-Zahlen zusammen, die sich in Zeiträumen zeigen, in denen Selbstvertrauen und Kreativität ausschlaggebend sind. In vielen Biografien erscheint dieser Wert auch in Verbindung mit öffentlichem Interesse.

STRESS Diese Codes zeigen sich in Zeiten der Überforderung. Dann, wenn Menschen sich zu viel zugemutet haben, glauben, eine Aufgabe nicht bewältigen zu können oder einer Situation nicht gewachsen sind.

SCHWÄCHE ist der Code mit den vielseitigsten Erscheinungsformen. Er taucht in Zeiträumen auf, in denen Menschen gegen ihre eigenen, guten Vorsätze verstoßen. In den Biografien sind damit Ereignisse zusammengefasst, die häufig mit falschen Verlockungen, Macht, Machtmissbrauch, Abhängigkeit, Maßlosigkeit, Verrat oder Intrigen in Verbindung stehen.

VERLETZUNG bezeichnet die Ereignis-Codes, die in irgendeiner Weise mit Verwundungen zu tun haben. Diese können auch seelischer Natur sein. In einigen Biografien haben sich in Verbindung mit diesen Codes allerdings auch konkrete, körperliche Verletzungen gezeigt.

SCHOCK zeigt sich in Schicksals-Codes immer dann, wenn unvorhergesehene, erschütternde Ereignisse das Leben eines Menschen auf den Kopf stellen. Meistens, aber nicht immer, in negativem Zusammenhang. In einigen, seltenen Fällen zeigte sich dieser Wert auch in Verbindung mit positiven Überraschungen.

RÜCKZUG Dieser Code zeigt sich häufig dann, wenn ein freiwilliger oder erzwungener Rückzug das Leben bestimmt. Das kann ein Karrieretief sein, ein Krankenhausaufenthalt oder einfach der Wunsch, allein zu sein, um sich neu zu orientieren.

Wie sich die beschriebenen Codes in einer berechneten Lebensmatrix darstellen und mit tatsächlich geschehenen Ereignissen korrespondieren, zeigt die abgebildete Tabelle (S. 60).

Es handelt sich um einen Ausschnitt aus den Berechnungen zu John F. Kennedy, der am 22.11.1963 ermordet wurde. Die Berechnungen eines jeden Schicksals-Codes umfassen, wie gesagt, einen Zeitraum von einhundert Jahren. Deshalb setzen sie sich, unabhängig von der tatsächlichen Dauer eines Menschenlebens, auch über den Tod hinaus fort.

Die auffälligen Codes sind in der stark vereinfachten Tabelle gekennzeichnet.

Jahr	Alter	Zyklus 1	Zyklus 2	Zyklus 3	Zyklus 4	Zyklus 5	Zyklus 6	Zyklus 7
1935	18	b4	h0	x0	x0	c1	a7	c1
1936	19	b4	h0	x0	i5	h1	b8	h1
1937	20	b4	h0	c1	x0	a0	d8	a0
1938	21	b4	h0	x0	x0	i1	f8	i1
1939	22	b4	h0	e0	x0	b1	h0	b1
1940	23	b4	h0	e0	x0	g1	i1	g1
1941	24	b4	h0	x0	x0	d1	g1	d1
1942	25	b4	h0	c1	x0	e1	e1	e1
1943	26	b4	h0	x0	d1	f1	c1	f1
1944	27	d6	e1	x0	x0	c1	a0	c1
1945	28	d6	e1	x0	x0	h1	b1	h1
1946	29	d6	e1	b3	x0	a0	d1	a0
1947	30	d6	e1	x0	x0	i1	f1	i1
1948	31	d6	e1	d6	a7	b1	h1	b1
1949	32	d6	e1	d6	c4	g1	i0	g1
1950	33	d6	e1	x0	x0	d1	g0	d1
1951	34	d6	e1	b3	x0	e3	e0	e1
1952	35	d6	e1	x0	x0	f1	c0	f1
1953	36	d6	f0	x0	x0	c1	a0	c1
1954	37	d6	f0	x0	x0	h1	b0	h1
1955	38	d6	f0	b3	x0	a0	d0	a0
1956	39	d6	f0	x0	i7	i1	f0	i1
1957	40	d6	f0	d6	x0	b1	h0	b1
1958	41	d6	f0	d6	x0	g1	i1	g1
1959	42	d6	f0	x0	h3	d1	g2	d1
1960	43	d6	f0	b3	x0	e3	e3	e3
1961	44	d6	f0	x0	x0	f1	c2	f1
1962	45	d6	a0	x0	d7	c1	a2	c1
1963	46	d6	a0	x0	x0	h1	b3	h1
1964	47	d6	a0	b3	x0	a0	d3	a0
1965	48	d6	a0	x0	x0	i1	f3	i1

c1	=	Schock
d1	=	Ende
e3	=	Triumph

h1	=	Verletzung
e1	=	Liebe
b3	=	Stabilität

Erläuterung der Codes in der Tabelle

- Der Ausschnitt aus John F. Kennedys Schicksals-Code beginnt im Jahr 1935, als er die Schule beendet und nach England reist, um sich dort an der London School of Economics für ein Studium einzuschreiben. John F. Kennedy bekommt zu dem Zeitpunkt so große gesundheitliche Probleme, dass er sich sofort in ärztliche Behandlung begeben muss. Der SCHOCK-CODE (c1) taucht im selben Jahr von Mai bis Dezember über einen Zeitraum von acht Monaten auf.
- Im Herbst 1941 lässt Joseph Kennedy, der Vater von John F. Kennedy, an seiner dreiundzwanzigjährigen Tochter eine präfrontale Lobotomie durchführen. Nach dem Eingriff weist Rosemary Kennedy nur noch den Intellekt eines Kleinkindes auf. Von Mai bis Dezember des Jahres 1941 ist der Wert für ENDE (d1) im Schicksals-Code von John F. Kennedy zu sehen.
- 1943 zeigen die Berechnungen den Code für SCHOCK (c1) für die Monate Mai bis August. Kennedy führt zu der Zeit das Kommando auf dem Schnellboot PT-109. In der Nacht vom 1. auf den 2. August wird das Boot von einem japanischen Zerstörer gerammt und förmlich in zwei Teile zerschnitten.
- 1944, nur ein Jahr später: Am 12. August explodiert das mit Sprengstoff beladene Flugzeug von Johns geliebtem Bruder Joseph Patrick Kennedy jun. über dem Ärmelkanal. Der SCHOCK-CODE (c1) zeigt sich in der Tabelle von Mai 1944 bis April 1945; von August bis Dezember 1944 sogar doppelt.
- 1945 fliegt Kennedy als Korrespondent der Hearst Presse nach Deutschland. Wieder zwingt ihn eine Krankheit, in die USA zurückzukehren. Von Mai 1945 bis August 1945 taucht in den Berechnungen der Code für VERLETZUNG (h1) auf.
- Im Mai 1951 lernt John F. Kennedy die damals zweiundzwan-

zigjährige Jacqueline Lee Bouvier kennen. Sein Schicksals-Code zeigt in dieser Zeit die Zahlenfolge für TRIUMPH (e3) an, ab September 1951 gefolgt von LIEBE (e1). Der Wert für STABILITÄT (b3) ist in Kennedys dreiundvierzigstem Lebensjahr ebenfalls auf einem Zyklus zu finden.

- 1954/1955 erkrankt Kennedy erneut. Diesmal stehen sogar längere Krankenhausaufenthalte aufgrund zweier Rückenoperationen an. Der Schicksals-Code weist ab Mai 1954 für zwölf Monate den Wert für VERLETZUNG auf (h1); von August 1954 bis Dezember 1954 doppelt.
- 1960 lassen die Berechnungen wieder die Werte für TRIUMPH (e3) erkennen. Am 13. Juli wird Kennedy in Los Angeles von der Demokratischen Partei zum Präsidentschaftskandidaten nominiert. Am 8. November 1960 tritt der Wert für TRIUMPH zweifach auf; an diesem Tag wird Kennedy zum Präsidenten der USA gewählt.
- Mai 1962 bis April 1963 steht unter dem Zeichen eines erneuten SCHOCK-CODES (c1), April 1962 bis Januar 1963 sogar doppelt. In diese Zeit gerät die Kuba-Krise in ihre heiße Phase, und die Welt kommt einem Atomkrieg sehr nahe.
- Dallas, 22. November 1963. Kennedy befindet sich auf Wahlkampftour für die nächsten Präsidentschaftswahlen. Bei strahlendem Sonnenschein fährt er in einem Cabrio durch die Straßen. Als die Autokolonne durch die Elm-Street fährt, fallen drei Schüsse. John F. Kennedy wird tödlich getroffen. Im Schicksals-Code zeigt sich der Wert für VERLETZUNG (h1), von Mai 1963 bis Dezember 1963 doppelt.

Nach den Berechnungen zu John F. Kennedy lässt sich der Code für VERLETZUNG auch nach seinem Tod erneut im Jahr 1972 finden, neun Jahre nach dem Attentat in Dallas. Sein nächster herausragender TRIUMPH wird für das Jahr 1969 angezeigt, neun Jahre nach seiner Wahl zum US-Präsidenten.

LÄSST SICH ZUKÜNFTIGES SCHICKSAL BERECHNEN?

Für jeden Zeitpunkt innerhalb des einhundert Jahre umfassenden individuellen Schicksals-Codes wird eine andere Code-Kombination berechnet. Die berechneten Codes liefern auch Informationen über zukünftige Zeiträume. Zeigt sich zu einem bevorstehenden Zeitpunkt der Code für LIEBE, ist nach den bisherigen Erkenntnissen aus dem Schicksals-Code mit einer romantischen Erfahrung zu rechnen, taucht der SCHOCK-CODE auf, ereignen sich vermutlich Erschütterungen, steht im Schicksals-Code ENDE, können schicksalhafte Veränderungen das Leben eines Menschen in neue Bahnen lenken. Über das, was letztendlich tatsächlich geschehen wird, lassen sich aus den Berechnungen zwar keine konkreten Aussagen ableiten, allerdings kann der Schicksals-Code Themenschwerpunkte, die in der Zukunft liegen, zeitlich sehr genau eingrenzen.

Um diese Erkenntnisse weiter zu sichern, war es wichtig, ganz normale Menschen mit ihrem Schicksals-Code zu konfrontieren. Wir baten sie, uns ihre Lebensgeschichte zu erzählen.

LEBENSGESCHICHTEN

Zeigt sich die Lebensgeschichte auch im Schicksals-Code?

In den nachfolgenden Interviews schilderten ganz normale Menschen Birgit Lechtermann ihre Lebensgeschichte. Michael Koroll wertete das gesamte Datenmaterial aus und erstellte für jeden Interviewpartner eine Lebensmatrix, in der alle Codes abgebildet sind. Danach wurden die Stationen und Ereignisse, die in dem jeweiligen Gespräch von Bedeutung waren, mit den Codes abgeglichen. Alle Ereignisse, die sich eindeutig im Schicksals-Code als übereinstimmender Zahlenwert wiederfanden, wurden zusammengestellt und dem jeweiligen Interview angehängt.

Das erste Gespräch zeigt, wie ein bevorstehendes Zeitfenster mit dem Themenschwerpunkt Triumph die Wende in einer scheinbar hoffnungslosen Situation ankündigte.

Anne, 57 Jahre, Agenturleiterin in Frankfurt, stammt aus einer vermögenden Familie. Durch falsches Vertrauen verlor sie ihr gesamtes Erbe. Zum Zeitpunkt des Interviews war sie sehr verzweifelt, da ihre finanziellen Probleme sie zunehmend belasteten.

DIE GESCHICHTE VON ANNE

Anne ist neun Jahre alt, als ihre jüngere Schwester an Meningitis stirbt. Ihre Mutter ist wie gelähmt vor Schmerz, kann die Trauer nicht verarbeiten. »*Halt und Trost fand ich bei meinem Vater, der sich in dieser Zeit sehr um mich gekümmert hat*«, sagt Anne.

Der nächste Schock folgt sechs Jahr später, als ihr geliebter Vater stirbt. »*Meine Mutter zog sich immer mehr zurück, war nur noch auf dem Friedhof unterwegs, und ich war auf mich allein gestellt, fühlte mich oft einsam.*« Finanziell hatte Annes Vater die Familie so gut abgesichert, dass Anne weiterhin in wohlhabenden Verhältnissen aufwachsen kann.

Zwei Jahre nach dem tragischen Tod ihres Vaters wird die hübsche Siebzehnjährige bei einem Tanzturnier von einem weitaus älteren, aber sehr attraktiven Mann angesprochen. Er fragt sie unverblümt nach ihrem Alter. »*Na ja*«, berichtet sie, »*mein achtzehnter Geburtstag war nicht mehr weit weg, deshalb habe ich tief durchgeatmet und ihm gesagt, ich sei achtzehn.*« Daraufhin lädt der charmante Mann sie für den nächsten Sonntag zum Essen ein. Zu Hause gibt es heftige Diskussionen mit ihrer Mutter, die überhaupt nicht damit einverstanden ist, dass ihre Tochter eine solche Verabredung getroffen hat. Doch Anne trifft sich trotzdem mit dem Mann. Die beiden sitzen noch nicht lange in dem vornehmen Restaurant, als ihr der Mann plötzlichen einen Ring auf den Tisch legt und sie bittet, seine Frau zu werden. »*Ich war wie vom Blitz getroffen und konnte so schnell gar keine Antwort herausbringen. Ich habe meine Handtasche geschnappt und bin auf die Toilette gerast, denn ich musste mich erst einmal wieder fassen.*« Das Thema Heirat wird an diesem Abend nicht mehr angesprochen, aber wenige Tage später sagt Anne ja zum Heiratsantrag des weltweit erfolgreichen Architekten. Im Sommer 1971, kurz nach ihrem achtzehnten Geburtstag, heiratet sie ihn. Im Jahr darauf kommt die gemeinsame Tochter zur Welt, und das Glück scheint komplett.

Eines Abends kehrt ihr Mann von der Arbeit nach Hause

zurück und erzählt seiner Frau, dass eine seiner Mitarbeiterinnen schwanger sei. Ihr Partner habe sie verlassen, und sie sei nicht in der Lage, ein Kind allein großzuziehen. Er fragt Anne, was sie von dem Vorschlag hält, das Kind zu adoptieren. Sie könnten dem Kind eine richtige Familie in einem schönen Umfeld bieten. Anne wünscht sich noch weitere Kinder, allerdings eigene. Deshalb lehnt sie seinen Vorschlag nach reiflicher Überlegung ab. Erst Jahre später wird sie erfahren, dass ihr eigener Ehemann der Vater des Kindes ist und deshalb eine Adoption vorgeschlagen hat. Anne wird wieder schwanger; die zweite Tochter wird 1974 geboren.

Ihr Mann ist als Architekt weltweit viel unterwegs und hat auch noch ein Büro in New York. Weil die Geschäfte dort so anziehen, entschließt sich die Familie, ihren Hauptwohnsitz nach New York zu verlegen. »*Aber das machte keinen Sinn*«, erklärt Anne, »*ich war dort genauso viel allein wie in Deutschland. Da ich in Deutschland weitaus mehr Freunde hatte, bin ich wieder zurück in die Heimat.*« Ihr Mann pendelt weiterhin zwischen den Kontinenten und den Büros.

1976, kaum hat sich Anne mit den Kindern wieder zu Hause eingelebt, fallen ihr Veränderungen im Verhalten ihres Mannes auf. Er ist distanziert und grenzt sie immer mehr aus seinem Leben aus. Hatte er ihr früher noch von seinen Projekten erzählt, bekommt sie jetzt nur noch knappe, unwirsche Antworten auf ihre Fragen.

Wenige Wochen später reist Anne mit ihrer Schwester und ihrer Familie zum gemeinsamen Ferienhaus nach Spanien. Annes Schwester hat sich angeboten, die Kinder zu beaufsichtigen, damit Anne und ihr Mann endlich Gelegenheit finden, sich wieder anzunähern. Als das Ehepaar abends von einem gemeinsamen Restaurantbesuch zurückkehrt, kommt es zu einer Situation, die weitreichende Konsequenzen für Anne und ihre Kinder haben wird. Anne will ihren Töchtern noch Gute Nacht sagen, da stellt sich ihre Schwester mit verschränkten Armen vor die Zimmertür und lässt Anne nicht zu den Kindern! »›*Du kommst hier nicht mehr rein!‹, sagte sie damals zu mir.«* Anne hält die Situation noch für einen bösen Scherz, für völlig unrealistisch, will ihre Schwester zur Seite schieben. *»Doch da stellte sich plötzlich mein Mann neben sie und sagte zu mir:›Du hast hier gar nichts mehr zu sagen. Wer gehen wird, bist du, denn das hier ist die Frau, die ich heiraten werde!‹«*

Mit einem Schlag wird Anne alles klar: Die Heimlichkeiten, die knappen Antworten … Ihr Mann hat sie wahrscheinlich schon länger mit ihrer Schwester betrogen, und nun will er, dass sie das Haus verlässt. Noch in derselben Nacht einigt man sich darauf, dass Anne umgehend zurück nach Deutschland fliegt. Sobald sie in Deutschland den Auszug aus dem Haus und den Umzug in eine kleine Eigentumswohnung geregelt hat, sollen die Kinder nachkommen. Sie sollen angeblich so wenig wie möglich von der Situation mitbekommen, um nicht darunter zu leiden. *»Ich verließ in einem schockartigen Zustand das Haus«, erinnert sich Anne. »Ich wollte nur weg, irgendwo einen klaren Gedanken fassen können.«*

Zurück in Deutschland, schaltet Anne sofort ihren Anwalt ein und zieht aus dem gemeinsamen Haus aus. Wenn die Kinder in einigen Wochen nach Hause kommen, will sie bereits in der neuen Wohnung sein. In den nächsten Wochen regelt Anne wie ferngesteuert alle Dinge und konzentriert sich darauf, dass sie die Kinder bald wieder in ihre Arme schließen kann.

Doch die Kinder kommen nicht. Anne wird ihre Töchter erst Jahre später wiedersehen. Obwohl ihr Anwalt die Scheidung in wenigen Wochen über die Bühne kriegt und Anne die Kinder zugesprochen werden, lässt ihr Mann die Kinder nicht gehen. Er wechselt in verschiedenen Ländern die Wohnorte, und niemand hat Zugriff, auch die Botschaften nicht. *»Ich hätte nie, niemals gedacht, dass mir so etwas einmal passieren würde. Eine solche Situation lag jenseits meiner Vorstellungsmöglichkeiten.«*

Trotz aller Sorge um die Kinder geht das Leben für die junge Anne weiter. 1981 lernt sie einen sympathischen Mann kennen, der sie mit seinem Charme erobert. Acht Wochen später macht ihr Rolf einen Heiratsantrag. Anne sagt ja. Zu ihrer großen

Überraschung verliert ihr neuer Mann bald nach der Hochzeit jegliches sexuelles Interesse an ihr. Die beiden führen trotzdem weiterhin eine freundschaftliche Ehe. 1989 macht Anne eine schmerzhafte Entdeckung: »*Auch dieser Mann betrog mich mit einer anderen. Wahrscheinlich nicht das erste Mal.*«

Sie wirft ihren Mann raus, aber als er reumütig zurückkehrt und sie um Verzeihung bittet, gibt sie nach. Er zieht wieder ein. 2001 beschleicht Anne das Gefühl, dass er erneut ein Verhältnis hat. Sie sagt: »*Ich bin nicht der Mensch, der Telefonrechnungen oder Jackentaschen kontrolliert, aber wenn die Dinge plötzlich ganz klar vor mir liegen, dann will ich ihnen auch auf den Grund gehen.*« Ihr Gefühl hat sie nicht getäuscht. Anne stellt ihren Mann zur Rede, und ihr wird immer klarer, dass er sie erneut systematisch hintergangen hat. Ihr Mann bereut wieder alles und verspricht, sich zu ändern. Sie bleiben zusammen, denn Anne liebt ihren Mann. Doch die Beweise, dass er sie weiterhin betrügt, werden immer erdrückender.

Nach all dem, was Anne bereits in ihrem Leben durchgemacht hat, fühlt sie sich nach diesem weiteren Verrat völlig hoffnungslos und alleingelassen, sieht keinen Sinn mehr in ihrem Leben. In einer Kurzschlusshandlung betäubt sie ihren Schmerz mit einer Überdosis Schlaftabletten. Eine Nachbarin findet sie jedoch gerade noch rechtzeitig. Anne überlebt den Suizidversuch nur knapp. Nach der Entlassung aus dem Krankenhaus 2003 trennt sie sich, zunächst nur räumlich innerhalb des großen Hauses, von ihrem Mann. Ihr Mann bezieht ein im Haus befindliches separates Appartement.

2004 lernt Anne auf einem Fest Bernhard kennen. Sie fühlt sich von seiner freundlichen und sympathischen Art angezogen, und die beiden treffen sich häufiger. Sie reden viel miteinander. Er wird später eine wesentliche Rolle in Annes Leben spielen. Noch aber wohnt sie mit ihrem Mann unter einem Dach. Der Umgang der beiden miteinander ist inzwischen wieder freundschaftlich geworden.

Ihr Mann fährt in den Urlaub und bittet sie von unterwegs telefonisch, zwei, drei geschäftliche Dinge für ihn zu erledigen. Anne, im Besitz seines Appartementschlüssels, setzt sich an seinen Schreibtisch, um die Unterlagen herauszusuchen. Dabei fallen ihr einige Briefe von Banken in die Hände, deren Inhalt sie stutzig werden lässt. Anne liest sich ein, sucht und findet immer weitere Informationen. Ihr eröffnet sich ein Desaster. Ihr Mann ist pleite und hat nicht einmal mehr die Beiträge für die Krankenkasse oder die Versicherungen bezahlen können. Aber nicht nur das. Anne hat ihm mit der Eheschließung eine Generalvollmacht für ihre Konten gegeben, und auch ihr Vermögen hat er in seine geschäftliche Tragödie einbezogen.

Annes ererbtes Kapital war so groß gewesen, dass sie sich keinerlei Gedanken über ihr Auskommen hätte machen müssen. Nun steht sie vor dem Nichts. Doch sie hat kaum Zeit, aus dem Schockzustand herauszukommen, denn wenige Tage später erreicht sie die nächste Hiobsbotschaft. Die Banken haben zusätzlich noch Forderungen in Millionenhöhe, für die sie als Bürgin ihres Mannes haftet. Anne steht vor dem existenziellen Abgrund. Es erscheint ihr unmöglich, aus dieser Situation jemals wieder herauszukommen. »*Zwei Tage habe ich nur dagesessen, war bewegungsunfähig. Dann habe ich mir gesagt, entweder du springst vom nächsten Hochhaus, oder du kämpfst. Du wirst zehn Zentimeter unter der Grasnarbe beginnen, aber vielleicht schaffst du es, dich irgendwo, an irgendeiner Stelle wieder rauszubuddeln.*«

Sie reicht im Jahr 2005 die Scheidung ein und beginnt, in kleinen Zeiträumen zu denken, von Tag zu Tag. »*Das Schlimmste in diesen Tagen war der Weg zum Briefkasten. Ich habe ihn nur mit zitternden Händen öffnen können – immer neue Gerichtsschreiben, neue finanzielle Forderungen.*«

Bernhard, der Mann, den sie ein Jahr zuvor auf einem Fest kennengelernt hat, steht ihr während dieser Zeit zur Seite. Aus Freundschaft wird Liebe. Die beiden heiraten nach einem Jahr.

Anne, die nie zuvor in ihrem Leben finanzielle Sorgen

gekannt hat, nie arbeiten musste, besorgt sich nun eine Stelle und betritt völliges Neuland. Aber so sehr sie auch strampelt, die Forderungen der Banken lassen ihr kaum Spielraum. Eine harte Belastungsprobe für ihre neue Ehe, denn auch ihr Mann ist nicht so vermögend, dass er ihr in dieser Situation helfen kann. Aber die beiden halten trotz aller Schwierigkeiten zusammen. *»Wir sagen uns immer wieder: Wenn dir das Wasser bis zum Hals steht, musst du den Kopf oben behalten, denn sonst ertrinkst du.«*

Als Birgit Lechtermann sich von ihrer Interviewpartnerin nach dem Ende des Gesprächs verabschiedete, sagte Anne leise: *»Ich habe sehr viele Projekte vorbereitet und kann nur hoffen, dass eines davon bald zünden wird, sonst wird es ganz eng, denn der finanzielle Druck ist so hoch, dass wir uns jeden Tag aufs Neue fragen, wie es nun weitergeht.«*

Birgit Lechtermann: Das Gespräch mit Anne beschäftigte mich auf der gesamten Fahrt nach Hause, denn ihre Worte beim Abschied klangen alles andere als hoffnungsvoll. Als ich das Interview am nächsten Tag abgetippt hatte, schickte ich es zusammen mit Annes Daten gleich zur Auswertung an Michael Koroll.

Michael Koroll: Die Hoffnungslosigkeit, die ich in der Aufzeichnung las, veranlasste mich, sofort mit den Berechnungen von Annes Schicksals-Code zu beginnen. Gab es in ihrem Schicksals-Code in naher Zukunft einen Wert, der Hinweise auf eine positive Entwicklung liefert?

Einige entscheidende Stationen in Annes Leben konnte ich in den Berechnungen ihres Schicksals-Codes wiederfinden. Es zeigten sich Codes für Schocks, Anfänge und Trennungen. Ein Zahlenwert, der in anderen Biografien immer in Verbindung mit Erfolg auftrat, erregte meine besondere Aufmerksamkeit. Zwei Monate nach dem Interview, im November 2008, und am Anfang des Jahres 2009 war dieser Wert in der Zahlenkette von Annes Schicksals-Codes zu finden. Vielleicht war das der Hoffnungsschimmer, auf den sie so lange gewartet hatte …

Birgit Lechtermann: Ich rief Anne noch einmal an und fragte, ob sie bereit sei, mit Michael Koroll persönlich über die Auswertung ihrer Daten zu sprechen. Sie stimmte zu, und Koroll erläuterte der sehr skeptischen Anne das Ergebnis seiner Berechnungen.

Am 24. Januar 2009 klingelte bei mir das Telefon. Es war Anne. »*Hallo Frau Lechtermann, ich glaube, es ist wichtig, dass Sie erfahren, was in der Zwischenzeit passiert ist. Als Sie mich fragten, ob ich Ihnen meine Lebensgeschichte für Ihr Buch erzählen würde, tat ich das nur, weil ich Sie sehr schätze. Die Sache mit dem Schicksals-Code war mir ehrlich gesagt etwas suspekt. Michael Koroll hatte mir dann ja das Ergebnis seiner Auswertungen erklärt. Er erwähnte dabei den November 2008 und das Frühjahr 2009, in dem Erfolge für mich möglich seien. Ich habe seine Ausführungen zwar wohlwollend zur Kenntnis genommen, aber gedacht: ›Der will dir wahrscheinlich nur etwas Mut machen.‹ Aber zu meiner großen Überraschung sind die Dinge wirklich in Bewegung geraten, und ich konnte im November den Abschluss eines Geschäfts tätigen, von dem keiner in der Branche geglaubt hat, dass es jemals zustande kommen würde. Ich hatte das zwar langfristig vorbereitet, aber auch schon nicht mehr richtig daran geglaubt. In den vergangenen vier Jahren war es nämlich immer so, dass ich dachte, ich würde Licht am Ende des Tunnels sehen, aber dann waren es wieder nur die Scheinwerfer eines ICE-Zuges, und ich musste aufpassen, dass er mich nicht überrollt. Der Abschluss meines Geschäfts ist also genau zu der Zeit zustande gekommen, von der Michael Koroll gesprochen hatte. Und er hat noch das Frühjahr 2009 erwähnt. Es sieht ganz so aus, dass ich im Januar noch ein größeres Projekt zum Abschluss bringen kann. Das hilft uns natürlich in der momentanen Lage sehr. Wir haben noch nicht alle Probleme gelöst, aber ich denke, wir können es schaffen. Es war mir wichtig, dass Michael Koroll für seine Statistiken mein Feedback bekommt.*«

Annes Lebensstationen im Abgleich mit ihrem Schicksals-Code:

Der erfolgreiche Architekt macht Anne einen überraschenden Heiratsantrag.

Ihr Schicksals-Code zeigt zu diesem Zeitpunkt den Wert für: SCHOCK

Annes Mann schlägt vor, das Kind zu adoptieren.

Ihr Schicksals-Code zeigt zu diesem Zeitpunkt den Wert für: SCHOCK

1972 kommt Annes Tochter zur Welt.

Ihr Schicksals-Code zeigt zu diesem Zeitpunkt den Wert für: ANFANG

Annes zweite Tochter wird 1974 geboren.

Ihr Schicksals-Code zeigt zu diesem Zeitpunkt den Wert für: ANFANG

1976 kommt es zu einer Situation, die weitreichende Konsequenzen für Anne und für ihre Kinder haben wird: Ihr Mann hat ein Verhältnis mit Annes Schwester und behält die Kinder bei sich.

Ihr Schicksals-Code zeigt zu diesem Zeitpunkt den Wert für: ENDE

Bald nach der Hochzeit verliert ihr zweiter Mann jegliches sexuelles Interesse an ihr.

Ihr Schicksals-Code zeigt zu diesem Zeitpunkt den Wert für: SCHOCK

1989 macht Anne eine schmerzhafte Entdeckung: »*Auch dieser Mann betrog mich mit einer Anderen. Wahrscheinlich nicht das erste Mal.*«

Ihr Schicksals-Code zeigt zu diesem Zeitpunkt den Wert für: SCHOCK

2001 beschleicht Anne das Gefühl, dass ihr Mann erneut ein Verhältnis hat.

Ihr Schicksals-Code zeigt zu diesem Zeitpunkt den Wert für: SCHOCK, ENDE

2004 lernt Anne Bernhard auf einem Fest kennen und fühlt sich von ihm angezogen.

Ihr Schicksals-Code zeigt zu diesem Zeitpunkt den Wert für: LIEBE

Im Jahr 2005 reicht Anne die Scheidung ein.

Ihr Schicksals-Code zeigt zu diesem Zeitpunkt den Wert für: BEFREIUNG, ENDE

Ende des Jahres 2008 kommt endlich der finanzielle Aufwärtstrend.

Ihr Schicksals-Code zeigt zu diesem Zeitpunkt den Wert für: TRIUMPH

2009 sieht es ganz so aus, dass Anne im Januar noch ein größeres Projekt zum Abschluss bringen kann.

Ihr Schicksals-Code zeigt zu diesem Zeitpunkt den Wert für: TRIUMPH

Der Wert für Triumph am Ende des Jahres 2008 und zu Beginn des Jahres 2009 fiel besonders auf, da er sich in Annes Schicksals-Code eher selten zeigt. Hinzu kam, dass diese Zeitfenster unmittelbar bevorstanden und aus dem Gespräch mit Anne hervorging, dass sie bereits alles in ihrer Macht Stehende getan hatte, um ihren Erfolg vorzubereiten. Gerade deshalb waren die Zeitfenster, die einen Triumph ermöglichten, so wertvoll.

*

Bernd wurde in der ehemaligen DDR groß. Schon in jungen Jahren war es sein sehnlichster Traum, ein Leben in Freiheit führen zu können. Um diesen Traum Realität werden zu lassen, riskierte Bernd sogar sein Leben.

DIE GESCHICHTE VON BERND

Bernd wächst in der ehemaligen DDR in einem Acht-Parteien-Altbau auf. »*Auf halber Etage gab es eine Trockentoilette. Das Waschhaus lag im Innenhof. Einmal in der Woche war großer Wäschetag, und ich half meiner Mutter regelmäßig, die Zinkwanne in den Hof zu tragen. Freitags wurde die Wanne in die Wohnung bugsiert und als Badewanne benutzt.*«

Bernd ist kein Stubenhocker, hält sich mit den Kindern aus der Umgebung vorwiegend auf der Straße auf. Kurz vor Schulanfang spielt die Kinderbande wieder mal Fangen in den Treppenhäusern und Innenhöfen. Bernd will sich nicht einkesseln lassen. Deshalb springt er aus einem kleinen Fenster anderthalb Stockwerke tief in den Innenhof. Sechs Wochen Krankenhaus folgen dem Sprung, bei dem er sich das Bein bricht. »*Im Gegensatz zu allen anderen Kindern im Krankenhaus hatte ich es gar nicht so eilig, nach Hause zu kommen*«, erzählt Bernd. »*Ich hatte kein Heimweh, spürte eher schon ganz früh so etwas wie Fernweh.*«

Der Sprung aus dem Fenster hat zur Folge, dass Bernd 1967 seinen ersten Schultag mit einem Gipsbein antritt. Ihm gefällt es ganz gut in der Schule, zumal der Sechsjährige mit einem süßen Mädchen an einem Tisch sitzt, für das er gleich vom ersten Tag an schwärmt.

Drei Jahre später darf er zum ersten Mal in ein Kinderferienlager der DDR. Beaufsichtigt werden die Kinder dort von Lehrlingen und dem Ausbildungspersonal der Betriebe, in denen die

Eltern arbeiten. »*Alle anderen wollten schnell wieder nach Hause, nur ich nicht. Mein Fernweh steigerte sich von Jahr zu Jahr.*«

Gleichzeitig beschäftigt ihn eine Frage immer mehr: Warum dürfen wir nicht reisen, warum ist für uns der Raum so begrenzt? Wenn er mit seinem Vater über die Autobahn fährt, bleibt sein Blick an der Abfahrt Helmstedt immer wieder an einem Schild hängen: »Letzte Ausfahrt für Bürger der DDR.« Eines Tages bricht es auf dieser Transitstrecke aus ihm heraus: »*Papa, fahr doch einfach mal weiter! Die anderen* [westdeutschen Fahrzeuge, Anm. d. Autorin] *fahren doch auch weiter.*« Keiner in seinem Umfeld ist in der Lage, dem Jungen schlüssig zu erklären, warum die Welt an diesem Punkt zu Ende ist.

Das setzt sich in Bernds Teenagerzeit fort. Mode, Musik – alle westlichen Trends kommen mit einer Zeitverzögerung von fünf bis zehn Jahren in der DDR auf. So ist Bernd erst Mitte der Siebzigerjahre auf dem Hippie-Trip mit langen Haaren, Parka und Jesuslatschen. Wenn in Staatsbürgerkunde die Rede vom »antifaschistischen Schutzwall« ist, stellt sich Bernd immer öfter die Frage, wer hier eigentlich wen vor wem schützt.

Mit vierzehn Jahren ist für ihn klar, dass er einen Beruf ausüben möchte, der Reisen möglich macht. Der Bruder seines Freundes, inzwischen im Arbeitsleben, erzählt von Montagearbeiten in Ungarn, Polen und in der Sowjetunion. Inspiriert von dessen Erzählungen, bewirbt sich Bernd zwei Jahre vor dem Schulabschluss bei einer Montagefirma, die ihre Maschinen in die verschiedensten Länder exportiert. Auch bei den Mädchen weiß Bernd schon ganz genau, was er will, und hat mit fünfzehn seine erste feste Freundin.

1977 beginnt Bernd eine Ausbildung bei der Montagefirma, bei der er sich zwei Jahre zuvor beworben hat. Es folgt eine wilde Zeit der Partys und des Ausprobierens, die seine erste Liebe nicht übersteht.

Nach Beendigung der Ausbildung hat er bereits ein eigenes Einkommen und eine eigene Wohnung. Auch wenn es sich dabei um eine so genannte Ausbauwohnung handelt, die eigentlich dem Abriss geweiht ist, aber noch bewohnt werden darf, wenn die Mieter sie renovieren, ist er stolz auf seine Unabhängigkeit.

1979 ist es endlich so weit: Bernd macht seine erste Fernreise nach Rumänien. Wenig später lernt er ein Mädchen kennen, das er sechs Monate später heiratet. »*Man brauchte eben eine Wohnung*«, sagt er heute auf die Frage, warum er so früh, mit neunzehn Jahren, geheiratet hat.

Die Einberufung zur Armee hängt wie ein Damoklesschwert über ihm. Zu gern würde Bernd Archäologie oder Astronomie studieren, aber dafür müsste er sich drei Jahre freiwillig bei der Armee melden. Bernd will aber nicht zur Armee, stellt sich immer die Frage nach deren Sinn. Seine Meinung, dass das System, in dem er lebt, eine tolle Theorie hat, die aber nicht funktioniert, wenn Menschen im Spiel sind, festigt sich immer mehr. Und er vermutet, dass vieles, was offiziell erzählt wird, Lug und Trug ist. Dennoch muss er den Armeedienst 1981 antreten.

Einmal die Woche hat der junge Mann für fünf Stunden Ausgang und schafft es manchmal kaum, seine Frau zu besuchen. Er handelt sich immer wieder großen Ärger ein, muss etliche Stunden »im Bau« absitzen, weil er aufbegehrt, nicht obrigkeitshörig ist. Als besonders schlimm empfindet er den Umstand, dass er bei den Grenztruppen ausgebildet wird. »*Ich habe mich immer wieder gefragt, was sein wird, wenn wirklich mal einer laufen geht und ich schießen muss!*« Deshalb stellt er sich bei der Schießausbildung besonders ungeschickt an, schießt immer bewusst daneben. »*Das sollte mein Freibrief sein, damit ich im Ernstfall dann auch danebenschießen konnte, ohne dass sich große Nachfragen ergaben.*«

Kurz vor Beendigung des Armeedienstes trennt sich seine Frau von ihm. Nach Beendigung des Armeedienstes holt Bernd erst einmal »das Leben« nach, ist privat ständig unterwegs. Zurück in seiner alten Firma, darf er 1982 zu einer ersten Montage nach Polen, danach in die Sowjetunion.

1983 lernt er wieder ein Mädchen kennen, mit dem er kurze

Zeit später zusammenzieht. 1984 macht Bernd ihr einen Heiratsantrag. Kurz nach der Hochzeit wird die gemeinsame Tochter geboren.

Sein Wunsch, das Land zu verlassen, wird dennoch immer stärker. Er bewirbt sich innerhalb seiner Firma bei jeder sich bietenden Gelegenheit für Einsätze in ausländischen Service-Stützpunkten, aber andere erhalten stets den Vorzug. »*Die waren viel schlechter in der Schule, in der Ausbildung, aber ihre Väter saßen in wichtigen Positionen, waren Funktionäre. Ich hatte nicht einmal ein Parteibuch.*« Der Frust nagt an ihm.

Dass sich inzwischen die Versorgungslage in der DDR immer weiter verschärft, wird ihm nach der Geburt seiner Tochter besonders deutlich. Er will für seine Kleine nur das Beste, aber das Warenangebot ist stark eingeschränkt.

Einige seiner Freunde stellen Ausreiseanträge, sind plötzlich weg. Nach intensiven Gesprächen mit seiner Frau stellt Bernd 1985 ebenfalls einen Ausreiseantrag. Frau und Tochter sollen später nachkommen. Der Ausreisantrag hat allerdings negative Auswirkungen auf sein Berufsleben. Er darf seine eigentliche Arbeit nicht mehr ausüben. Statt als Monteur zu arbeiten, muss er nun Rohre entrosten. Bernd muss bei der Arbeit höllisch aufpassen. Er darf sich nichts zuschulden kommen lassen, denn mit gestelltem Ausreiseantrag würde er im Falle einer Kündigung keine neue Stelle mehr bekommen. Täglich geht er mit der Hoffnung zum Briefkasten, dass der Antrag genehmigt wurde. Stattdessen erreichen ihn ständig neue Vorladungen ins Rathaus. Dort wird immer wieder seine Ausreise hinterfragt, und es werden ihm fingierte Briefe von Menschen vorgelesen, die in den Westen ausgereist sind, aber nun verzweifelt darum bitten, zurückkommen zu dürfen.

In Bernd gärt es, seine Wut wächst. Er sagt sich wieder und wieder: »*Wenn ich jetzt ausflippe, gehe ich direkt in den Knast.*« Immer häufiger hört er hinter vorgehaltener Hand: »*Sie kommen hier nicht weg. Ihre Ausbildung war zu teuer. Mit fünfundsechzig, da können Sie gehen ...*«

1986 reift in ihm der Gedanke, illegal auszureisen und im Westen einen Antrag auf Familiezusammenführung zu stellen, damit seine Frau nachkommen kann. Er diskutiert mit Freunden verschiedene Möglichkeiten. Eine Möglichkeit, die er in Betracht zieht, besteht darin, einen Aufsatz für einen Zug zu bauen. Die Mitropa benutzt solche Aufbauten für die Lüftung. Aber dieser und alle anderen Pläne erweisen sich als nicht durchführbar.

Dann kommt der Tag, an dem in seiner Montagehalle eine Maschine für den Transport nach China zerlegt und in Kisten verpackt wird. Bernd beobachtet, wie auf dem Gelände eine Kiste in den bereitstehenden Waggon verladen wird. Er greift sich einige Rohre, die in einer Ecke liegen, um einen Arbeitsvorgang vorzutäuschen, und geht zum Waggon. Als ihn niemand beobachtet, steigt er schnell ein, schaut sich um, stellt sich in eine Ecke des Waggons und denkt: »*Wenn ich jetzt einfach hier stehen bleibe und mich niemand bemerkt, steige ich in China wieder aus.*« Nach kurzem Zögern verlässt er den Waggon jedoch wieder, denn was soll er in China? Zudem würde er auf der langen Reise verhungern und verdursten. Diese Minute im Waggon ist die Initialzündung für seinen Plan: »*Ich lasse mich einfach wegliefern!*«

In den nächsten Wochen beobachtet er aufmerksam, wie und wann die zwei mal zwei Meter großen Kisten verpackt, verzollt und verschraubt werden. Er schleicht auf geheimen Wegen immer wieder nachts in die Firma, legt sich probeweise in Kisten, die nach Rumänien verschickt werden sollen, schreibt minutiös auf, wann die Pförtner ihre Runden drehen, wie er die Nägel aus den Seitenteilen ziehen und von innen wieder unauffällig anbringen kann.

Zu Hause provoziert Bernd immer häufiger lauten Streit, den die Nachbarn aufmerksam verfolgen. Wutentbrannt verlässt Bernd nach den Auseinandersetzungen das Haus, um ein paar Tage woanders zu übernachten. Was keiner ahnt: Die lautstarken Ehekräche sind Teil des Gesamtplanes – perfekt, um Frau und Kind zu schützen, falls Bernds Flucht gelingen sollte. Der kleinen Familie ist klar, dass eine Flucht zu dritt nicht möglich sein wird. Bernd wird sie so bald wie möglich nachholen. Damit seine Frau bis dahin keine Repressalien zu fürchten hat, sollen alle Mitbewohner des Hauses aufgrund der lautstarken Auseinandersetzungen bestätigen können, dass die Ehe wohl kurz vor dem Aus stand. Es sollte der Eindruck entstehen, dass Bernd ohne Wissen seiner Frau geflüchtet sei.

Dann geht es Schlag auf Schlag. Seine Firma erhält den Auftrag, Maschinenteile per LKW nach Schweden zu liefern. Als Bernd davon erfährt, sagt er sich: *»Das ist mein First Class Ticket in die Freiheit.«* Er versucht, an Kartenmaterial von Schweden zu kommen, was sich als schwierig erweist. Nur sein alter Schulatlas gibt Orientierungshilfe. Geschickt fragt er den Chefmonteur, der sich Wochen vorher die Anlieferungsstelle angeschaut hat, über Land, Leute und Reiserouten aus. Heimlich sammelt er in der Firma Schaumstoffreste und Decken, die er für den Aufenthalt in der Kiste benötigt. Dann gibt die Firma den exakten Terminplan für die Lieferung bekannt. Die Kisten sollen an drei Tagen hintereinander verladen werden.

Eine Woche vor dem Termin hört Bernd auf zu essen. Er wäscht sich auch nicht mehr mit Seife, denn dieser Geruch könnte ihn bei einer Zollkontrolle den Spürhunden verraten. Für die fragliche Zeit beantragt er Urlaub, damit sein Fehlen nicht auffällt. In einer kleinen Sporttasche verstaut er Wasser, fünf Paar Socken, Zahnbürste, Zahnpasta, fünf Packungen Zigaretten, seine Ausweispapiere und 50 Deutsche Mark.

In der Nacht seines endgültigen Aufbruchs verabschiedet er sich unter Tränen von seiner Frau und seinem Baby. Auf Schleichwegen in der Firma angekommen, zieht er einen fettverschmierten Blaumann aus dem Versteck. Der Geruch des Fetts soll verhindern, dass ihn die Hunde der Zöllner riechen. Er wartet, bis die Pförtner vorbeigegangen sind, löst mit einem Brecheisen einige Nägel der Kiste und zieht die Bretter auseinander, bis der Schlitz gerade breit genug ist, dass er sich mit Mühe hineinzwängen kann. Mit Angelschnur und Schrauben zieht er die Bretter von innen wieder an, nachdem er vorher die Löcher in den Außenseiten der Kistenbretter mit Nagelattrappen verschlossen hat, und bemüht sich, eine erträgliche Position in dem engen Raum zu finden. *»Ich habe versucht, mich zu beruhigen, meinen Körper herunterzufahren, wie ein Tier, dass sich in den Winterschlaf legt.«* Am Morgen hört er, wie der Kran zur Verladung angesetzt wird, und er hört seine ehemaligen Kollegen, die draußen sagen, dass seine Kiste erst am nächsten Tag dran sei. Noch ein ganzer Tag, noch eine lange Nacht, in der sich Bernd immer wieder fragt, ob es richtig ist, was er da macht; eine lange Nacht, in der er an seine kleine Tochter und seine Frau denkt und sich ständig fragt, ob er nicht einfach wieder aussteigen soll. Am Ende siegt sein Freiheitswille.

Am nächsten Morgen wird seine Kiste auf einen LKW verladen und mit Planen verzurrt. Es geht los. Fünf Stunden, so hat es Bernd ausgerechnet, bis zur Grenzkontrolle am Hafen. Als die Fahrt bereits acht Stunden dauert, malt sich Bernd in seinem dunklen Versteck das Schlimmste aus: Vielleicht haben sie längst von seiner Flucht erfahren und sind auf dem Weg zurück, direkt ins Gefängnis. Bernd wird immer nervöser, denkt darüber nach, sich aus der Kiste zu befreien und ein Loch in die Plane zu bohren, um nachzuschauen, was los ist. Doch dann plötzlich Stop and Go. Hunde bellen, Kommandos werden erteilt. Die Seile der Plane werden gelöst. *»Die holen mich«*, denkt Bernd, *»jetzt ist alles vorbei.«*

Aber die Hunde der Grenzer können den ölverschmierten Menschen zwischen den Maschinenteilen nicht orten. Der LKW fährt weiter. Bernd jubelt innerlich, kann sein Glück kaum fassen. Danach fährt der LKW drei Tage ohne Halt. Wieder ist Bernd irritiert, verzweifelt. Es sollte nach Schweden gehen, und zwar laut Chefmonteur per Schiff. Aber wieso fährt der LKW so lange? Endlich hält der Laster. Stimmen werden laut, Bernd hört Gabelstapler. Das muss die Lieferstation sein. Er tritt mit Wucht die Kiste auf, blickt in erstaunte Gesichter der Lagerarbeiter, sagt kein Wort, orientiert sich kurz, geht Richtung Landstraße.

Auf der Landstraße angekommen, brechen die Gefühle aus ihm heraus. Er ist überwältigt von dem Glück, stößt einen Jubelschrei aus. In der nächsten Ortschaft steuert er eine Bank an, wechselt das Westgeld gegen Kronen. Noch zweihundert Kilometer bis Stockholm, bis zur deutschen Botschaft. Er will und muss sie schnellstmöglich erreichen, erst dann wird er sich sicher fühlen. Er trampt bis nach Stockholm, aber bei seiner Ankunft hat die Botschaft bereits seit zehn Minuten geschlossen. Die ganze Nacht läuft Bernd unruhig durch Parks, wärmt sich in U-Bahnschächten auf. Immer begleitet von der Angst, doch noch von Stasi- oder KGB-Leuten geschnappt zu werden.

Am nächsten Morgen steht er bereits vor Öffnung der Botschaft wieder vor den Toren. Die Botschaftsangestellten lassen ihn endlich herein, klären alle Formalitäten, versorgen ihn und regeln, dass er ohne Papiere mit dem Zug von Schweden in das zentrale Aufnahmelager für DDR-Flüchtlinge nach Gießen fahren darf. In Gießen durchläuft er die komplette Anmeldeprozedur. Da er keine Verwandten in Westdeutschland hat, gibt er Nürnberg als zukünftigen Wahlwohnort an.

Als er nach sechs Wochen endlich seine Papiere abholen kann, sieht er gegenüber eine Telefonzelle. »›*Wow*‹, *habe ich gedacht,* ›*da gibt es ja ein Buch, in dem alle Firmen im Umkreis aufgelistet sind.*‹« Er beginnt die in den Gelben Seiten aufgelisteten Firmen vom Anfangsbuchstaben A an abzutelefonieren. Beim Buchstaben E angekommen, wird ihm eine Stelle bei einer Maschinenbaufirma angeboten, die gutes Geld zahlt. Auch seine Eltern in der DDR, die im Besitz eines Telefons sind, hat er inzwischen angerufen.

Die Sehnsucht nach seiner Frau und seinem Kind ist groß. Er bittet die bayrische Staatskanzlei in einem Schreiben um

Familienzusammenführung, schreibt auch Bundeskanzler Kohl mehrere Briefe, wendet sich an das Ministerium für innerdeutsche Beziehungen und an das Deutsche Rote Kreuz – erfolglos.

Am Ende des Jahres 1987 eröffnet ihm seine Frau, dass sie ihm nicht mehr in den Westen folgen will. Das trifft ihn nach all seinen Bemühungen, die Familie schnellstmöglich nachzuholen, unerwartet und hart. All seine Träume und Hoffnungen zerplatzen wie Seifenblasen. Sein bisheriger Lebensplan ist gescheitert.

Bernd gibt seine Arbeitsstelle auf, wagt einen völligen Neuanfang, entschließt sich, auf der Abendschule sein Abitur nachzuholen. Nach dem Abschluss bewirbt er sich bei einer Versicherung. Es werden Agenturleiter gesucht, die selbstständig arbeiten wollen. Schnell wird Bernd einer der Erfolgreichsten der Branche. *»Ich hatte irgendwie die klassische Tellerwäschekarriere«*, sagt Bernd rückblickend.

Nach der Maueröffnung ist er bereits ein gemachter Mann, besucht seine Mutter im Osten Deutschlands in maßgeschneidertem Anzug und Luxuslimousine.

Anfang 1993 nimmt Bernd an einem Seminar teil. Noch in der Hotelhalle trifft er eine Frau, die ihn vom ersten Augenblick an fasziniert. Die beiden vergessen Zeit und Raum, reden vier Stunden miteinander. Bereits an diesem Tag steht für Bernd eines fest: *»Mit ihr möchte ich den Rest meines Lebens verbringen.«*

Dann, im Jahr 1995, auf dem Höhepunkt seiner Karriere, folgt der Sturz ins Bodenlose: Ein Unternehmen, von dem er geschäftlich abhängig ist, verursacht seinen völligen Ruin. Er ist nicht mehr in der Lage, seine eigenen Mitarbeiter zu bezahlen oder für die Miete aufzukommen. Ein Mensch steht in dieser schwierigen Situation an seiner Seite wie ein Fels in der Brandung: seine Lebensgefährtin. Mit ihr wagt er 1996, nach vielen rabenschwarzen Tagen und Nächten, einen beruflichen Neuanfang, der zunächst glücklich verläuft.

1999 muss Bernd schockiert feststellen, dass er geschäftlich hintergangen wurde. Es folgt die Insolvenz. Wieder steht er vor dem Nichts. »*Ich hing total in der Luft, aber meine Lebensgefährtin machte unbeirrt weiter, nahm einen neuen Job an und wurde schon kurze Zeit später zum Dreh- und Angelpunkt des Unternehmens, für das sie tätig war.*« Bernd lernt den Inhaber dieses Unternehmens kennen, und dieser bietet ihm im Jahr 2001 an, ins Management einzusteigen.

2003 heiratet Bernd seine Lebensgefährtin.

Heute ist Bernd wieder ein erfolgreicher Unternehmer und glücklicher denn je. Er sagt, dass er sich in den Talsohlen seines Lebens nie aufgegeben, sich immer wieder neue Ziele gesetzt hat. »*Aber die größte Stütze in meinem Leben war und ist meine Frau. Sie hat immer zu mir gehalten, und wir haben uns gegenseitig Mut gemacht.*«

Nun hält das Leben das schönste aller Geschenke für Bernd bereit: Er freut sich mit der geliebten Frau an seiner Seite auf das erste gemeinsame Kind.

Bernd antwortete auf die Frage, was ihn trotz der vielen Hindernisse und Rückschläge immer wieder ermutigte, seine Ziele zu verfolgen oder neue Ziele zu definieren, mit einem Aphorismus: »*Ich habe ein Vorbild, das ist die Hummel. Sie wiegt 4,8 Gramm, hat aber nur eine Flügelfläche von 1,45 Quadratzentimetern. Nach den Gesetzen der Aerodynamik ist es für sie unmöglich zu fliegen. Die Hummel weiß das nicht, sie fliegt einfach!*«

Bernds Lebensstationen im Abgleich mit seinem Schicksals-Code:

Bernds Firma erhält den Auftrag, Maschinenteile per LKW nach Schweden zu liefern. Er wittert den Duft der Freiheit.

Sein Schicksals-Code zeigt zu diesem Zeitpunkt den Wert für: GLÜCK

Am Ende des Jahres 1987 eröffnet ihm seine Frau, dass sie ihm nicht mehr in den Westen folgen will. Das trifft ihn hart.

Sein Schicksals-Code zeigt zu diesem Zeitpunkt den Wert für: SCHOCK, SCHWÄCHE

1993 trifft Bernd eine Frau, die ihn vom ersten Augenblick an fasziniert.

Sein Schicksals-Code zeigt zu diesem Zeitpunkt den Wert für: GLÜCK, STABILITÄT

Im Jahr 1995 folgt in seiner Karriere der Sturz ins Bodenlose.

Sein Schicksals-Code zeigt zu diesem Zeitpunkt den Wert für: SCHOCK, SCHWÄCHE, ANFANG

1999 steht er vor dem Nichts. Insolvenz.

Sein Schicksals-Code zeigt zu diesem Zeitpunkt den Wert für: ENDE, SCHOCK

2003 heiratet Bernd seine Lebensgefährtin.

Sein Schicksals-Code zeigt zu diesem Zeitpunkt den Wert für: VERÄNDERUNG, STABILITÄT, LIEBE

2009 ist Bernd wieder erfolgreicher Unternehmer und glücklicher denn je, denn seine Ehefrau erwartet das erste gemeinsame Kind.

Sein Schicksals-Code zeigt zu diesem Zeitpunkt den Wert für: ANFANG, STABILITÄT, GLÜCK

Der seltene Code für GLÜCK zeigt sich im Schicksals-Code von Bernd zeitgleich mit seinen wohl auch glücklichsten Erfahrungen und das insgesamt drei Mal: das erste Mal, als sein sehnlichster Wunsch in Erfüllung geht und er einen Weg in die Freiheit findet. Das zweite Mal, als er 1993 seiner Traumfrau begegnet, und ein drittes Mal, als seine Frau im Jahr 2009 ein Kind erwartet. Inwieweit auch der gleichzeitig auftretende Code für ANFANG und STABILITÄT in diesem Zusammenhang eine Bedeutung für Bernd hat, ist eine Frage der Interpretation und kann nur von Bernd selbst beantwortet werden.

*

Manuela hat in ihrem Leben sehr tragische Ereignisse erleben müssen. Sie brauchte viele Jahre, um sich nicht mehr als Opfer der Umstände zu sehen. Heute weiß Manuela, dass sie für ihr Glück allein verantwortlich ist.

DIE GESCHICHTE VON MANUELA

»Meine Mutter stammt aus einem Tausendseelendorf im Schwarzwald«, erzählt Manuela und fügt hinzu: *»Das ist wichtig zu wissen, damit man die Umstände kennt, in die ich hineingeboren wurde.«* Manuelas Mutter verlässt die Schule früh und wird mit sechzehn Hausangestellte einer reichen Familie, die vier Stunden von ihrem Dorf entfernt wohnt. Ihren Freund, den sie aus der Schule kennt, muss sie zurücklassen. Zur Familie ihres neuen Arbeitgebers gehört auch ein Sohn, mit dem Manuelas Mutter schon bald ein Verhältnis beginnt. Ein halbes Jahr später ist sie schwanger. Die Familie des jungen Mannes gibt sogar das Einverständnis für eine Hochzeit, aber der will sich der Verantwortung für ein Kind nicht stellen. *»So kam meine Mutter also nach einem halben Jahr schwanger in das Tausendseelendorf zurück. Jeder kann sich vorstellen, dass so etwas natürlich für richtig Gesprächsstoff gesorgt hat. Meine Großmutter wollte vor Scham nicht mehr vor die Tür.«*

Manuela wird am 14. Juni 1964 geboren. Als sie zwei Jahre alt ist, heiratet ihre Mutter ihren Freund, den sie schon aus der Schulzeit kannte. Der kleinen Manuela wird verschwiegen, dass dieser Mann nicht ihr leiblicher Vater ist.

Die Familie wird größer; Manuela ist nun die Älteste von insgesamt fünf Kindern. Der Mann, von dem Manuela glaubt, er sei ihr Vater, hat Alkoholprobleme, die immer wieder zu Auseinandersetzungen der Eltern führen. Häufig fallen dabei Sätze wie: *»Ich bitte dich, jetzt mit den Vorwürfen aufzuhören. Oder möchtest du, dass* *ich es dem Kind sage ...«* Dabei ruhen die Augen der Eltern auf ihr. Immer mehr verstärkt sich bei Manuela das Gefühl, nicht in diesen Kreis, in diese Familie zu gehören. *»Ich spürte, irgendetwas war da nicht richtig, aber ich konnte nie genau zuordnen, was es wirklich war.«*

Manuela besucht die Grundschule, macht ihren Hauptschulabschluss. Um die Schulausbildung mit der mittleren Reife abzuschließen, muss sie in die einhundertfünfzig Kilometer entfernte Stadt ziehen. Familiäre Unterstützung erfährt sie bei diesem Vorhaben nicht. *»Ich habe alles allein gemacht, mich dort 1980 angemeldet, mir eine Unterkunft besorgt, den Schulabschluss durchgezogen!«*

Sie möchte Visagistin werden und bewirbt sich deshalb bei einem sehr bekannten Kosmetikinstitut, weit fort von ihrem Elternhaus. Die Chefin des Instituts ist von der jungen Frau sehr angetan und sichert ihr auf der Stelle einen Ausbildungsplatz zu. Manuela fängt bereits eine Woche später an. Die Zeugnisse liegen vor, es fehlt nur noch die Geburtsurkunde. *»Ich hatte bereits mehrfach meine Mutter angeschrieben, mit der Bitte, mir meine Geburtsurkunde zu schicken, aber ich bekam keine Antwort. Meine Chefin hatte nun schon mehrfach nachgefragt, also musste ich handeln, stieg in den nächsten Zug und fuhr nach Hause zu meinen Eltern.«*

Auf die Frage nach ihrer Geburtsurkunde zeigt ihre Mutter nur auf ein Kästchen in der Ecke des Wohnzimmers und verlässt den Raum. *»Ich habe die Geburtsurkunde herausgeholt, und als mein Blick auf den Namen des Vaters fiel, wurden mir auf einmal alle Zusammenhänge klar. Darum hatte ich also während meiner gesamten Kindheit immer das Gefühl gehabt, nicht richtig in diese Familie zu gehören, deshalb immer die Andeutungen meines Vaters: Soll ich es ihr jetzt sagen? Er war nicht mein Vater, sondern mein Stiefvater, und hatte diese Wahrheit bei Ehestreitigkeiten häufiger als Druckmittel gegenüber meiner Mutter benutzt. Mein Bild baute sich immer mehr zusammen. Es hat mich beruhigt, dass es für alle Ungereimtheiten während meiner Kindheit nun einen äußeren Grund gab.«* Zu einer Aussprache mit ihrer Mutter kommt es nicht. *»In unserer Familie begegnete man sich sozusagen nur auf der Oberfläche. Tiefgründige Dinge wurden unter den Teppich gekehrt.*

Nachdem ich nun die Wahrheit wusste, ist mein Stiefvater sogar in meinem Ansehen gestiegen. Er hat meine Geschwister, seine leiblichen Kinder, nicht bevorzugt behandelt. Ich war erleichtert darüber, dass ich als Kind nichts falsch gemacht hatte, keine Schuldgefühle mehr haben musste.«

Manuela verfolgt konsequent ihre Ausbildung. Sie ist glücklich, eine Chefin zu haben, die sie fördert und in ihrem Vorhaben, eine gute Visagistin zu werden, bestärkt. Ihre Ausbilderin wird zu einem wichtigen Eckpfeiler in ihrem Leben, zu ihrer Mentorin. »*Ich hatte das Glück, immer auf Menschen zu treffen, die mir geholfen haben. In meiner Kindheit haben sich die Eltern einer Freundin verstärkt um mich gekümmert, später war es dann meine Chefin.«*

Neben ihrer Ausbildung jobbt Manuela noch in verschiedenen Restaurants, um ihren Lebensunterhalt allein bestreiten zu können. Dabei lernt sie auch im Jahr 1981 ihre erste große Liebe kennen. Ihr Freund kommt aus gut situiertem Elternhaus und wurde von den Eltern immer sehr verwöhnt, und Manuela fühlt sich in seiner Familie wohl. Alle Weichen sind auf Hochzeit gestellt, aber dazu soll es nicht kommen. Ihr Freund verliert seine schulischen und persönlichen Ziele aus den Augen. Nach knapp drei Jahren trennt sich Manuela von ihm.

Nach Beendigung der Ausbildung, im Jahr 1984, bekommt Manuela die Chance, als Assistentin eines Visagisten in Frankfurt zu arbeiten. 1986 erhält sie dann ein sehr gutes Angebot aus Berlin.

Kaum angekommen, lernt Manuela einen netten jungen Mann kennen. Er gibt ihr alles, was sie in ihrer Familie immer vermisst hat: Geborgenheit, Stabilität, Vertrauen, Halt. Sie fühlt zwar nicht die Schmetterlinge im Bauch, wie es angeblich bei frisch Verliebten der Fall sein soll, aber all ihre Ängste verschwinden, wenn sie mit ihm zusammen ist. Das ist der Beginn einer Lebensphase, in der Manuela sehr glücklich ist. Sie ist beruflich erfolgreich, unternimmt mit ihrem Freund viele schöne Reisen, und ihr Selbstwertgefühl steigt immer mehr. »*Meine persönliche Ausreifung ging mit Hilfe meines Freundes in großen Schritten voran.«* Im Jahr 1991 wird Manuela schwanger. Die beiden freuen sich sehr auf ihr erstes gemeinsames Kind und beschließen, noch vor der Geburt zu heiraten. Manuela erlebt eine unproblematische Schwangerschaftszeit, die Entbindung verläuft normal, und ihr Sohn kommt scheinbar völlig gesund und munter zur Welt.

Doch einige Stunden nach der Geburt ändert sich die Situation dramatisch. Erst jetzt zeigt sich eine gefährliche bakterielle Infektion. Das Neugeborene kommt sofort auf die Intensivstation, es gibt weitere Komplikationen. Vierundzwanzig Stunden später endet Manuelas Mutterglück in einer Tragödie: Ihr Baby stirbt.

Es sind die schwersten Stunden in Manuelas Leben. Eben noch die Freude über die Geburt eines gesunden Sohnes, und nun, einen Tag später, liegt der kleine Körper leblos in ihren Armen. Das Paar ist vom Schmerz überwältigt. Sie bestehen darauf, dass ihr Sohn zunächst nach Hause überführt wird; sie wollen sich in Ruhe von ihm verabschieden. Er wird für immer einen Platz in ihren Herzen einnehmen.

Manuela und ihr Mann verarbeiten den Schmerz und die Trauer sehr unterschiedlich. Manuela fühlt sich um ihr Glück betrogen. *»Ich habe innerlich einen Streit mit Gott angefangen, habe mit ihm gehadert, konnte lange in keine Kirche gehen.«* Ihr Mann verarbeitet seinen Schmerz, indem er das tragische Ereignis mehr und mehr auf eine sachliche Ebene zieht. *»Mein Mann war damals gar nicht in der Lage, mich aufzufangen. Ich fühlte mich von ihm verlassen, war enttäuscht. Heute weiß ich, dass er es so gut gemacht hat, wie es ihm damals möglich war.«*

Zehn Monate später kommt ihr zweites Kind auf die Welt. Es ist eine schwierige Schwangerschaft. Manuela muss Monate im Krankenhaus verbringen, ist psychisch angeschlagen. Als sie ihren Sohn endlich im Arm halten kann, weichen ihre Ängste einem tiefen Vertrauen, dass er es schaffen wird.

Trotz des großen Glücks kriselt es in ihrer Ehe. Der Bruch ist nicht mehr zu kitten. Das Paar beschließt die Trennung.

Manuelas Lebensschwerpunkt liegt derzeit darauf, ihren Sohn

großzuziehen. Sie sagt heute: *»Ich habe einige Zeit gebraucht, um mich aus meiner Opferrolle herauszubringen. Heute weiß ich, dass auch andere Menschen ähnlich schlimme Situationen erleben und durchstehen müssen. Ich will leben, das habe ich mir nach den schlimmsten Stunden meines Lebens gesagt. Und ich weiß heute, dass dich kein Außenstehender glücklich machen kann, sondern nur du selbst.«*

Nachtrag zum Interview

In den Berechnungen von Manuelas Schicksals-Code tauchen noch zwei auffällige Werte für Zeitpunkte auf, zu denen sie im Gespräch zunächst keine Ereignisse erzählt hat.

Zeitgleich mit ihrem zwölften Lebensjahr zeigt sich in Manuelas Lebensmatrix der Code für SCHOCK. Vorsichtig fragen wir nach, ob Manuela sich an ein besonderes Ereignis im Jahr 1976 erinnern kann. Sie antwortet, dass sie ganz vergessen habe, dieses einschneidende Ereignis zu erwähnen.

Manuela geht damals mit einem zwei Jahre älteren Jungen eine Landstraße entlang. Es waren die ersten Anfänge einer Mädchenschwärmerei, ein erstes vorsichtiges Kennenlernen. Die beiden gehen nebeneinander her, der Junge auf der Seite zur Straße. Plötzlich kommt ein Auto, dessen Fahrer, wie sich später herausstellt, stark alkoholisiert ist. Der Wagen erfasst den Jungen und fährt weiter. Der Junge ist auf der Stelle tot.

Manuela steht unter einem schweren Schock. Sie hockt stundenlang reglos neben dem toten Jungen, bis ihr auf dieser Landstraße jemand zu Hilfe kommt. Manuela kennt weder die Eltern des Jungen, noch weiß sie genau, wo er wohnt.

In ihrem eigenen Dorf zerreißen sich die Bewohner die Mäuler. Im Mittelpunkt ihres Interesses steht aber nicht der schreckliche Unfallhergang, sondern die Tatsache, dass eine Zwölfjährige mit einem zwei Jahre älteren Jungen auf einer Landstraße in einem Waldstück unterwegs war. Hinter ihrem Rücken mutmaßen sie, dass die Manuela wohl ganz nach ihrer Mutter komme, die ja auch schon als junges Mädchen schwanger geworden sei.

In den Berechnungen zeigt sich ein weiterer SCHOCK-Code in ihrem neunzehnten Lebensjahr. Wir fragen auch hier noch einmal nach. Auch das folgende Ereignis hatte Manuela in ihrem eigentlichen Interview unerwähnt gelassen.

Manuela hat sich in ihrem neunzehnten Lebensjahr an einem Abend mit ihren Freunden verabredet. Die Clique will in die Disco fahren. Die jungen Leute haben zwei Autos, und Manuela steigt in eines ein. »*Ich weiß nicht, warum ich aus diesem Auto wieder ausgestiegen bin. Es gab keinen ersichtlichen Grund dafür, aber ich stieg aus und in den anderen Wagen ein. Wir kamen zuerst bei der Disco an und gingen hinein. Als unsere Freunde nach einer Weile immer noch nicht eintrafen, haben wir überlegt, wo sie abgeblieben sein könnten. Stunden später habe ich erfahren, dass meine vier Freunde, in deren Auto ich noch vor der Abfahrt gesessen hatte, verunglückt waren. Alle vier waren sofort tot.*«

Manuelas Lebensstationen im Abgleich mit ihrem Schicksals-Code:

Im Jahr 1976 geht Manuela mit einem Jungen spazieren. Er wird von einem Auto erfasst und stirbt vor ihren Augen.

Ihr Schicksals-Code zeigt zu diesem Zeitpunkt den Wert für: SCHOCK (auf zwei Zyklen)

Manuela ist neunzehn, als sie bei einem Disco-Besuch erfährt, dass vier Freunde, in deren Auto sie zunächst eingestiegen war, um dann unmittelbar vor der Abfahrt wieder auszusteigen, auf dem Weg verunglückt sind. Alle vier sind sofort tot.

Ihr Schicksals-Code zeigt zu diesem Zeitpunkt den Wert für: SCHOCK, ENDE und GLÜCK

1981 lernt Manuela ihre erste große Liebe kennen und hat Heiratspläne.

Ihr Schicksals-Code zeigt zu diesem Zeitpunkt den Wert für: STABILITÄT

Ihr Freund verliert seine Ziele aus den Augen. Nach knapp drei Jahren trennt sich Manuela von ihm.

Ihr Schicksals-Code zeigt zu diesem Zeitpunkt den Wert für: ENDE (auf zwei Zyklen), ANFANG

1986 lernt Manuela in Berlin einen netten jungen Mann kennen. Er gibt ihr alles, was sie immer vermisst hat: Geborgenheit, Stabilität, Vertrauen, Halt. Ende 1987 ziehen die beiden zusammen.

Ihr Schicksals-Code zeigt zu diesem Zeitpunkt den Wert für: GLÜCK (auf zwei Zyklen)

Im Jahr 1991 wird Manuela schwanger. Sie und ihr Freund freuen sich sehr auf ihr erstes gemeinsames Kind und beschließen, noch vor der Geburt zu heiraten.

Ihr Schicksals-Code zeigt zu diesem Zeitpunkt den Wert für: ANFANG (auf zwei Zyklen), LIEBE

1992 kommt ihr Sohn zur Welt. Vierundzwanzig Stunden später endet Manuelas Mutterglück in einer Tragödie: Ihr Baby stirbt.

Ihr Schicksals-Code zeigt zu diesem Zeitpunkt den Wert für: LIEBE, VERLETZUNG

Trotz des großen Glücks kriselt es in ihrer Ehe. Der Bruch ist nicht mehr zu kitten. Das Paar beschließt die Trennung.

Ihr Schicksals-Code zeigt zu diesem Zeitpunkt den Wert für: ENDE (auf zwei Zyklen), VERLETZUNG

Der tödliche Autounfall von Manuelas Freunden auf der Fahrt in die Disco korrespondiert mit den Codes für SCHOCK und ENDE, die sich parallel in Manuelas Schicksals-Code zeigen.

Spiegelt sich ihre Entscheidung, vor der Todesfahrt das Auto zu wechseln, möglicherweise in dem zeitgleichen Auftreten des Zahlenwertes für GLÜCK wider?

*

Der Schauspieler und Unternehmer Peter ist durch eine tiefe Lebenskrise gegangen. Er wollte sich sogar das Leben nehmen. Heute weiß er, dass er »seinen Himmel« ohne diesen Tiefpunkt niemals gefunden hätte.

DIE GESCHICHTE VON PETER

Peter hat bereits als kleiner Junge eine große Leidenschaft: Tanz und Schauspiel. Allerdings muss er sich unbeobachtet fühlen; er mag es gar nicht, wenn seine sehr leistungsorientierten Eltern zuschauen.

Mit sechs Jahren, Peter besucht die erste Klasse der Grundschule, traut er sich zum ersten Mal, öffentlich sein schauspielerisches Talent zu zeigen. Dieser Tag ist ihm ganz besonders in Erinnerung geblieben, auf der Geburtstagsfeier seiner Tante führt er einen kleinen Tanz auf.

Peters Gymnasialzeit wird von zwei Dingen geprägt: dem Schülertheater und der vehementen Forderung seiner Lehrer, dass er Hochdeutsch sprechen und seinen bayerischen Dialekt ablegen soll. Peter empfindet diese Aufgabe als sehr hart, stellt sie doch ganz besondere Anforderungen an den jungen Menschen.

1963, kurz vor dem Abitur, bekommt Peter sein erstes Engagement als Schauspieler. Trotzdem bricht er die Schule nicht ab, sondern kämpft sich durch die Abiturprüfungen. 1964 beginnt Peter mit einem Studium für das Lehramt. Er hält zwar bis zur Zwischenprüfung durch, aber innerlich ist er zerrissen. Das Studium quält ihn so sehr, dass er sich eher *»etwas antun«* will, als es fortzusetzen. Peter beschließt, das Risiko auf sich zu nehmen und das Studium abzubrechen. Er versucht, mehr Engagements als Schauspieler zu bekommen.

1966, mit einundzwanzig Jahren, lernt Peter ein Mädchen kennen, das er zwei Jahre später heiratet. »*Wir haben allerdings sehr schnell gemerkt, dass die Liebe nicht trägt. Wahrscheinlich war es eher der Punkt, dass wir beide von zu Hause wegwollten.*«

Die kommenden Jahre stellen Peter auf eine harte Probe. Er besucht ein Jahr die pädagogische Hochschule, bricht sein Studium erneut ab und versucht ständig, neue Engagements als Schauspieler an Land zu ziehen, was sich aber streckenweise als sehr schwierig erweist. »*Das war eine schwere Zeit für mich. Erst 1974 taten sich wieder Perspektiven auf.*«

Er lernt seine große Liebe kennen. Parallel bewegt sich plötzlich auch beruflich sehr viel. Er bekommt Engagements im Ausland, bereist die Welt, ist fasziniert von den fremden Ländern und den vielen neuen Menschen, die er dort kennenlernt. Auf diese Chance hat er lange warten müssen. Sein Leben wird immer atemloser. Ende der Siebzigerjahre vergeht kein Tag ohne Auftritt, manchmal sind es sogar zwei. Er ist nur noch unterwegs, weiß manchmal schon gar nicht mehr, in welcher Stadt er morgens aufwacht. »*Dann ging 1981 meine Beziehung auseinander; es war die schönste meines Lebens.*« Sieben Jahre hatte dieses Glück Bestand.

Peter ist weiterhin ständig auf Tour. Er lernt eine neue Frau kennen, geht eine feste Beziehung ein. Über diese Zeit sagt Peter: »*Ich war überall und doch nirgends.*« 1982 fühlt er, wie sein Akku immer leerer wird, bis er schließlich am Nullpunkt ankommt. Burn-out – nichts geht mehr.

Immer drängender stellt sich ihm die Frage, warum er schon häufig in seinem Leben darüber nachgedacht hat, einfach Schluss zu machen, sich das Leben zu nehmen. Darüber will und muss Peter Klarheit bekommen. Auf der Suche nach dem Warum begibt er sich in professionelle Hände, sucht in den kommenden Jahren Hilfe bei vier verschiedenen Therapeuten. Nach und nach wird ihm die Ursache für seine innere Zerrissenheit immer klarer. »*Das schaffst du ja doch nicht*«, war der Satz, den er in seiner Kindheit und Jugend am häufigsten von seinem extrem leistungsorientierten Vater gehört hatte.

1986 erwartet seine Lebensgefährtin das erste gemeinsame Kind. Doch kurz vor der Geburt des Kindes geht die Beziehung in die Brüche. Peter geht durch die Hölle, sagt: »*Es war ein Albtraum!*« Von einem Augenblick zum anderen wandelt sich dieser Albtraum allerdings in einen seiner größten Lebensträume. »*Meine kleine Tochter musste einige Tage im Brutkasten verbringen. Als ich sie endlich sehen durfte, da ging in meinem Herzen die Sonne auf. Es war wie ein Heizstrahler, von dem mein ganzes Inneres erwärmt wurde. Diese Frau hat mir den größten Gefallen des Lebens getan, mir ein Kind geschenkt. Ich hätte ansonsten nie erfahren, was für ein Geschenk es ist, Vater zu sein.*« Peter kümmert sich intensiv um seine Tochter. Nach außen hin scheint er gefestigt, aber seine innere Klarheit hat er noch nicht gefunden. Peter schottet sich deshalb ab, will wenig Nähe und Kontakt zu anderen Menschen. Die Arbeit auf der Bühne genießt er hingegen sehr.

1989 stabilisiert sich Peters psychischer Zustand. Er spürt allmählich wieder Boden unter den Füßen. Er mag sich zwar noch nicht einen neuen »*Tourneewahnsinn*« vorstellen, der ihn wie damals atemlos von einer Stadt zur nächsten hetzen lässt, aber er hat das Gefühl, seinen tiefsten Punkt nun passiert zu haben. Da die Therapiekosten inzwischen seine gesamten finanziellen Reserven aufgezehrt haben, entschließt er sich, neben der Schauspielerei weitere Arbeiten anzunehmen.

1990 tritt er wieder erfolgreich auf verschiedenen Bühnen auf, aber es soll noch sieben Jahre dauern, bis er sagen kann: »*Jetzt habe ich meinen inneren Autopiloten endgültig gefunden!*« Seine Lebensfreude kehrt vollständig zurück, und es ergeben sich immer neue Aufträge und Auftritte. Peter sprüht wieder vor Kreativität, will seine Ideen in die Tat umsetzen. Deshalb entscheidet er sich 2001 wieder für eine Auslands-Tournee. Peter schließt auf dieser

Tournee viele Freundschaften mit Menschen in Entwicklungsländern und startet daraufhin ein ganz besonderes Hilfsprojekt, das den Menschen Ausbildung und Arbeit bringen soll. Sein Projekt trägt Früchte, und die Menschen sind dankbar für das, was er tut.

2007 ist Peter nach vielen Jahren als Single wieder mit einer Frau zusammen. Die Beziehung dauert zwar nur ein halbes Jahr, aber er sagt liebevoll: »*Es hat mir sehr gefallen. Vielleicht war es so eine Art Probelauf für das, was da noch kommen soll.*«

2009 ist das Jahr, in dem er neben seinen künstlerischen Verpflichtungen ein eigenes Unternehmen aufbaut.

Peter fühlt, dass derzeit viel in seinem Leben in Bewegung ist und große Erfolge durchaus möglich sind. »*An ein Schicksal im klassischen Sinne glaube ich nicht, dafür habe ich mir in meinem Leben viel zu lange und viel zu mühsam jeden Millimeter selbst erarbeitet.*« Auf die vielen dunklen Tage in seinem Leben schaut Peter ohne Groll und Wut zurück. »*Auch wenn diese Erfahrungen für mich noch so schmerzlich waren – ohne diese tiefen Krisen in meinem Leben wäre ich heute nicht da, wo ich jetzt bin. Ich habe dadurch zu einer tiefen Erfülltheit gefunden. Wenn ich heute in meinem Freundeskreis Menschen sehe, die offensichtlich gerade auch in einer tiefen Krise stecken, dann traue ich mich sogar, ihnen zu sagen: Da musst du durch. Es ist im Moment sicher die Hölle für dich, aber am Ende, da gibt es eine Tür. Wenn du sie aufmachst, erwartet dich ein Stück Himmel.*«

Peters Lebensstationen im Abgleich mit seinem Schicksals-Code:

Mit sechs Jahren zeigt Peter zum ersten Mal öffentlich sein schauspielerisches Talent.

Sein Schicksals-Code zeigt zu diesem Zeitpunkt den Wert für: TRIUMPH, ANFANG

1963, kurz vor dem Abitur, bekommt Peter sein erstes Engagement als Schauspieler. Trotzdem bricht er die Schule nicht ab, sondern kämpft sich durch die Abiturprüfungen.

Sein Schicksals-Code zeigt zu diesem Zeitpunkt den Wert für: SCHOCK

1964 beginnt Peter sein Lehramts-Studium.

Sein Schicksals-Code zeigt zu diesem Zeitpunkt den Wert für: TRIUMPH

Peter hält bis zur Zwischenprüfung durch. Er will sich aber eher »*etwas antun*«, als das Studium zu Ende bringen.

Sein Schicksals-Code zeigt zu diesem Zeitpunkt den Wert für: STRESS, SCHOCK

1966 lernt Peter ein Mädchen kennen, das er zwei Jahre später heiratet. Schnell merken beide, dass ihre Liebe nicht trägt. Der Grund für die Ehe war wahrscheinlich, dass beide von zu Hause wegwollten.

Sein Schicksals-Code zeigt zu diesem Zeitpunkt den Wert für: SCHWÄCHE

1974 Peter lernt seine große Liebe kennen. Parallel bewegt sich plötzlich auch im Beruf sehr viel.

Sein Schicksals-Code zeigt zu diesem Zeitpunkt den Wert für: LIEBE, GLÜCK

1981 endet Peters Beziehung, die schönste seines Lebens.

Sein Schicksals-Code zeigt zu diesem Zeitpunkt den Wert für: SCHOCK

1982 fühlt er, wie sein Akku immer leerer wird, bis er schließlich am Nullpunkt ankommt.

Sein Schicksals-Code zeigt zu diesem Zeitpunkt den Wert für: STRESS, SCHOCK

1986 erwartet seine Lebensgefährtin das erste gemeinsame Kind. Doch kurz vor der Geburt des Kindes geht die Beziehung in die Brüche. Peter geht durch die Hölle, erlebt einen Albtraum.

Sein Schicksals-Code zeigt zu diesem Zeitpunkt den Wert für: SCHOCK

1990 tritt er wieder erfolgreich auf verschiedenen Bühnen auf.

Sein Schicksals-Code zeigt zu diesem Zeitpunkt den Wert für: TRIUMPH, ANFANG

2001 geht Peter erneut auf Tournee. Er schließt auf dieser Tournee viele Freundschaften mit Menschen in Entwicklungsländern und startet daraufhin ein ganz besonderes Hilfsprojekt, das den Menschen Ausbildung und Arbeit bringen soll.

Sein Schicksals-Code zeigt zu diesem Zeitpunkt den Wert für: LIEBE, TRIUMPH

2007 ist Peter erstmals wieder mit einer Frau zusammen. Die Beziehung dauert nur ein halbes Jahr.

Sein Schicksals-Code zeigt zu diesem Zeitpunkt den Wert für: LIEBE, TRIUMPH, ENDE

2009 ist das Jahr, in dem er neben seinen künstlerischen Verpflichtungen ein eigenes Unternehmen aufbaut.

Sein Schicksals-Code zeigt zu diesem Zeitpunkt den Wert für: TRIUMPH (auf zwei Zyklen)

Als Peter 1968 seine Freundin heiratet, findet sich zu diesem Zeitpunkt in den Berechnungen der Code für SCHWÄCHE. Dieser vielschichtige Zahlenwert steht meistens in Verbindung mit Situationen, in denen Menschen gegen ihre guten Vorsätze verstoßen. Nach Peters eigener Aussage war der Hauptgrund für seine Heirat nicht Liebe, sondern der Wunsch, von zu Hause wegzukommen. Wie in einigen anderen Fällen bereits nachgewiesen, könnte der gleiche Wert auch im Schicksals-Code seiner Freundin zu finden sein. Ihre Daten lagen für eine eingehende Auswertung nicht vor.

*

Maria ist siebenundsiebzig Jahre alt und Rentnerin. Sie denkt heute noch mit Grauen an den Zweiten Weltkrieg zurück, den sie als junges Mädchen miterleben musste. Nach fast vierzigjähriger Ehe, in der sie ausharrte, bis die vier Kinder groß genug waren, trennte sie sich von ihrem Mann. Heute lebt Maria ohne Partner und ist glücklich.

DIE GESCHICHTE VON MARIA

Maria wird im Juni 1931 in Breslau geboren. Ihr Vater arbeitet als Graveur in einem Uhrengeschäft und ihre Mutter als Verkäuferin in einem Bürofachhandel. Die Familie wohnt gemeinsam mit den Großeltern in deren kleiner Wohnung. Marias Mutter wird von der Familie ihres Mannes nicht gut behandelt, sogar mit Verachtung gestraft, denn sie ist als uneheliches Kind geboren worden. Zur damaligen Zeit eine große Schande.

»*Ich kann mich heute noch an eine Geschichte erinnern, da muss ich drei Jahre alt gewesen sein. Meine dunkle Lockenpracht ließ sich kaum noch bändigen. Meine Mutter ist deshalb mit mir zu einem Friseur gegangen. Ich sollte einen neuen, praktischen Haarschnitt bekommen. Mit einer schicken Ponyfrisur kam ich stolz nach Hause zurück. Dann passierte etwas, was für mich als kleines Kind ganz schrecklich war.*« Marias Mutter wird von der Familie vor den Augen des Kindes beschimpft, und es werden ihr Vorhaltungen gemacht, weil sie die Entscheidung, mit der Tochter zum Friseur zu gehen, allein getroffen hat. Als die kleine Maria abends in die Küche kommt, um ihrem Vater stolz die neue Frisur zu zeigen, muss sie miterleben, wie ihr

Vater die Mutter schlägt, weil sie ihn wegen der neuen Frisur nicht um Erlaubnis gefragt hatte.

Im Jahr 1936 kommt Maria in die Schule. Die Familie zieht in eine eigene kleine Wohnung im fünften Stock mit Gaslicht. Die Toilette und der Wasseranschluss befinden sich auf dem Flur.

Nach der Inflation, die nach dem Ersten Weltkrieg 1923 ihren Höhepunkt erreicht hatte, waren die Ersparnisse vieler Menschen vernichtet, und sie hatten kein Geld mehr, um Bestecke, Ringe oder Schmuck gravieren zu lassen. Marias Vater hat deshalb keine Aufträge mehr und nimmt eine Arbeit als Postbote an.

Am 1. September 1939, acht Tage vor Kriegsbeginn, muss ihr Vater an die Front. Maria ist acht Jahre alt. »*Ich musste meinen Vater ganz allein zur Straßenbahn bringen. Meine Mutter wollte keine Abschiedsszene.*«

In der Nacht vom 9. auf den 10. November 1939 hören Maria und ihre Mutter Glas klirren, Explosionen, johlende SS-Leute. In dieser Nacht werden Bücher verbrannt, jüdische Geschäfte verwüstet und Versammlungsräume jüdischer Bürger angezündet. Maria weiß nicht, was um sie herum vorgeht. Erst später wird sie erfahren, dass sie den Terror der Reichkristallnacht gehört hat.

Im ersten Kriegswinter werden Päckchen gepackt und Briefe geschrieben. Im Winter 1939 beginnen die Bombenangriffe. »*Vor jeder Wohnung musste ein Eimer mit Wasser und ein Eimer mit Sand stehen, um im Falle eines Bombentreffers sofort löschen zu können*«, erinnert sich Maria. Jede Nacht gehen die Sirenen. Die Wohnungen müssen wegen der Bombenangriffe verdunkelt werden, und die Straßenbahnen fahren ohne offenes Licht. Bei jedem Bombenalarm müssen die Hausbewohner in den niedrigen Keller, manchmal mehrmals in einer Nacht. Die Bombenangriffe hat Maria noch heute in den Ohren. »*Das Heulen der Sirenen, die Bombeneinschläge in der Nähe, die wie Donner klangen – das werde ich wohl niemals vergessen.*«

Maria muss 1941 in den BDM, den Bund Deutscher Mädel.

Es wird gesungen und über Politik und die Siege der Deutschen Wehrmacht gesprochen. Sport und Wettkämpfe sind die wichtigsten Disziplinen beim BDM.

Der Vater bekommt 1941 Fronturlaub. »*Ein Jahr später, 1942, wird meine kleine Schwester geboren.*«

Maria ist musikalisch, bekommt gute Noten in Musik. Sie spielt Akkordeon und muss deshalb in den folgenden Kriegsjahren mit anderen Schülerinnen in den Lazaretten für die verwundeten Soldaten spielen. Ihre Mutter ist unglaublich stolz auf sie. Sie begleitet Maria auf ihren Lazarett-Konzerten und trägt das schwere Akkordeon für ihre kleine Tochter.

Im Januar 1945 muss die Familie fliehen, denn die russischen Panzer rücken näher. Die Flüchtlingstrecks setzen sich in Bewegung. Tausende Flüchtlinge, nur mit dem Nötigsten auf kleine, hölzerne Leiterwagen gepackt, flüchten zu Fuß aus den Städten in Richtung Sachsen. In Löbau übernachtet die Familie mit Großmutter, Tanten und Cousinen in einer mit Stroh ausgelegten Schulklasse. Im Februar stürzt die dreiundsiebzigjährige Großmutter so schwer, dass sie am nächsten Tag ihren Verletzungen erliegt. Kein Arzt ist da, um ihr zu helfen.

Der Vater kommt durch Zufall in den gleichen Ort, gerade rechtzeitig, um an der notdürftigen Beerdigung teilnehmen zu können. Er ist nur kurz auf Fronturlaub. In Breslau hatte er niemanden angetroffen und herausgefunden, wohin seine Familie geflüchtet war. Gemeinsam ziehen sie weiter zu Verwandten. Der Vater muss jedoch nach kurzer Zeit wieder zurück an die russische Front.

»*Im Mai 1945 ist der Krieg endlich zu Ende gegangen. Jeder musste an seinen Heimatort zurückkehren. Wir waren wieder vier Wochen mit dem Holzwagen unterwegs. Und wir hatten nur noch Hunger. Im Krieg gab's noch Lebensmittelmarken, dann gab es gar nichts mehr. Der Hunger war zum Teil unerträglich!*« Die Flüchtlinge werden von russischen Soldaten auf Pferdekutschen überholt. Viele Frauen müssen sich an eine Wand stellen. Maria und ihre Mutter sind mit dabei.

Befehle, Schreie, Kommandos in russischer Sprache. Einige Frauen werden von den Soldaten erschossen. »*Ich hatte überhaupt keine Angst, der Hunger war viel schlimmer*«, erinnert sich Maria.

Als sie in Breslau ankommen, liegt die Stadt in Schutt und Asche. Ihr Haus finden sie nur, weil sie sich an den Trümmern eines Geschäftsgebäudes orientieren, das in der Nähe ihres eigenen Hauses gestanden hatte. Ihren Wohnblock gibt es nicht mehr, er ist nur noch eine Schutthalde. »*Meine Mutter begann hysterisch zu schreien, als wir unsere Straße erreichten. All die Strapazen, die beschwerliche Wanderung, die Angst, der Hunger, und jetzt hatten wir nicht einmal mehr ein Dach über dem Kopf. Wir standen vor dem Nichts.*«

Sie ziehen an den Stadtrand; dort gibt es noch Hausruinen mit Dächern. Hier leben sie von nun an mit anderen Flüchtlingen in den Ruinen zwischen russischen und polnischen Soldaten. Hunger quält sie.

Winter 1945/46. Die vierzehnjährige Maria erlebt Erschießungen, Vergewaltigungen, steigt über Leichen. »*Erstaunlicherweise fürchtete ich mich nicht, alles war irgendwie normal geworden. Wichtig war nur, dass ich mit meiner Mutter und meiner kleinen Schwester zusammen sein konnte.*« Der Schutt muss weggeräumt werden, damit die Fahrzeuge der Soldaten durchfahren können. Die Frauen werden eingeteilt und müssen täglich schwerste Arbeit verrichten. Maria muss genau wie die anderen Frauen Trümmer räumen. Der Hunger ist kaum auszuhalten. In den Ruinen der Stadt sucht ihre Mutter nach Lebensmitteln, um die Kinder satt zu bekommen. Verschimmeltes Mehl, eine Handvoll Erbsen, verfaulte Kartoffeln sind alles, was sie in den zerstörten Kellern finden kann.

Nachts kommen die Soldaten und holen die Frauen aus den Ruinen. »*Es war schrecklich, grausam. Wir konnten immer wieder die Schreie der Vergewaltigten hören. Wenn die Soldaten kamen, machten die Frauen in den Ruinen Lärm mit dem Kochgeschirr, in der verzweifelten Hoffnung, damit die Soldaten fernhalten zu können. Ich wurde von den älteren Frauen unter dem Bettzeug als Kopfkissen versteckt.*« Marias Mutter nimmt die kleine Schwester auf den Arm und wird deshalb von den Soldaten verschont. Mütter mit kleinen Kindern sind tabu, alle anderen Frauen aus den Ruinen werden vergewaltigt.

Im Frühjahr 1946 bekommen die Frauen den Befehl, zum noch intakten Bahnhof der Stadt zu gehen. Von dort sollen sie abtransportiert werden. Nach einem mühseligen Fußmarsch über Trümmer und durch Hausruinen werden sie auf dem Bahnhof in Güterzüge verladen. Sie wissen nicht, wohin die Reise geht und ob sie nach Sibirien oder in Arbeitslager abtransportiert werden. Nach einer endlos scheinenden Fahrt kommen sie an einem kleinen Bahnhof in Westfalen an. Maria sagt: »*Da wussten wir, dass uns jetzt nichts mehr passieren konnte. Wir waren gerettet.*« Die Flüchtlinge werden provisorisch in öffentlichen Räumen auf Stroh untergebracht. Alle haben Hunger, aber die Angst ist jetzt vorbei. Hier gibt es keine Soldaten. Sie leben zusammengepfercht in Sälen, Schulen, Hallen, aber sie sind frei.

Die Flüchtlinge werden von den ansässigen Bauern der umliegenden Höfe, wie auf einem Sklavenmarkt, als Arbeitskräfte ausgesucht. Auf den Bauernhöfen müssen die Frauen dann ab 1946 unter schwierigsten Bedingungen arbeiten. Die Familie bewohnt ein kleines Zimmer ohne Ofen. Sie stehen morgens um 4.30 Uhr auf, melken Kühe, misten Ställe aus, arbeiten auf dem Feld. Die vierzehnjährige Maria arbeitet wie eine Erwachsene. Sie hat keine Schuhe, muss auf dem Misthaufen den Wagen mit Kuhmist beladen, auf dem Feld Rüben ernten. Es sind keine Männer da, die diese Arbeit machen könnten. Sogar am Sonntag müssen die Flüchtlingsfrauen schuften, nur für ein Butterbrot und 10 Reichsmark im Monat. Es gibt keine Freizeit.

Im Sommer 1946 kommt der Vater aus russischer Gefangenschaft zurück. Er nimmt eine Arbeit als Postschaffner an.

Noch im Frühjahr 1947 beginnt die inzwischen fünfzehnjährige Maria in Bielefeld in einer Fabrik zu arbeiten. »*Dort wurden Gummimäntel hergestellt, acht Stunden im Akkord. Eine Stunde brauchte ich, um vom Bauernhof zu Fuß zum Bahnhof zu kommen, eine weitere, um mit dem Zug nach Bielefeld zu fahren. Noch eine weitere halbe Stunde Fußmarsch vom Bahnhof bis zur Firma kam dazu. Ich war bis zu dreizehn Stunden täglich unterwegs.«* Maria lernt in der Fabrik ihre beste Freundin Gerda kennen. Diese Freundschaft soll mehr als zweiundsechzig Jahre lang halten. Am Wochenende ist Tanz bei den Bauern auf der Diele. Maria hat zwar keine hübschen Sachen zum Anziehen, aber der Tanz ist eine willkommene Abwechslung in dieser trostlosen Zeit.

Nach der Währungsreform 1948 bekommt jeder Deutsche 40 Mark »Kopfgeld« ausgezahlt. Maria gibt ihr ganzes Geld an die Eltern ab. Ihr Chef bemüht sich um Fahrräder für Maria und ihre Freundin Gerda. Er weiß, wie weit die beiden jeden Tag laufen müssen, um zur Arbeit zu kommen. Die Fahrräder bezahlt er mit Gummimänteln. Jede Woche werden Maria und ihrer Freundin dafür 5 Mark vom knappen Lohn abgezogen. Mit den Fahrrädern fahren die Mädchen von nun an auch zum Tanzen, glücklich und unabhängig.

Im Herbst 1949 lernt Maria bei einer Tanzveranstaltung ihren späteren Mann kennen. Er ist der erste Mensch, der nett zu ihr ist, der sie respektiert. Sie verabreden sich auch für die nächsten Wochenenden. So geht es viele Monate lang. »*Als ich meinen Eltern dann meinen Freund vorgestellt habe, waren sie entrüstet. Ich war erst achtzehn und, was noch viel schlimmer war, mein Freund passte nicht in ihr Weltbild. In ihren Augen galt nur ein Beamter etwas.*« Zu der Zeit lebt Maria mit ihren Eltern bereits in einer eigenen kleinen Wohnung. Anfang 1952 wird Maria schwanger. »*Die Angst, es meinen Eltern anzuvertrauen, war unerträglich. Nachdem ich bei einem Arzt gewesen war, musste ich es ihnen beichten.*« Die Eltern sind außer sich, als sie von der Schwangerschaft erfahren, wollen von ihrer Tochter nichts mehr wissen. Sie reden nicht einmal mehr mit ihr. Diese Schande. »*Die Genehmigung für die Heirat, die ich als Minderjährige noch brauchte, haben meine Eltern mir nicht gegeben. Das war für mich eine sehr schlimme Zeit, ich hätte mich am liebsten umgebracht.*«

Bevor Maria ihr Kind zur Welt bringt, wird sie volljährig und kann endlich, auch ohne Einverständnis der Eltern, heiraten. Maria bezieht ein eigenes Zimmer, in dem sie mit ihrem Mann zusammenwohnen kann.

Ihre Tochter kommt schon nach sieben Monaten zur Welt. Als das Baby sechs Wochen alt ist, wird es krank. »*Die Kleine wurde mit dem Krankenwagen in die Klinik transportiert; das war für die damalige Zeit ungewöhnlich. Das wurde nur in äußersten Notfällen gemacht. Die Muttermilch musste täglich mit dem Linienbus in das Krankenhaus transportiert werden, es gab ja noch keine Taxis, und ein eigenes Auto hatten nur wenige. Ich war drei Monate in großer Sorge. Das Leben meiner Tochter hing an einem seidenen Faden. Ich bin fast täglich mit dem Zug in das dreißig Kilometer entfernte Krankenhaus gefahren. Gott sei Dank ist alles gut gegangen.*«

1953 zieht die kleine Familie in eine eigene Wohnung. Ohne Heizung, ohne warmes Wasser und ohne Hilfe der Eltern, die Maria auch weiterhin jegliche Unterstützung verweigern.

1957 kommt die zweite Tochter zur Welt und 1960 das dritte Kind, ein Sohn. Die Hebamme bemerkt die sonderbare, gelbe Farbe des Jungen und vermutet Gelbsucht. Marias Mann fährt wieder, wie schon zuvor bei der kranken Tochter, mit dem Fahrrad in das Lebensmittelgeschäft im Ort, um einen Krankenwagen zu rufen. Wieder geht es drei Wochen lang um Leben und Tod des dritten Kindes. Das Blut wird ausgetauscht, um den kleinen Körper zu entgiften. Der Junge überlebt.

Marias jüngere Schwester kann nach dem Krieg die Oberschule besuchen, macht einen guten Abschluss und erlernt einen kaufmännischen Beruf. Sie ist der ganze Stolz ihrer Eltern. »*Das hat mich tief verletzt, denn mir wurde bei jeder Gelegenheit gezeigt, dass mein Leben nicht den Vorstellungen der Familie entsprach.*«

1963 ergibt sich für Marias Familie endlich die Möglichkeit, in einer anderen Stadt in eine neue, komfortable Wohnung zu ziehen. Maria arbeitet ganztags mit, damit die Familie sich diesen bescheidenen Luxus leisten kann.

1966 erleidet sie eine Fehlgeburt. 1969 eine weitere.

Sie führt keine gute Ehe mehr. Ihr Mann kann ihr nicht die Wärme und Liebe geben, die sie ihr ganzes Leben lang so sehr vermisst hat. »*1978 habe ich mich zum ersten Mal bei einem Anwalt wegen einer Scheidung erkundigt, habe sie danach eingereicht. Aber der Anwalt hat meinem Mann einen Brief geschrieben und ihm gesagt, wir sollen doch unserer Ehe noch einmal eine Chance geben. Das haben wir getan. Wir haben es noch einmal miteinander versucht, aber unsere Beziehung hat sich nicht gebessert, ganz im Gegenteil, unsere Auseinandersetzungen wurden immer häufiger.*«

Dann, nach vierzig Jahren, ist die Ehe endgültig am Ende. Die Kinder sind mittlerweile verheiratet und aus dem Haus. Marias Mann sind die Kollegen und Nachbarn wichtiger als seine Frau. Maria wagt mit sechzig Jahren endlich den Neuanfang. Sie zieht aus der gemeinsamen Wohnung aus. Sie sagt: »*Es war, als sei mir eine Last von den Schultern genommen worden.*«

Maria arbeitet bis zu ihrem siebzigsten Lebensjahr, um ihre Rente aufzubessern.

Im Februar 2002 wird Maria Witwe, ihr Mann stirbt elf Jahre nach der Trennung an einer Krebserkrankung.

Sie ist heute, mit siebenundsiebzig Jahren, jeden Tag für ihre Kinder und fünf Enkelkinder da. »*Es ging mir noch nie so gut wie heute*«, sagt sie und muss nach dem Interview sofort wieder los, um ihre kranke Schwester zu besuchen. Danach geht es gleich weiter mit den Enkelkindern, die heute von ihr versorgt werden.

Marias Lebensstationen im Abgleich mit ihrem Schicksals-Code:

Als die dreijährige Maria ihrem Vater stolz den neuen Ponyhaarschnitt zeigen will, muss sie mit ansehen, wie ihr Vater die Mutter schlägt. Sie hatte ihn wegen der neuen Frisur nicht um Erlaubnis gefragt.

Ihr Schicksals-Code zeigt zu diesem Zeitpunkt den Wert für: SCHOCK (auf drei Zyklen)

Im Jahr 1936 kommt Maria in die Schule. Die Familie zieht in eine eigene kleine Wohnung.

Ihr Schicksals-Code zeigt zu diesem Zeitpunkt den Wert für: ENDE

Am 1. September 1939, acht Tage vor Kriegsbeginn, muss ihr Vater an die Front. Maria ist acht Jahre alt. Sie muss ihn allein zur Straßenbahn bringen. Ihre Mutter will keine Abschiedsszene.

Ihr Schicksals-Code zeigt zu diesem Zeitpunkt den Wert für: ENDE (auf zwei Zyklen)

Im Winter 1939 beginnen die Bombenangriffe auf Breslau.

Ihr Schicksals-Code zeigt zu diesem Zeitpunkt den Wert für: SCHOCK

Im Januar 1945 muss die Familie fliehen, denn die russischen Panzer rückten näher. Tausende Flüchtlinge, nur mit dem Nötigsten auf kleine, hölzerne Leiterwagen gepackt, flüchten zu Fuß aus den Städten.

Ihr Schicksals-Code zeigt zu diesem Zeitpunkt den Wert für: RÜCKZUG (auf zwei Zyklen)

Als sie bei Kriegsende in ihre Heimatstadt zurückkehren, liegt diese in Schutt und Asche. Ihren Wohnblock gibt es nicht mehr, er ist nur noch eine riesige Schutthalde.

Ihr Schicksals-Code zeigt zu diesem Zeitpunkt den Wert für: ANFANG

Maria erlebt im Winter 1945/46 Erschießungen, Vergewaltigungen, steigt über Leichen. Nachts kommen die Soldaten und holen die Frauen und Mädchen aus den Ruinen.

Ihr Schicksals-Code zeigt zu diesem Zeitpunkt den Wert für: SCHWÄCHE

Im Frühjahr 1946 bekommen die Frauen den Befehl, zum noch intakten Bahnhof der Stadt zu gehen. Von dort sollen sie abtransportiert werden. Niemand weiß, wohin.

Ihr Schicksals-Code zeigt zu diesem Zeitpunkt den Wert für: ENDE

Ab 1946 müssen die Frauen auf den Bauernhöfen unter schwierigsten Bedingungen arbeiten. Die vierzehnjährige Maria arbeitet wie eine Erwachsene.

Ihr Schicksals-Code zeigt zu diesem Zeitpunkt den Wert für: SCHOCK

Im Frühjahr 1947 beginnt die fünfzehnjährige Maria in Bielefeld in einer Fabrik für Gummimäntel zu arbeiten.

Ihr Schicksals-Code zeigt zu diesem Zeitpunkt den Wert für: TRIUMPH (auf zwei Zyklen)

Im Herbst 1949 lernt Maria bei einer Tanzveranstaltung ihren späteren Mann kennen. Er ist der erste Mensch, der nett zu ihr ist, der sie respektiert.

Ihr Schicksals-Code zeigt zu diesem Zeitpunkt den Wert für: LIEBE (auf drei Zyklen)

Anfang 1952 wird Maria schwanger. Nachdem sie bei einem Arzt gewesen ist, muss sie es ihren Eltern beichten.

Ihr Schicksals-Code zeigt zu diesem Zeitpunkt den Wert für: SCHOCK (auf zwei Zyklen), ANFANG

Marias Tochter kommt schon nach sieben Monaten zur Welt. Als die Kleine sechs Wochen alt ist, wird sie sterbenskrank.

Ihr Schicksals-Code zeigt zu diesem Zeitpunkt den Wert für: SCHOCK, VERLETZUNG

1960 kommt das dritte Kind zur Welt, ein Sohn. Die Hebamme bemerkt die gelbliche Farbe des Jungen und vermutet Gelbsucht. Drei Wochen geht es um Leben und Tod; das Blut wird ausgetauscht, um den kleinen Körper zu entgiften.

Ihr Schicksals-Code zeigt zu diesem Zeitpunkt den Wert für: SCHOCK, ANFANG, RÜCKZUG, VERLETZUNG

1963 ergibt sich für Marias Familie endlich die Möglichkeit, in einer anderen Stadt in eine neue, komfortable Wohnung zu ziehen.

Ihr Schicksals-Code zeigt zu diesem Zeitpunkt den Wert für: ENDE

1966 hat Maria eine Fehlgeburt. Im gleichen Jahr zieht ihre jüngere Schwester mit ihrem Mann in eine weit entfernte Stadt.

Ihr Schicksals-Code zeigt zu diesem Zeitpunkt den Wert für: ENDE (auf zwei Zyklen)

1969 erleidet Maria eine weitere Fehlgeburt.

Ihr Schicksals-Code zeigt zu diesem Zeitpunkt den Wert für: SCHOCK, RÜCKZUG

1978/79 spricht Maria das erste Mal mit einem Anwalt und reicht die Scheidung ein. Der Anwalt schreibt einen Brief an ihren Mann. Maria und ihr Mann versuchen es noch einmal miteinander.

Ihr Schicksals-Code zeigt zu diesem Zeitpunkt den Wert für: SCHOCK, ANFANG

1990 wagt Maria mit sechzig, nach fast vierzig Jahren Ehe, endlich den Neuanfang.

Ihr Schicksals-Code zeigt zu diesem Zeitpunkt den Wert für: BEFREIUNG, TRIUMPH, danach ENDE

Im Februar 2002 wird Maria Witwe; ihr Mann stirbt elf Jahre nach der Trennung an einer Krebserkrankung.

Ihr Schicksals-Code zeigt zu diesem Zeitpunkt den Wert für: VERLETZUNG, ENDE

Wie schon zuvor bei Peter zeigt sich in den Berechnungen für Maria auch der Code für SCHWÄCHE. In Marias Schicksals-Code liegt der Fokus dieses Zahlenwertes dagegen auf den Bereichen Machtmissbrauch und Abhängigkeit. Als Maria im Winter 1945/46, als vierzehnjähriges Mädchen, Erschießungen und Vergewaltigungen miterleben muss, hat sie nach ihren eigenen Aussagen die Situation auf diese Weise wahrgenommen.

*

Stephan, ein erfolgreicher Designer, wurde suchtkrank. Nach extremen Höhen und Tiefen musste er alle Kräfte bündeln, um sich endlich vom Alkohol zu befreien. Erst nach der kompromisslosen Konfrontation mit seiner Abhängigkeit gelang es Stephan, einen Neuanfang zu machen.

DIE GESCHICHTE VON STEPHAN

Über seine Grundschulzeit gibt es, außer einem Umzug der Familie, aus der Sicht von Stephan nicht viel zu berichten. Die ersten Jahre auf dem Gymnasium laufen für ihn völlig normal, bis auf die Tatsache, dass seine Eltern umziehen und auf dem Gymnasium, das Stephan in der neuen Stadt besuchen soll, Latein Pflichtfach ist. So viele Jahre Latein nachzuholen, erscheint ihm und seinen Eltern undenkbar.

Darum besucht er ab 1970 die Realschule. Sein dortiger Abschluss ist hervorragend und ermöglicht es ihm, das Abitur 1974 auf dem zweiten Bildungsweg zu machen.

Mit achtzehn lernt Stephan seine erste große Liebe kennen. Die beiden sind drei Jahre zusammen. Das Auseinanderbrechen dieser Liebe beschreibt er heute als einschneidendes Erlebnis: *»Es war meine erste große Liebe; da habe ich bei der Trennung ganz schön gelitten.«* Nach dem endgültigen Aus trinkt er eine ganze Flasche Cognac. Von Liebeskummer gequält, dreht der sportliche Jugendliche auch unter Alkoholeinfluss seine Runden auf der Aschenbahn. Er rennt, um seinem Kummer zu entfliehen. Und er fliegt nach Mallorca, um Abstand zu gewinnen. Während dieses Urlaubs lässt er sich gleich auf drei Frauen ein, was dem angeschlagenen jungen Mann neues Selbstvertrauen gibt.

Nach dem Abitur studiert Stephan zunächst an der Universität Hamburg Textildesign, schwenkt dann jedoch auf andere Fachrichtungen um.

1980 erhält er seine erste feste Stelle als Designer. Es läuft hervorragend für den Sechsundzwanzigjährigen, der nebenbei sein Staatsexamen macht. Sein Drang nach Eigenständigkeit und Kreativität ist so groß, dass er nach drei Jahren den Sprung in die Selbstständigkeit wagt.

1983 lernt er seine zweite große Liebe, Beate, kennen.

Dem jungen wilden Kreativen steht die Welt offen. Er verdient sehr viel Geld und bewegt sich in Kreisen, die andere nur aus den Klatschkolumnen kennen.

1987 lernt er eine Frau kennen und lieben, mit der Stephan in jeder Beziehung ein exzessives Leben führt. *»Eine verrückte Liebe«, sagt er heute, »mit sehr vielen Höhen, aber auch mit sehr vielen Tiefen.«*

1988 gelingt ihm mit einer Modekollektion der große Wurf; seine Kreationen stoßen auch im Ausland auf Interesse. Es folgt ein Leben auf der Überholspur: heute New York, morgen Sydney – und überall gibt es eine Party, auf der er nicht fehlen darf.

Im Jahr 1993 trennt sich seine Lebensgefährtin von ihm. Nach einigen Monaten will sie wieder zu ihm zurück, aber er hat sich längst anderweitig verliebt.

Erfolg, Frauen – alles kommt und geht, aber einer wird sein

ständiger Begleiter: der Alkohol. Drei Jahre später wird Stephan bewusst, dass es so nicht weitergehen kann. Immer häufiger sprechen ihn Freunde und Bekannte auf seinen Alkoholkonsum an. Der Druck von außen wächst, aber auch er selbst spürt einen wachsenden Leidensdruck. Ein für ihn großes berufliches Projekt steht bevor, und Stephan beschließt, sich einer Alkoholentgiftung zu unterziehen. »*Drei Monate habe ich mich komplett vom Alkohol ferngehalten, aber dann ging es nicht mehr; ich bin wieder rückfällig geworden.*« Der Druck im Job ist stärker als seine guten Vorsätze. Ein Jahr später geht Stephan die zweite Entgiftungsphase an. Wieder hält er für kurze Zeit durch, aber erneut holt ihn die Sucht ein. Eine weitere Partnerschaft zerbricht. Im Jahr 1999 gelangt er an einen Punkt, von dem er heute sagt: »*Tiefer ging es einfach nicht mehr. Ich war fast ständig im Suff, war im Job einfach nur noch unkontrolliert, wollte mich umbringen. Meine hoffentlich letzte Entgiftung begann ich im Herbst 2000. Seitdem trinke ich keinen Tropfen Alkohol mehr.*

Was war damals anders als bei den Entgiftungen vorher? Im November hatte ich meinen Kopf in eine Glasscheibe gestoßen, betrunken und mit aller Kraft. Ich wollte so nicht mehr leben. Es war kein wirklicher Selbstmordversuch, aber es war mein persönlicher Tiefpunkt. Es war meine Kapitulation. Eine Kapitulation auf allen Ebenen. Nicht nur rational, sondern auch emotional und vor allem seelisch. Ich habe in den Abgrund geblickt, keine Hoffnung mehr gehabt, jemals die Macht über mein eigenes Leben zurückzugewinnen. Ich war völlig verzweifelt, hoffnungslos und sah überhaupt keine Perspektive mehr.«

Das ist der entscheidende Punkt, die Weichenstellung in seinem Leben, die einen Neubeginn erst ermöglicht. Er will es schaffen, aus seiner Abhängigkeit herauszukommen. Es gibt keinen Partner, der ihn in dieser Situation unterstützt, einzig seine Eltern geben ihm Halt und Kraft. Ganz langsam kämpft sich Stephan zurück ins Leben, in ein Leben ohne Alkohol. »*Du schaffst es nur allein, aber alleine schaffst du es nicht.*« Deshalb holt sich Stephan nach seinem Krankenhausaufenthalt Unterstützung und Halt bei einer Selbsthilfegruppe, macht eine Therapie.

Beruflich ist er in dieser Zeit tot, muss sich erst neu entdecken, um dort anzuknüpfen, wo er aufgehört hat. »*Ich musste erst einmal wieder eine Struktur in meinem Leben entwickeln, mein Selbstwertgefühl aufbauen.*« Sport wird sein bester und ständiger Begleiter. Zaghaft schmiedet Stephan Pläne für ein neues Leben, knüpft auch wieder an soziale Kontakte an. 2002 ist er so weit, dass er wieder kleine Schritte in seinem Beruf machen kann. 2003 schafft er es, an berufliche Erfolge anzuknüpfen. »*Es war nicht leicht, denn ein solcher Weg ist kein Spaziergang; es ist ein Langstreckenlauf, den man sich in kleine Etappen einteilen muss. Der schlechteste Ratgeber von allen ist Selbstmitleid.*« Das Thema Sucht und die Wege daraus sind zum zentralen Thema in seinem Leben geworden. Er verschlingt Literatur darüber und besucht Seminare. Immer mehr reift in ihm der Gedanke, seine Erfahrungen an andere Suchtkranke weiterzugeben. 2004 lernt er eine neue Frau kennen und lieben.

Stephan hat sein Leben wieder selbst in die Hand genommen, begleitet neben seinem Beruf Menschen auf ihrem Weg aus der Sucht. Aus eigener Erfahrung weiß er, dass der Leidensdruck bei diesen Menschen hoch genug sein muss, damit Veränderung möglich ist. Inzwischen ist Stephan seit neun Jahren trocken, doch er weiß, dass man ein Leben lang suchtkrank bleibt und das Suchtgedächtnis nie mehr löschen kann. »*Aber man kann es überschreiben mit neuen positiven Erfahrungen.*«

Heute akzeptiert sich Stephan so, wie er ist, und führt ein zufriedenes Leben. Seit einigen Jahren lautet Stephans Lebensmotto: Wähle dein Schicksal – liebe dein Schicksal!

Stephans Lebensstationen im Abgleich mit seinem Schicksals-Code:

1972 lernt Stephan seine erste große Liebe kennen.

Sein Schicksals-Code zeigt zu diesem Zeitpunkt den Wert für: LIEBE, VERBINDUNG

1980 erhält er sein erstes festes Stellenangebot in der Modebranche.

Sein Schicksals-Code zeigt zu diesem Zeitpunkt den Wert für: ANFANG

1983 wagt Stephan den Sprung in die Selbstständigkeit. Im gleichen Jahr lernt er auch seine zweite große Liebe, Beate, kennen.

Sein Schicksals-Code zeigt zu diesem Zeitpunkt den Wert für: ABSCHIED, ANFANG

1987 lernt er eine Frau kennen und lieben, mit der Stephan in jeder Beziehung ein exzessives Leben führt.

Sein Schicksals-Code zeigt zu diesem Zeitpunkt den Wert für: LIEBE, TRIUMPH, SCHWÄCHE

1988 gelingt ihm mit einer Modekollektion der große Wurf.

Sein Schicksals-Code zeigt zu diesem Zeitpunkt den Wert für: ZIEL

1993 trennt sich seine Lebensgefährtin von ihm. Stephan verliebt sich neu.

Sein Schicksals-Code zeigt zu diesem Zeitpunkt den Wert für: ABSCHIED, LIEBE

1999 ist Stephan nur noch betrunken. Im Beruf verliert er mehr und mehr die Kontrolle und denkt sogar daran, sich umzubringen. Stephan beginnt im Herbst 2000 eine Alkoholentgiftung.

Sein Schicksals-Code zeigt zu diesem Zeitpunkt den Wert für: SCHOCK, ANFANG

November 2001. Stephan will es schaffen, aus seiner Abhängigkeit herauszukommen. Langsam kämpft sich Stephan zurück ins Leben, in ein Leben ohne Alkohol.

Sein Schicksals-Code zeigt zu diesem Zeitpunkt den Wert für: OHNMACHT, BEFREIUNG

2002 macht er wieder kleine Fortschritte im Beruf, 2003 knüpft er an seine beruflichen Erfolge an.

Sein Schicksals-Code zeigt zu diesem Zeitpunkt den Wert für: ANFANG, TRIUMPH

2004 lernt er eine neue Partnerin kennen.

Sein Schicksals-Code zeigt zu diesem Zeitpunkt den Wert für: ANFANG

Im Jahr 2000 gibt es in Stephans Leben den entscheidenden Wendepunkt. Seine Erkenntnis, dass er so nicht weiterleben kann und will wie bisher, und sein Entschluss, ein neues Leben ohne Alkohol zu beginnen, folgen direkt aufeinander. Die Code-Kombination SCHOCK und ANFANG im Schicksals-Code von Stephan entspricht genau dieser Abfolge.

DER SCHICKSALS-CODE VERBINDET

Im Gegensatz zu den vorherigen Interviews, bei denen der Schicksals-Code im Abgleich mit den geschilderten Ereignissen im Anhang aufgeführt war, ist er in die nachfolgenden Lebensgeschichten direkt eingearbeitet. Darüber hinaus wurde in den Schicksals-Codes von Prominenten nach identischen Zahlenwerten und den damit verknüpften Ereignissen gesucht. Was erlebten sie zu dem Zeitpunkt, an dem ihr Schicksals-Code dieselbe Zahlenkombination aufweist wie die der Interviewpartner?

Aus den Biografien prominenter Persönlichkeiten wurden dann die Ereignisse mit denselben Codes den Interviews hinzugefügt. Es ist nahezu unglaublich, welche Parallelen einige Geschehnisse aufweisen.

Gisela, eine einundfünfzigjährige Kauffrau, schilderte die beiden einschneidendsten Erlebnisse ihres Lebens: Die Ärzte stellten nach der Geburt ihres Kindes eine bedrohliche Diagnose, und sie verlor unter tragischen Umständen ihren geliebten Mann.

DIE GESCHICHTE VON GISELA

Gisela wächst im Osten Deutschlands auf. In ihrer Kindheit und Schulzeit gibt es kaum Ereignisse, die sie für außergewöhnlich hält. Sie beginnt deshalb ihre Lebenschronik mit ihrer Teenagerzeit.

Im Jahr 1973 ist Gisela fünfzehn Jahre alt, und nach ihrem Schicksals-Code ist ein Zeitfenster geöffnet, das Neuanfänge anzeigt. Genau in diesem Zeitraum verliebt sie sich in einen Jungen, erlebt mit ihm ihre erste Liebe.

1975 beginnt sie eine kaufmännische Ausbildung und hat danach das Glück, in einen interessanten Berufszweig einzusteigen.

»*1982 lernte ich innerhalb meines beruflichen Kreises den Mann kennen, von dem ich sicher war, das ist der Mann, mit dem ich die Zukunft verbringen möchte.*« Als Gisela ihren zukünftigen Mann zum ersten Mal trifft, zeigt ihr Schicksals-Code ANFANG!

Dieser Code zeigt sich häufig zu Beginn großer Liebesbeziehungen. Ein Beispiel hierfür liefert der Schicksals-Code des berühmten spanischen Malers und Bildhauers Salvador Dalí: 1929 lernt er während der Dreharbeiten zu dem Film *Ein andalusischer Hund* Gala Eluard kennen. Sein Schicksals-Code zeigt zu dieser Zeit ebenfalls ANFANG. Dali verliebt sich in Gala, und sie bleibt bis zu seinem Tod Ehefrau und Muse an der Seite des großen surrealistischen Malers.

Auch Gisela hat den Wunsch, den Rest ihres Lebens an der Seite des Mannes zu verbringen, den sie 1982 kennengelernt hat. Kurze Zeit später ist sie schwanger, und die beiden freuen sich auf ihr erstes Kind, das 1983 zur Welt kommen soll. Acht Wochen vor dem errechneten Geburtstermin setzen unerwartet die Wehen ein. Gisela fährt sofort ins Krankenhaus. Ihre Tochter kommt als Frühchen zur Welt. In Giselas Schicksals-Code steht zum Zeitpunkt der Geburt ihres Kindes: SCHOCK! Die Kleine wird sofort in die Obhut der Ärzte genommen. Gisela kann nur einen kurzen Blick auf ihr Töchterchen werfen, mehr wird ihr nicht gestattet.

Geschwächt von der Geburt und voller Sorge, wartet Gisela darauf, ihre Tochter am nächsten Tag in Ruhe sehen zu können. »*Aber*«, so Gisela, »*zu DDR-Zeiten gab es auch im Krankenhaus keine große Kommunikation.*« Die Klinikärzte lassen Gisela auch am zweiten Tag im Ungewissen darüber, wie es ihrer Tochter geht und wo sich das Kind befindet. Die junge Mutter leidet unter der quälenden Ungewissheit. Was ist da los? Warum bekommt sie nicht wenigstens eine Auskunft?

Schließlich steckt man ihr einen Zettel mit einer Telefonnummer zu. Dort würde sie Auskunft bekommen. Aufgewühlt wählt Gisela sofort die Nummer. Am anderen Ende der Leitung bekommt sie die knappe und unwirsche Antwort, mit ihrem Kind sei so weit alles in Ordnung.

Nach fünf Tagen darf sie ihr kleines Mädchen zum ersten Mal sehen. »›*Oh Gott*‹, *habe ich gedacht,* ›*die Kleine sieht so durchsichtig und so klein aus, hoffentlich ist auch wirklich alles in Ordnung.*‹« Drei Tage später erhält sie das Einverständnis der Ärzte, dass ihre Familie dem Baby einen Besuch abstatten darf. Voller Freude kommt ihre gesamte Familie in die Klinik. Alle wollen die Kleine begrüßen, das Baby auf dieser Welt willkommen heißen. Gemeinsam gehen sie mit Gisela zur Säuglingsstation. Hinter einer Glasscheibe liegen die Babys schlummernd in ihren Bettchen. Gisela bittet darum, der Familie das Baby zu zeigen. Die Antwort der Schwester trifft sie bis in Mark: »›*Was wollen Sie? Nein, wir werden Ihnen das Kind nicht zeigen. Gehen Sie zum Kinderarzt; besser noch, rufen Sie ihn an, er wird Auskunft geben.*‹« Doch der ist in den nächsten drei endlos scheinenden Stunden nicht erreichbar.

Endlich gelingt es Gisela, Kontakt mit ihm aufzunehmen. Er sagt ihr, das Baby sei inzwischen in eine andere Klinik verlegt worden, es habe wohl eine Gehirnhautentzündung. Gisela fragt genauer nach. Der Arzt teilt ihr mit, es gebe nur zwei Möglichkeiten: entweder würde das Kind sterben oder Behinderungen davontragen. Er fügt hinzu: »›*Na ja, vielleicht kann es später doch laufen lernen.*‹« Dann gibt er ihr noch die Telefonnummer der Klinik, in die ihre Tochter eingeliefert wurde. Für Gisela bricht eine Welt zusammen.

Bis sie endlich einen Ansprechpartner in der Klinik erreicht, vergeht wieder wertvolle Zeit, in der Gisela sich wie in einem luftleeren Raum fühlt. Der nun behandelnde Kinderarzt sagt ihr, er sei froh, dass Gisela ihn endlich erreicht habe. Von dem Baby, um das es gehe, habe er nichts außer dem Namen; keine Informationen über die Eltern. Dann stellt er gezielt Nachfragen, die Gisela zwischen Wut und Schock wanken lassen. Ob sie eine schwierige Schwangerschaft gehabt habe? Ob Gisela während der Schwangerschaft vielleicht geschlagen worden sei? Für Gisela sind diese Fragen unfassbar. Schließlich teilt ihr der Arzt noch mit, dass ihr Kind keine Gehirnhautentzündung habe. Es sei davon auszugehen, dass es Spätfolgen geben werde, die sich auf die gesamte Entwicklung des Kindes auswirken würden.

Nach sechs Wochen darf Gisela ihr Kind endlich nach Hause holen. Erst ein Jahr später erfährt sie, dass ihr Kind vermutlich einen Riss in der Hirnhaut gehabt hat. Ihre Tochter entwickelt sich, ganz im Gegensatz zur damaligen Prognose der Ärzte, prächtig.

BEFREIUNG! – Das ist der Code, der sich für diesen Zeitraum aus den Berechnungen zu Giselas Schicksals-Code ergibt. Er zeigt sich im Zusammenhang mit Wendepunkten, Wiederaufbau und der Lösung aus Verstrickungen oder Abhängigkeiten. Die Beziehung zu ihrem Lebensgefährten wird trotz der schweren Belastung durch die Sorge um das Kind noch inniger: *»Mein Mann und ich wuchsen in dieser schweren Zeit so eng zusammen, dass wir uns 1985 dazu entschlossen, nun auch endlich zu heiraten. In der Zeit«, sagt sie heute, »gab es für mich nur die Wunschvorstellung von der heiligen Familie.«*

Giselas Glück bleibt nicht ungetrübt. Einige Monate nach der Hochzeit klagt ihr Mann ständig über Schmerzen. Es beginnt eine Ärzte-Odyssee. Nach zwei Jahren bekommt er endlich eine Diagnose. Es handelt sich um eine Krankheit, die nach und nach die Knochen angreift. Es besteht keine Aussicht auf Heilung.

Zu diesem Zeitpunkt zeigt Giselas Schicksals-Code den Wert für SCHOCK an. In den meisten Fällen zeigt sich dieser Code bei den unmittelbar Betroffenen, so auch bei dem berühmten Mediziner und Tiefenpsychologen Sigmund Freud. Hier taucht der SCHOCK-Code im April 1923 auf. Es ist der Zeitraum, in dem Freud erfährt, dass er an Gaumenkrebs erkrankt ist.

Nachdem Giselas Mann die furchtbare Diagnose mitgeteilt wurde, schlägt er vor, sich zu trennen. Gisela habe bereits genug mit dem zweijährigen Kind zu tun, das ihre ganze Aufmerksamkeit brauche. Sie will davon nichts wissen und bittet lediglich darum, dass die Krankheit nicht im Mittelpunkt ihrer Beziehung stehen solle, sondern das Leben und die Zukunft.

1989 wird der Betrieb ihres Mannes geschlossen, und es beginnt für ihn eine Umschulungsphase, die sieben Jahre dauert. Gisela arbeitet nun Vollzeit, und ihr Mann kümmert sich um Kind und Haushalt. Aufgrund seiner Krankheit fällt ihm diese Belastung nicht immer leicht.

Aber trotz all dieser Widrigkeiten verliert die kleine Familie ihren Traum von einem eigenen kleinen Haus nicht aus den Augen. Im Jahr 1998 wird der Wunsch Realität; sie können endlich in ihr kleines Eigenheim einziehen.

Ihre Tochter zeigt weiterhin keinerlei Anzeichen einer Entwicklungsstörung, im Gegenteil: Sie ist eher besonders aufgeweckt. Giselas Mann hingegen geht es zusehends schlechter, er ist nicht mehr arbeitsfähig. Um die Schmerzen erträglicher zu machen, muss die Medikamentendosis ständig erhöht werden. 1999 erhält Gisela während einer Geschäftsreise einen Anruf, in dem man ihr mitteilt, bei ihr zu Hause sei etwas nicht in Ordnung, sie möge sofort zurückkommen. *»Ich ahnte, dass sich etwas Schlimmes ereignet haben musste, aber die Situation, die sich mir zu Hause eröffnete, versetzte mich in einen regelrechten Schockzustand.«* Ihr Mann war mit seinem Auto unterwegs gewesen und muss, so wurde es später rekonstruiert, aufgrund der starken Medikamente nicht mehr ganz fahrtüchtig gewesen sein. Er hatte einen schweren Unfall verursacht, bei dem es am Unfallort zu einem größeren Chaos kam. Unter Schock setzte er sich wieder in sein Fahrzeug, um der Situation zu entfliehen. Er fuhr nach Hause, wechselte das Auto und setzte seine Fahrt voller Panik fort. Später wurde er in einem Waldstück gefunden. Er hatte sich das Leben genommen.

In Giselas Schicksals-Code zeigt sich zum Zeitpunkt des tragischen Ereignisses der Wert für VERLETZUNG. Sie ist nicht der einzige Mensch, in dessen Schicksals-Code dieser Wert in Verbindung mit einem tragischen Verlust erscheint. Diese Zahlenkombination taucht beispielsweise auch bei dem Baptistenpfarrer und Menschenrechtler Martin Luther King an dem Tag auf, als US-Präsident John F. Kennedy am 22. November 1963 in Dallas erschossen wird. Kennedy hatte zuvor versprochen, die Ziele der Farbigen zu unterstützen.

Gisela verharrt nach dem tragischen Tod ihres Mannes wochenlang im Schockzustand, steht neben sich. Dennoch muss das Leben weitergehen, denn Behörden erkennen Fristen an, aber keine Schicksalsschläge. Gisela muss funktionieren, weitermachen, kann es streckenweise kaum ertragen. In erster Linie muss sie jetzt an ihre Tochter denken. »*Es hat drei Jahre gedauert, bis ich wieder festeren Boden unter den Füßen gespürt habe. Erst nach dieser Zeit war ich zuversichtlich, dass ich mein Leben auch allein bewältigen kann.*« In schweren Stunden sagt sich Gisela immer wieder: »*Ich werde es auch allein schaffen.*« Sie lässt los, fühlt keine Ängste mehr. Von nun an ist sie immer in Bewegung, räumt ihr Haus um, renoviert, dekoriert. Mit großer Freude beobachtet sie ihre Tochter, die ein Studium beginnt und einmal mehr die düsteren Prognosen der Ärzte widerlegt.

Heute hat Gisela das Gefühl, nach dem tiefen Tal ein neues Leben begonnen zu haben. Im Jahr 2004 lernt sie einen sympathischen Mann kennen, ihren heutigen Lebensgefährten. Sie betont: »*Ich lernte ihn durch Zufall kennen, da ich mich gar nicht gezielt nach einem neuen Partner umgeschaut habe; auf einmal war er da. Es geht mir gut mit ihm.*« Der Schicksals-Code weist für den Zeitraum ihres »zufälligen« Zusammentreffens die Zahlenkombination für ANFANG auf.

Der Code für BEFREIUNG zeigt sich im Schicksals-Code von Gisela, als sich ihre Tochter – ganz im Gegensatz zur Prognose der Ärzte – prächtig entwickelt. Derselbe Zahlenwert, der häufig das Ende von Einschränkungen anzeigt, hat sich in anderen Schicksals-Codes auch zeitgleich mit konkreten Befreiungen gezeigt, wie zum Beispiel bei der Befreiung eines Entführungsopfers im Jahr 2006 und der Entlassung eines langjährig inhaftierten Politikers im Jahr 1990.

*

Nicole ist siebenunddreißig Jahre alt und alleinerziehende Mutter von zwei Kindern. Sie hatte ihren Traummann geheiratet, wollte mit ihm für immer glücklich werden. Doch ihre Ehe scheiterte an der Untreue ihres Mannes.

DIE GESCHICHTE VON NICOLE

Nicole erinnert sich gern an ihre sehr behütete und schöne Kindheit zurück. Der hübschen und intelligenten Siebzehnjährigen stehen alle Möglichkeiten offen.

Ihre heile Welt und die harmonische Beziehung zu ihren Eltern bekommen einen kleinen Knacks, als sie sich 1989, kurz vor dem Abitur, dazu entschließt, die Schule abzubrechen. Sie biegt von dem Weg ab, den ihre Eltern für sie vorgesehen haben, und beginnt stattdessen eine Ausbildung.

Noch während ihrer Ausbildungszeit lernt sie 1990 den Mann ihres Lebens kennen. Für diesen Zeitraum weist ihr Schicksals-Code ANFANG auf. Nicole erzählt: »*Ich verliebte mich damals unsterblich. Er war wesentlich älter als ich und konnte schon auf einige Lebenserfahrung zurückblicken.*« Der Mann, der nun im Mittelpunkt ihres Lebens steht, hat bereits zwei Söhne aus erster Ehe und lebt zu der Zeit in Trennung. 1993 heiraten die beiden.

Für den Zeitpunkt ihrer Hochzeit zeigt sich in Nicoles Schicksals-Code die Zahlenkombination für LIEBE, welche häufig im Zusammenhang mit Liebesbeziehungen und Eheschließungen in den Berechnungen zu finden ist. So zum Beispiel auch bei der großen Schauspielerin Romy Schneider, als sie 1966 den Schauspieler und Regisseur Harry Meyen heiratet.

Bei Nicole und ihrem Mann lässt das erste gemeinsame Kind nicht lange auf sich warten. Mit der Karriere ihres Mannes geht es währenddessen stetig aufwärts. Schließlich muss er berufsbedingt den Wohnort wechseln. Nicole bleibt mit dem Kind in ihrer alten Heimat. Zwei Jahre später kommt das zweite Kind zur Welt.

Im Jahr 1997 weist ihr Schicksals-Code SCHOCK aus. Zu diesem Zeitpunkt bahnt sich in ihrem Leben eine erste Ehekrise an. Nicole hat eindeutige Beweise, dass ihr Mann an seinem neuen Arbeitsort eine Affäre eingegangen ist. Zutiefst verletzt, reicht Nicole die Scheidung ein. Ihr Mann versucht in den darauf folgenden Monaten alles, einen endgültigen Bruch zu verhindern. Nicole gibt schließlich seinem Drängen, einen Neuanfang zu versuchen, nach. Sie verlässt ihre Heimatstadt, um mit den Kindern zu ihm zu ziehen.

1998 steht für ihren Mann wieder ein berufsbedingter Ortswechsel an. Die Familie zieht gemeinsam um. Zwei Jahre später erfolgt der nächste Umzug.

»Ein Jahr später fühlte ich bereits ein erneutes Kriseln in unserer Ehe, aber ich war nicht in der Lage, mein Unbehagen zuzuordnen.« Bislang wollte ihr Mann, der nach wie vor beruflich häufig auf Reisen ist, immer so schnell wie möglich nach Hause kommen, um die Abende mit ihr und der Familie zu verbringen. Das hat sich mit der Zeit schleichend geändert. Mal ist es zu spät, mal ist er zu müde, um noch die Strecke bis nach Hause zu fahren. Nicole findet keine Erklärung für diese Veränderung.

2001 ereilen Nicole zwei harte Schicksalsschläge. Kurz hintereinander sterben ihre über alles geliebten Eltern. Für diesen

Zeitraum zeigen sich im Schicksals-Code zwei auffällige Werte: SCHOCK und ENDE.

Schauen wir kurz in den Schicksals-Code von Charles Darwin, dem berühmten englischen Wissenschaftler, der die moderne Evolutionstheorie begründete. Auch bei ihm zeigt sich der Code für ENDE zeitgleich mit dem Verlust eines geliebten Menschen: am 15. Juli 1817, als der Achtjährige seine Mutter verliert.

Nicole belasten die tragischen Ereignisse sehr: »*Besonders enttäuschend für mich war, dass mein Mann mir in dieser schweren Zeit nicht tröstend zur Seite stand. Für ihn stand seine berufliche Tätigkeit im Vordergrund. Ich ging allein zur Beerdigung.*«

Als sie ihn Ende des Jahres 2002 zu einer offiziellen Veranstaltung begleitet, bei der er einen Vortrag halten soll, schaut sie sich den Mann auf dem Podium sehr genau an und ist überrascht von ihren Gefühlen. »*Den ganzen Abend schoss mir nur noch ein Gedanke durch den Kopf: Der Mensch dort oben, hinter dem Rednerpult, ist mir fremd geworden; das ist nicht mehr der Mann, in den ich einmal unsterblich verliebt war.*«

Ein Jahr später, zu ihrem dreiunddreißigsten Geburtstag, hält ihr Mann eine Geburtstagsrede. Die Rede, die ihr Mann vorbereitet hat, ist keine Liebeserklärung an sie, ganz im Gegenteil. Er lässt offen seinen Beziehungsfrust durchblicken. Nicole ist entsetzt. Sie begreift, dass in ihrem Leben überhaupt nichts mehr in Ordnung ist.

Sie verdrängt diesen Vorfall, bis sie Wochen später, früher als geplant, von einer Geschäftsreise nach Hause kommt. Als sie die Wohnung betritt, erwartet sie eine neue Überraschung. Alle Bilder im Haus, auf denen die beiden gemeinsam zu sehen sind, wurden von ihrem Mann entfernt und durch neue Bilder ersetzt. Auf ihre Frage, was das zu bedeuten habe, antwortet ihr Mann ausweichend. Am nächsten Abend verabschiedet er sich, um auf Geschäftsreise zu gehen. Als die Tür hinter ihm ins Schloss fällt, starrt Nicole auf die neuen Bilder an ihren Wänden. Was ist in ihrer Abwesenheit im Haus passiert? Warum hat er alle Bilder, die sie beide in glücklichen Momenten zeigen, entfernt? Nicole denkt über die letzten Wochen und Monate nach; darüber, dass sich ihr Mann stark verändert hat, sich nur noch verabschiedet, um von einer Geschäftsreise zur nächsten zu hetzen. Sie schaut nach draußen und sieht, wie er den Kofferraum des Autos belädt.

Ihrer Intuition folgend, entschließt sich Nicole an diesem Abend, ihrem Mann zu folgen. Sie will Gewissheit, ob sich hinter seinen Geschäftsreisen nicht etwas anderes verbirgt. Nicole steigt in ihr Auto und folgt dem Wagen ihres Mannes in sicherem Abstand. Ihr Mann fährt nicht, wie angekündigt, auf die Autobahn, sondern in seine Kanzlei. Nicole sieht vom Parkplatz aus, wie in seinem Büro das Licht angeht. »*Ich habe einen Moment gezweifelt, ob ich in die vielen Situationen der letzten Zeit nicht etwas hineininterpretiert hatte, was sich möglicherweise als völliger Unfug darstellte. Vielleicht wollte er einfach noch Unterlagen für seine Reise holen, war deshalb noch einmal ins Büro gefahren.*« Schemenhaft erkennt sie eine zweite Person, die das Büro ihres Mannes betritt, die Silhouette einer Frau. Das Licht wird heruntergedreht, das Büro ist nur noch spärlich beleuchtet.

Nicole beschließt, dass nun der Moment gekommen ist, den Dingen auf den Grund zu gehen. Als sie das Foyer des Bürogebäudes betritt, will der Nachtportier sie daran hindern, in den Lift zu steigen. Die beiden sind einander früher schon ein paarmal während seiner Tagesschicht begegnet, als Nicole noch im Büro ihres Mannes auf eine Tasse Kaffee vorbeigeschaut hatte. Jetzt stammelt er plötzlich etwas von Anweisung und davon, dass nachts niemand das Gebäude betreten dürfe. Nicole geht wortlos an ihm vorbei und steigt in den Aufzug.

Als sie die Bürotür ihres Mannes öffnet, bietet sich ihr eine eindeutige Situation. Ihr Mann sitzt hinter dem Schreibtisch, seine Sekretärin auf seinem Schoß. Nun sieht Nicole den wahren Grund aller Heimlichkeiten und Merkwürdigkeiten.

In ihrem Schicksals-Code steht zeitgleich der Wert für ENDE.

In der Lebensmatrix des französischen Chanson-Texters Raymond Asso findet sich der identische Code im Jahr 1940, als er das Ende seiner großen Liebe erleben muss. Nach dem Beginn des Zweiten Weltkriegs kam Asso während seines ersten Fronturlaubs nach Paris zurück und musste dort schmerzhaft erfahren, dass seine Partnerin, die berühmte Chansonsängerin Edith Piaf, inzwischen ihr Bett mit einem anderen teilte.

Als Nicole ihren Mann mit seiner Sekretärin überrascht, sind die beiden vor Schreck erstarrt. Nicole berichtet: *»Ich war innerlich sehr aufgewühlt, bekam zunächst überhaupt keinen Satz heraus.«* Der anschließende Wortwechsel endet damit, dass ihr Mann seinen Ehering vom Finger zieht und ihn vor ihre Füße wirft. Ohne ein weiteres Wort zu sagen, dreht sich Nicole um und verlässt das Büro.

Wie betäubt fährt sie nach Hause zurück. Sie bleibt den ganzen Abend wach. Plötzlich hört sie, wie die Haustür aufgeschlossen wird. Niemals hätte sie damit gerechnet, dass ihr Mann noch in dieser Nacht nach Hause zurückkehren würde. Er versucht, Entschuldigungen für sein Verhalten vorzubringen. Seine Kurzschlusshandlung sei durch ihr plötzliches Auftauchen provoziert worden. Er bittet darum, einer weiteren gemeinsamen Zukunft zumindest eine letzte Chance zu geben. *»Natürlich sagte mir meine innere Stimme, dass es so nicht weitergehen kann, dass ich ihn verlassen muss. Meine Familie redete am nächsten Tag auf mich ein, dass ich nicht überstürzt handeln und auch an unsere Kinder denken soll.«*

Nicole bleibt. Es bleibt aber auch die quälende Frage, ob ihr Mann nicht einfach Zeit gewinnen will, um sich in Ruhe für sie oder die andere entscheiden zu können. *»Was mich dennoch an einen Neuanfang glauben ließ, war sein verstärktes sexuelles Interesse an mir. Unsere ganze Kommunikation spielte sich im Bett ab. Leidenschaft siegte über Konsequenz und auch über Zweifel.«*

Wochen später, ihr Mann ist wieder geschäftlich unterwegs, erhält sie einige Anrufe von Freundinnen. *»Sie konnten alle mit der Wahrheit nicht mehr hinter dem Berg halten!«* Ihr Mann war nicht auf einer Geschäftsreise, sondern mit seiner Sekretärin im besten Hotel der Stadt gesehen worden.

Danach kommt es noch zu einer letzten Aussprache mit ihrem Mann. Nicoles Entschluss, ihn endgültig zu verlassen, steht bereits fest. Wenige Tage später zieht Nicole nur mit einigen Koffern aus. Der eigentliche Umzug soll in den nächsten Wochen erfolgen. Als es so weit ist, kehrt Nicole noch einmal zurück, um die Kartons zu packen. Die Spedition ist bestellt.

Ihre Ehe ist gescheitert, die Familie getrennt, sie lebt nun allein mit den Kindern in einer fremden Stadt. Nicole sitzt auf den gepackten Kartons in einem Haus, das nicht mehr ihres ist, und blickt in eine Zukunft, von der sie sich noch nicht ausmalen kann, wie sie werden wird.

In diesem Moment klingelt ihr Mobiltelefon. Sie ist überrascht, dass sich am anderen Ende der Leitung ein Mann meldet, den sie vor fünfzehn Jahren aus den Augen verloren hat, ihre große Jugendliebe. Es war nicht einfach für ihn gewesen, ihre Telefonnummer herauszufinden. Er wird beruflich einige Tage in Nicoles Stadt verbringen und möchte sich mit ihr verabreden.

Ihre Jugendliebe ist erstaunt, als Nicole ihm erzählt, dass sie auf gepackten Kartons sitzt, um sich von ihrer Vergangenheit zu verabschieden und ein neues Leben zu beginnen. Er hatte gedacht, sie sei glücklich verheiratet.

Die beiden treffen sich und stellen fest, dass sie noch immer etwas füreinander empfinden. Allerdings ist Nicoles Jugendliebe inzwischen verheiratet. *»Ich war von meinen starken Gefühlen für meine erste große Liebe hin- und hergerissen, entschied mich aber dagegen, mich mit diesem Mann auf eine Fortsetzung unserer Beziehung einzulassen. Ich wollte nicht in eine andere Ehe eindringen.«*

Im Jahr 2004 wagt Nicole einen beruflichen Neuanfang in einer anderen Stadt. Dort lernt sie einen Mann kennen, den sie sehr anziehend findet. Sie sehnt sich danach, wieder zu lieben und geliebt zu werden, aber sie spürt von Anfang an, dass sich keine wirkliche Partnerschaft zwischen ihnen herausbilden kann.

»Er tat mir nicht gut«, sagt sie, *»und das habe ich relativ schnell gespürt. Vielleicht, weil er meinem Exmann zu ähnlich war.«* Konsequent beendet sie die kurze Beziehung und stürzt sich in ihre Arbeit.

2005 ist endlich ihre Scheidung durch. Nicole lässt ihre Vergangenheit hinter sich und wechselt erneut die Stelle und die Stadt.

In den Berechnungen taucht hier ein weiteres Mal der Code für ENDE auf. Derselbe Wert zeigt sich in den Berechnungen zu Kaiserin Elisabeth von Österreich, Königin von Ungarn, deren Leben den meisten aus den Sissi-Verfilmungen bekannt ist. So unterschiedlich die Schicksale und Lebensgeschichten dieser beiden Frauen auch sein mögen, sie weisen beide an einem bestimmten Punkt ihres Lebens diesen Code auf. Nicole lässt nach der Scheidung ihre Vergangenheit hinter sich; Elisabeth entflieht im Jahr 1860 ihrer Situation am kaiserlichen Hof – der strengen höfischen Etikette, der ständigen Bevormundung durch ihre Schwiegermutter Erzherzogin Sophie, den Gerüchten, dass der Kaiser Liebschaften habe. Die Kaiserin verlässt Wien, geht fast zwei Jahre auf Reisen; auch um ihre angeschlagene Gesundheit wiederherzustellen.

Doch während Elisabeth 1861 dem drängenden Wunsch ihres Mannes folgt und nach Wien zurückkehrt, entscheidet sich Nicole für ein unabhängiges Leben.

2007 lernt Nicole gleich drei interessante Männer kennen, die von ihr fasziniert sind. Nicole genießt die Aufmerksamkeit ihrer Verehrer, aber sie weiß, dass sie mit keinem der drei Männer eine neue Partnerschaft eingehen möchte.

2009 meldet sich Nicoles Jugendliebe erneut bei ihr. Die beiden verabreden sich. Er gesteht ihr, dass er sie immer noch liebt. Das Treffen endet im Bett. Nicole ist unsicher, ob sie richtig gehandelt hat, aber dieser Mann übt eine außergewöhnliche Anziehungskraft auf sie aus. *»Ich weiß noch nicht, wo das hinführt. Ich bin offen für eine neue Partnerschaft, aber nicht mit einem verheirateten Mann.«*

Im Schicksals-Code von Nicole tritt der Zahlenwert für

BEFREIUNG zu dem Zeitpunkt auf, als Nicole im Jahr 2004 einen Neuanfang wagt und in eine andere Stadt zieht. Das geschieht etwa sieben Jahre nach der ersten ernsthaften Ehekrise im Jahr 1997 und vierzehn Jahre, nachdem sie ihren Mann kennenlernte. Das weist darauf hin, dass Nicole ein Sieben-Jahres-Typ ist. Möglicherweise wird sie im Jahr 2011 den nächsten Meilenstein in ihrem Beziehungsleben erreichen.

*

Sabine ist sechzig Jahre alt und kann auf eine erfolgreiche Karriere als Designerin zurückblicken. Für ihr vorbehaltloses Vertrauen und ihre Hoffnung auf eine glückliche Zukunft zahlte sie einen hohen Preis.

DIE GESCHICHTE VON SABINE

Sabine wächst mit ihren zwei Halbbrüdern und einer leiblichen Schwester inmitten einer dörflichen Idylle auf. 1955 kommt sie in die Schule, die sie mit Freude besucht. Die Nachmittage verbringt Sabine damit, für ihre Puppen neue Kleidungsstücke zu entwerfen und zu nähen. Aus dem Hobby wird eine Leidenschaft. Diese Design- und Näharbeiten machen dem jungen Mädchen so viel Spaß, dass sie beschließt, später einmal einen solchen Beruf zu ergreifen.

1959 ist Sabine zehn Jahre alt und besucht seit einigen Wochen die Realschule, als ihr Bruder an einem Infekt schwer erkrankt. Kurze Zeit später wird auch bei Sabine die gefährliche Infektionskrankheit diagnostiziert. Bis zur vollständigen Genesung wird Sabine deshalb in einem Kinderheim untergebracht. »*Das war eine schlimme Zeit für mich, denn ich habe es dort vor lauter Heimweh kaum ausgehalten.*« Es dauert sechs Monate, bis sie endlich wieder nach Hause zurückkehren darf.

Sabines Schicksals-Code weist für diesen Zeitraum den Wert für SCHOCK aus. Es zeigt sich eine Übereinstimmung mit einem Zahlenwert, den Koroll in den Berechnungen zu dem berühmten Maler Vincent van Gogh gefunden hat: Der SCHOCK-Code taucht hier im Jahr 1864 auf, als Vincent van Gogh im Alter von elf Jahren in ein Internat in Zevenbergen eingeschult wird, welches er nach vier Jahren wieder verlässt.

Sabines Begeisterung für Design und Kunst wächst mit den Jahren immer mehr, und in ihr reift der Entschluss, Kunst zu studieren. »*Mein Vater hatte überhaupt keine Ader für Kunst, deshalb verlangte er von mir, dass ich zunächst ein solides Handwerk erlernen sollte.*« Also beginnt Sabine gleich im Anschluss an ihren Schulabschluss 1966 eine Ausbildung. »*Ich habe die Zähne zusammengebissen, um die Lehre durchzuhalten. Ich wollte doch Kunst studieren. Aber ich habe mir immer wieder gesagt, dass ich meinem Vater zuliebe die Ausbildung durchziehen muss.*« Der hat ihrer Meinung nach schon genug Sorgen mit dem zuvor sehr kranken Bruder, der nach seiner Rückkehr für reichlich Zündstoff in der Familie sorgt. Er ist ständig betrunken, schwängert seine junge Freundin und gerät immer mehr außer Kontrolle. Nach ihrer Gesellenprüfung besteht Sabine 1970 die Aufnahmeprüfung für Begabte an der Fachhochschule, denn ihr Ziel, in die künstlerische Richtung zu gehen, hat sie nicht aus den Augen verloren.

Ihr Bruder rutscht währenddessen immer weiter in die Alkoholabhängigkeit. Er stirbt im Jahr 1971 schließlich an den Folgen eines Verkehrsunfalls. Für den Zeitraum dieser tragischen Ereignisse wird in Sabines Schicksals Code der Wert für VERLETZUNG angezeigt. In den Berechnungen der Codes von James Dean beispielsweise findet sich dieselbe Zahlenkombination. Bei dem amerikanischen Schauspieler zeigt sich der Code VERLETZUNG am 30. September 1955. James Dean verunglückte an diesem Tag tödlich bei einem Autounfall.

Sabine macht sich noch heute über den Unfall ihres Bruders Gedanken. Hatte er ihn möglicherweise selbst herbeigeführt?

Während ihres Studiums lernt sie 1972 den Mann kennen, den sie später heiraten wird. Aber zunächst schließt sie im Jahr 1975 ihr Designstudium mit einem Diplom ab. Sofort danach bekommt sie eine interessante Anstellung.

Im Winter 1976 leidet sie plötzlich an unerträglichen Schmerzen; eine lebensbedrohliche Blinddarmentzündung wird fast zu spät diagnostiziert. Sabine muss längere Zeit auf der Intensivstation verbringen. Dieser RÜCKZUG spiegelt sich auch in ihrem Schicksals-Code wider.

1977 besiegeln Sabine und ihr Freund ihre Liebe vor dem Traualtar. Die Berechnungen zeigen hier ein Zeitfenster mit dem Zahlenwert für LIEBE an. Sabines Mann wohnt mit Eltern und Geschwistern in einem großen Haus, das auch für die Frischvermählten genug Platz bietet. Er macht sich mit einem Büro innerhalb des Wohntraktes selbstständig. »*Wir hatten deshalb zu Hause nie eine richtige Privatsphäre. Es gab immer wechselnde Auszubildende und Angestellte, die innerhalb unserer Wohnung arbeiteten.*«

1979 kommt die gemeinsame Tochter zur Welt. Sabine setzt nach der Schwangerschaft ihre Karriere fort, bekommt neue interessante Job-Angebote. Obwohl ihr Mann versichert, ein gutes Einkommen zu haben, wird sie das Gefühl nicht los, dass seine Geschäfte nicht so gut laufen. Deshalb bietet Sabine ihrem Mann an, ihre eigene Karriere aufzugeben, um ihn im Büro zu unterstützen. »*Ich wollte ihm als Assistentin zur Seite stehen, aber das hat er entschieden abgelehnt.*« Nach und nach wird Sabine zur Ernährerin der Familie, was ihr zu diesem Zeitpunkt noch nicht bewusst ist, da ihr gesamtes Einkommen auf das Konto ihres Mannes fließt. Der Beruf gibt Sabine Erfüllung, eröffnet ihr sogar großartige Möglichkeiten im Ausland. Trotzdem plagt sie häufig ein schlechtes Gewissen, nicht zu Hause bei der Tochter sein zu können.

1994 trifft die Familie ihres Mannes den Entschluss, einen Teil des großen elterlichen Hauses zur Pension umzubauen. Neben den eigenen Wohnbereichen sollen eine Reihe von Gästezimmern geschaffen werden. In die Einzelheiten der finanziellen Planung wird Sabine nicht einbezogen. Sie ist viel unterwegs, ihre Karriere läuft bestens, ihre Beratung ist inzwischen bei den Größten ihrer Branche gefragt, und sie verdient gutes Geld. Die Umbauphase des Hauses beginnt. Es ist geplant, dass sie demnächst ihre eigene Wohnung für kurze Zeit räumen und nach dem Umbau zurückkehren. 1996 werden die Baupläne jedoch mehrfach geändert. Es fließt immer mehr Geld in die Umbauarbeiten für die Gästepension.

»Dann begann die Phase, in der um mich herum das Chaos tobte. Wir wohnten plötzlich auf einer Großbaustelle, umgeben von Bauschutt und Lärm. Mein Mann wollte aber nicht ausziehen.« Bei Sabines Mann liegen die Nerven blank; das bekommt sie immer häufiger in Form seiner heftigen Reaktionen zu spüren. Sie führt es zunächst auf seine Doppelbelastung zurück, neben dem Büro auch noch eine Baustelle leiten zu müssen. Im Jahr 1997 hält sie die Situation nicht mehr aus. Es kommt zu einem gewaltigen Streit. Danach erklärt sich ihr Mann endlich bereit, übergangsweise die eigene Wohnung zu räumen. Sabine packt die Umzugskartons in der Hoffnung, schon bald wieder in das verschönerte Heim einziehen zu können.

Sie wird immer hellhöriger, als ihr Mann mehrfach andeutet, dass das Bauprojekt möglicherweise nicht wie geplant zu Ende geführt werden könne. *»Mir wurde erst sehr viel später klar, dass ich gar nicht wusste, wie viel mein Mann wirklich verdiente. Ich hatte keinen Einblick in seine Konten und habe zu der Zeit einfach geglaubt, was er mir erzählte.«* Bislang hat Sabine ihrem Mann in allen finanziellen Belangen vertraut und nicht einmal ein eigenes Konto gehabt. Nun fragt sie jedoch immer häufiger, ob auch alles in Ordnung sei. Schließlich will sie Gewissheit haben und schaut sich die Zahlungsein- und -ausgänge auf den Konten ihres Mannes an. Sie ist erschüttert. Ihre Vorahnungen bestätigen sich. Ihr Mann verdient nur einen Bruchteil von dem, was er immer vorgegeben hat. Ihr eigenes Einkommen ist von Anfang an in die Finanzierung der Baukatastrophe geflossen. Sie hat keinerlei Ansprüche, denn Grundstück und Haus befinden sich im Besitz der Familie ihres Mannes. Sabines Schicksals-Code weist für diese Phase gleich drei Codes aus: VERLETZUNG, SCHWÄCHE und ENDE. Diese Zahlenwerte sind nach Korolls Auswertungen bereits dann, wenn sie einzeln auftauchen, stets mit unangenehmen Ereignissen verbunden. Hier sind sie im selben Zeitraum gleichzeitig zu finden.

Sabine bemerkt jetzt zum ersten Mal, dass der Alkoholkonsum ihres Mannes in der letzten Zeit deutlich zugenommen hat. Ihr Mann trinkt viel zu viel und immer mehr. *»Er war offensichtlich mit der Finanz- und Bauaufsicht des gesamten Großprojektes völlig überfordert.«* Ihre Beziehung gerät in eine tiefe Krise. Ihr Mann steigert seinen Alkoholkonsum weiter. Das Bauprojekt ist nicht mehr zu retten und endet in einem finanziellen Desaster. Sabines Mann verlangt, dass sie weitere finanzielle Verpflichtungen für ihn übernimmt. Bis zum Jahr 1999 gibt sie die Hoffnung nicht auf, ihre Ehe noch irgendwie retten zu können. Dann zeigt ihr Schicksals-Code im Frühjahr die beiden Zahlenwerte: ENDE und TRIUMPH!

Sabine steht wieder einmal am Schalter einer Bank, um Geld auf das Konto ihres Mann zu überweisen. In diesem Moment erkennt sie, dass sie eine Entscheidung treffen muss. *»Plötzlich wurde mir klar, dass es immer so weitergeht, wenn ich mein eigenes Leben nicht endlich selbst in die Hand nehme.«* Sie zerreißt das Überweisungsformular und eröffnet ihr erstes eigenes Konto. Auf dem Heimweg fasst sie den Entschluss, sich von ihrem Mann zu trennen. Noch am gleichen Abend verlässt sie die gemeinsame Wohnung.

Eine ähnliche Code-Kombination findet sich auch in den Berechnungen in einer Phase im Leben der berühmten amerikanischen Schauspielerin Marilyn Monroe. SCHOCK und TRIUMPH zeigt ihr Schicksals-Code am 20. Januar 1961 an, als sie die Scheidung von Arthur Miller, dem bekannten amerikanischen Schriftsteller, einreicht. Marilyn hatte, wie Donald Spoto in seiner Biografie über die Monroe schreibt, schon bald nach ihrer Hochzeit herausgefunden, »dass ihr Mann die Heirat bereute und sie für eine unberechenbare, hilflose Kindfrau hielt, mit der er Mitleid empfand«.

Sabine sagt über den wegweisenden Augenblick in ihrem Leben: »*Es hat lange gedauert, bis ich mich zu einem solchen Schritt durchbringen konnte, aber dieser Morgen in der Bank, die Eröffnung meines eigenen Kontos, waren wie ein Befreiungsschlag für mich.*«

Ein Jahr später wird ihre Ehe geschieden. Sabine übernimmt die Verantwortung für die gemeinsame Tochter und kommt allein für ihre Ausbildung auf. Als diese selbstständig genug ist, widmet sich Sabine wieder voll und ganz ihrem Beruf. Ihre nachfolgenden Karrierestationen sind beeindruckend. »*Zwar bedaure ich manchmal die Zeit und das viele Geld, das ich so sinnlos investiert habe. Viel wichtiger ist mir aber meine Unabhängigkeit, die ich nie wieder aufgeben werde.*«

Der Code für VERLETZUNG zeigt sich in Schicksals-Codes immer zeitgleich mit seelischen oder körperlichen Verletzungen. In den Berechnungen für Sabine wird der Zahlenwert zweimal angezeigt: Im Jahr 1971, als ihr Bruder bei einem Verkehrsunfall stirbt, und 1997, als Sabine feststellen muss, dass ihr Mann sie hintergangen hat und es deshalb zu einem gewaltigen Streit kommt.

*

Karin ist berufstätig und alleinerziehende Mutter. Als der Verlust ihres Arbeitsplatzes drohte, geriet sie in eine tiefe Existenzkrise, die ein Burn-out zur Folge hatte. Erst danach gelang es Karin, ihre innere Unabhängigkeit zu finden.

DIE GESCHICHTE VON KARIN

1963 ist Karin fünf Jahre alt, als sie die bittere Wahrheit erfährt: Ihre Eltern werden sich trennen. In den Berechnungen für

Karin zeigt sich zur Zeit der Trennung ihrer Eltern der Wert für SCHOCK. Im Schicksals-Code von Prinzessin Diana findet Michael Koroll für das Jahr 1969 denselben SCHOCK-Code. Es ist das Jahr, in dem sich Dianas Eltern scheiden lassen.

Karins Mutter beschließt, aus der Wohnung auszuziehen, in der die Familie bislang gemeinsam gewohnt hat. Die Kartons werden gepackt, aber nicht alle Sachen können auf einmal transportiert werden. So bleibt ihr Lieblingsspielzeug zunächst in der Wohnung des Vaters zurück. Wenige Tage später löst ihre Mutter das Versprechen ein, noch einmal zurückzufahren, um die restlichen Sachen abzuholen. Karin begleitet ihre Mutter, doch das kleine Mädchen muss eine bittere Enttäuschung verkraften: *»Mein Vater hatte bereits mein geliebtes Spielzeug an andere Familien verschenkt. Auf dem Schreibtisch stand mein Sparschwein. Als ich es an mich nehmen wollte, stellte ich schockiert fest, dass es nicht nur offen, sondern auch geleert war.«* Ein einschneidendes Erlebnis, an das sie sich heute noch erinnert.

Gerade in der neuen Stadt sesshaft geworden, beginnt ein weiterer neuer Lebensabschnitt für Karin: die Schulzeit. Die Sechsjährige will die Grundschule am liebsten schon nach wenigen Wochen wieder verlassen, denn ihre Klassenlehrerin zeigt ihr immer deutlicher, dass sie eine starke Aversion gegen sie hegt. Zwei Jahre dauert das tägliche Spießrutenlaufen in der Schule, bis endlich eine neue Lehrerin die Klasse übernimmt. Für Karin entspannt sich die Lage vorerst.

Sie ist zehn Jahre alt, als ihre Mutter ins Krankenhaus muss und beschließt, dass ihre Tochter während dieser Zeit bei ihrer Patentante wohnen soll. Das Zusammenleben Karins mit ihrer Tante gestaltet sich extrem schwierig. *»Ich musste immer von einem Teppich auf den nächsten springen, weil das Parkett nicht leiden durfte.«* In dieser angespannten Situation findet Karin einen Brief ihrer Mutter, in dem sie sich Gedanken darüber macht, dass ihre bevorstehende Operation ein Risiko für ihr Leben darstellt. Karin sagt: *»Mir wurde schlagartig klar, dass ich meine Mutter verlieren und* *plötzlich ganz allein sein könnte.«* In Karins Schicksals-Code erkennt man für diesen Zeitpunkt den Wert für SCHOCK. Bei der berühmten Chanson-Sängerin Edith Piaf taucht der Wert in einem ähnlichen Zusammenhang auf: Edith ist noch ein Säugling, als sie von ihrer Mutter getrennt wird. Die gibt sie bei der Großmutter ab, um weiter als Straßensängerin arbeiten zu können.

Die zehnjährige Karin fasst in der für sie bedrohlichen Situation einen Entschluss, der ihren weiteren Lebensweg beeinflussen soll: *»Ich muss in der Lage sein, das Leben auch ganz allein zu meistern!«* Noch ist sie zu jung, um sich allein durchzuschlagen, deshalb bleibt sie bei ihrer Tante. Aber die Stimmung dort verschärft sich täglich, und so wird beschlossen, dass Karin bis zur vollständigen Genesung ihrer Mutter zu ihrem Onkel zieht. Karin freut sich, denn diesen Onkel hat sie sehr in ihr Herz geschlossen.

1969 hat sich ihre Mutter so weit erholt, dass die kleine Familie wieder in ihre ursprüngliche Stadt ziehen kann. Es folgen zwei ruhige Jahre, bis zum nächsten Umzug. Dann muss ihre Mutter ein weiteres Mal ins Krankenhaus, und Karin zieht erneut zu ihrem Onkel, der zu einer der wichtigsten Bezugspersonen in ihrem Leben geworden ist.

Die neue Schule liegt ihr vom ersten Tag an nicht, und sie wird von den anderen Schülern sogar gemobbt. Schließlich kommt der Tag, an dem sich ihr der geliebte Onkel unsittlich nähert. Für Karin bricht ein Stück ihrer Welt zusammen. Sie schafft das Schuljahr nicht, wird aber zu einer Nachprüfung zugelassen. Sie ackert und büffelt für die Nachprüfung, aber dann tritt das für sie Unfassbare ein: Karin besteht die Nachprüfung, wird aber trotzdem nicht versetzt. Es ist wie ein Schlag ins Gesicht für sie, dass sich die Schule trotz der bestandenen Prüfung weigert, Karin wieder in ihre bisherige Klasse aufzunehmen. In die neue Klasse verbannt, brechen bei ihr sämtliche Dämme. *»Von dem Tag an habe ich die Sau rausgelassen, war frech, habe nur noch den Unterricht gestört.«*

1975 – Karin ist siebzehn Jahre alt und ihr Schicksals-Code zeigt ENDE an – hält Karin es nicht mehr aus. Sie will raus aus der verhassten Umgebung der Schule.

Deshalb beschließt sie, die Stadt und das Bundesland zu wechseln und zu ihrem Vater zu ziehen. Derselbe Code taucht auch bei Elvis Presley, dem King of Rock 'n' Roll, in Zusammenhang mit einem Umzug auf: Im Herbst 1948, Elvis ist dreizehn, verlassen die Presleys East Tupelo und ziehen nach Memphis, Tennessee.

Karin glaubt zunächst, eine gute Entscheidung getroffen zu haben. Sie fühlt sich wohl bei ihrem Vater, der inzwischen wieder geheiratet hat. Zum Familienleben gehören auch die Kinder aus der ersten Ehe seiner Frau.

Nach einiger Zeit geht ihr Vater immer öfter aus dem Haus. Je mehr er sich zurückzieht, desto mehr kümmert sich Karin um den Rest der Familie. Immer häufiger stellt sie fest, dass ihr Vater stark angetrunken nach Hause kommt. Als sie erfährt, dass er sich bei seinen Kneipenbesuchen auch mit anderen Frauen amüsiert, ist sie erschüttert. 1977 stellt Karin ihrem Vater, den sie dennoch sehr liebt, ein Ultimatum: »*Keine Sauftouren mehr, oder ich verlasse dich!*« Ihrem Vater gelingt es nicht, Karins Forderung für ein weiteres Zusammenleben zu erfüllen. Die Cousine nimmt Karin bei sich auf. »*Mein Vater war eher bereit, meiner Cousine monatlich Geld zu geben, damit ich dort wohnen kann, als sein Leben zu ändern.*«

Karin will das Abitur unbedingt schaffen, aber die ersten Abiturprüfungen enden in einem Desaster. Sie schmeißt alles hin, wechselt die Stadt und beginnt 1978 mit einer Ausbildung zur Raumausstatterin. Sie hat einen unbändigen Drang nach Selbstständigkeit, will ein eigenes Geschäft besitzen.

Im Jahr 1980 zeigt Karins Schicksals-Code zwei auffällige Werte: TRIUMPH und ANFANG. Sie besteht in diesem Jahr ihre Abschlussprüfung, sogar noch vor Ablauf der regulären Ausbildungszeit, und übernimmt sofort ein Geschäft, das sie zunächst gemeinsam mit einem Meister führt. Abends besucht sie weiterhin die Schule und hält schon kurze Zeit später ihren eigenen Meisterbrief in Händen.

TRIUMPH und ANFANG, diese Zahlenkombination zeigt sich sehr häufig bei erfolgreichen Neuanfängen. In dieser Kombination tauchen die Werte auch im Schicksals-Code des berühmten italienischen Naturwissenschaftlers Galileo Galilei im Jahr 1610 auf. Cosimo, der Großherzog der Toskana, ernennt Galilei zum Chefmathematiker und Philosophen am toskanischen Hof in Pisa.

Karin übernimmt im Jahr 1980 nicht nur das Geschäft; auch in ihrem Privatleben gibt es einen neuen Anfang. Sie verliebt sich in eine Frau, und daraus entsteht die erste feste Beziehung in ihrem Leben. Die Partnerschaft wird schon kurze Zeit später auf eine harte Probe gestellt, denn Karins Freundin ist maßlos eifersüchtig. Karin will immer wieder aus der Beziehung aussteigen, was ihr aber erst nach drei Jahren gelingt. Sie trennt sich 1985 fast zeitgleich von ihrem Geschäft und von ihrer Partnerin.

Erneut besucht Karin die Abendschule, diesmal mit dem Ziel, einen kaufmännischen Abschluss zu machen, den sie noch im selben Jahr in der Tasche hat. Die nächsten fünf Jahre werden für Karin zu einer Job-Rallye mit den unterschiedlichsten Ausrichtungen. Auch privat will sie sich nicht festlegen. Sie lernt zwei Männer kennen und lieben, dann erneut eine Frau, aber nichts ist von Dauer.

1992 entschließt sie sich wieder zur Selbstständigkeit.

Drei Jahre später lernt sie einen Mann kennen, der ihrem Leben eine neue Wendung geben wird. Nach wenigen Monaten des Zusammenseins wird Karin überraschend schwanger. Im Gegensatz zu Karin freut sich ihr Freund überhaupt nicht über die Schwangerschaft. Er drängt Karin zur Abtreibung. Sie hat ihren Entschluss aber längst gefasst. »*Ich wollte das Kind, auch wenn mir die Zukunft als alleinerziehende Mutter nicht unbedingt rosig erschien.*« Ihr Freund entscheidet sich gegen sie und gegen das gemeinsame Kind.

Schon bald nach der Geburt ihrer Tochter nimmt Karin wieder eine feste Anstellung an. Sie meistert den Spagat zwischen alleinerziehender Mutter und Karrierefrau sechs Jahre lang sehr gut.

Doch dann der SCHOCK: 2002 gerät ihre Berufsbranche in die Krise. Es drohen Entlassungen, und sie steht auf der Liste derjenigen, die entlassen werden sollen. Ausgerechnet sie, die immer geackert und Überstunden klaglos hingenommen hat und zu den sozialen Härtefallen gehört, weil sie ihr Kind durchbringen muss. Karin versteht die Welt nicht mehr, wird von einer tiefen Existenzangst ergriffen. In den Berechnungen zeigt sich für diesen Zeitraum der Code für Verstrickungen: SCHWÄCHE. Fast neun Monate lang hängt sie völlig in der Luft, weiß nicht, ob es ihre Stelle morgen noch gibt. Die Existenzangst nagt mehr an ihrer Substanz als alles zuvor in ihrem Leben. Ihr Körper reagiert auf diesen Stress mit einem Burn-out-Syndrom. Sie schafft es trotzdem, ihre Krise zu meistern. Obwohl sie ihren Arbeitsplatz bis heute behalten konnte, hat sie viel von ihrer früheren Gelassenheit eingebüßt. Eine wichtige Erkenntnis, die sie aus dieser Krise gezogen hat: *»Du musst immer für Alternativen offen sein und dich nicht so sehr auf einen Karriereweg konzentrieren.«*

Jetzt hält sie die Augen offen, ist bereit für eine neue berufliche Chance, die sich ihr bietet, bereit, auch auf völlig neuem Terrain noch einmal von vorn anzufangen. Privat will Karin zurzeit keine neue Bindung eingehen. Der Alltag mit ihrer Tochter ist eingespielt, da könnte eine neue Partnerschaft möglicherweise zu viel Unruhe bringen. *»Aber«*, so Karin, *»wenn meine Tochter auf eigenen Füßen steht, bin ich auch wieder offen für private Veränderungen, für eine neue Beziehung.«* Zum Zeitpunkt dieses Interviews zeigt ihr Schicksals-Code ANFANG, gleich doppelt.

Zwei Monate später findet noch einmal ein Gespräch mit Karin statt. Sie erzählt, dass sie in der Zwischenzeit eine wichtige Entscheidung getroffen hat. Ausschlaggebend hierfür war, dass sich Karin in den letzten Monaten immer, wenn sie ins Büro ging, in ihre ungeliebte Schulzeit zurückversetzt fühlte.

Das berufliche Umfeld brachte keinerlei Freude mehr, war nur noch mit einem *»ich muss da jetzt hingehen«* verbunden. Sie ist sicher, mit ihrer Kündigung die richtige Entscheidung getroffen zu haben, und vertraut darauf, dass es beruflich in den nächsten Wochen einen neuen Anfang geben wird.

Der doppelte Wert für ANFANG, der zum Zeitpunkt von Karins Kündigung in den Berechnungen erscheint, ist eher selten zu finden. So wie bei Karin taucht dieser Wert zum Beispiel im Schicksals-Code des griechischen Milliardärs und Reeders Aristoteles Onassis auf. Sein doppelter ANFANG: 1922 machte er sich als Siebzehnjähriger mit nur 60 Dollar als Startkapital ganz allein auf den Weg nach Südamerika. Er konnte in Argentinien Fuß fassen, und dort begann sein märchenhafter Aufstieg.

Besonders auffällig in Karins Schicksals-Code ist der Zahlenwert für ANFANG im Jahr 2009, der sich gleich auf zwei Zyklen zeigt. Zu diesem Zeitpunkt bringt sie nach vielen Jahren der Angst, den Arbeitsplatz zu verlieren, endlich den Mut auf, von sich aus zu kündigen und eine neue Stelle zu suchen.

PROMINENTE PERSÖNLICHKEITEN UND IHR SCHICKSALS-CODE

Dieses Kapitel soll Ihnen zeigen, dass es in jedem Leben einen nachweisbaren Schicksals-Code gibt und dass der Zeitpunkt für bestimmte Erfahrungen und Ereignisse bereits vorgesehen ist. Eine weitere Bestätigung dafür liefern die Zahlen-Codes, die zeitgleich mit schicksalhaften Ereignissen auch in der Lebensmatrix prominenter Persönlichkeiten angezeigt werden.

Der Schicksals-Code lässt viele bekannte historische Ereignisse in einem neuen Licht erscheinen. Die Berechnungen lassen erkennen, dass die fünfte Frau von Heinrich VIII., Catherine Howard, die am 28. Juli 1540 vor dem Tower enthauptet wurde, Heinrichs wahre große Liebe und dass der Zeitpunkt von John F. Kennedys Tod kein Zufall war. Der Erfolg von Mozarts *Figaro* war vorbestimmt, und Vincent van Gogh hätte, wenn er älter geworden wäre, seinen Ruhm noch erleben können, weil in seinem Schicksals-Code der Zeitpunkt seines Erfolges als Maler, neunzehn Jahre nach seinem Tod, bereits festgelegt war.

JOHN F. KENNEDY

Es gibt Biografien, die sich geradezu anbieten, sie mit den Berechnungen des Schicksals-Codes abzugleichen. Das Leben von John F. Kennedy mit seinen extremen Höhen und Tiefen, hat natürlich schon zu vielen Spekulationen Anlass gegeben, zumal das Wort »Schicksal« mit dem gesamten Kennedy-Clan eng verbunden zu sein scheint: Das Attentat auf John F. Kennedy bildete nur einen kleinen Teil der Tragödie, die diese Familie durchleiden musste.

Das Leben von John F. Kennedy wurde regelmäßig von schweren Krankheiten durchkreuzt, die ihn immer wieder zum Abbruch seiner Tätigkeiten oder zur Umkehr zwangen. Schauen wir in die Berechnungen zu John Fitzgerald, findet sich 1941 zum ersten Mal der Code für ENDE, und das gleich doppelt. Was ist in seinem Leben passiert? Steigen wir ein in die Achterbahn des Lebens von John F. Kennedy.

1941 spielt sich bei den Kennedys eine private Tragödie ab. Rosemary Kennedy, die um ein Jahr jüngere Schwester von John F., ist von Geburt an ein »besonderes Kind«. Von allen in der Familie wird sie geliebt und umsorgt und zärtlich Rosie genannt. Weil sie auffallend langsam in allem ist, muss sie mit Hilfe von Tutoren mühsam lesen und schreiben lernen. Rosemary ist hübsch, lebenslustig und fröhlich, schwimmt mit Begeisterung, tanzt durch Ballnächte. Doch es kommt vermehrt zu starken Stimmungswechseln.

Verborgen vor den Augen der Öffentlichkeit lässt Joseph Kennedy, ihr Vater, ein schwerreicher Finanzier, Politiker und Botschafter der USA, im Herbst 1941 bei seiner dreiundzwanzigjährigen Tochter eine präfrontale Lobotomie durchführen. Dieser Eingriff gilt bei manchen Neurochirurgen der Epoche als großartige Innovation in der Therapie von Patienten mit Depression, Schizophrenie und anderen seelischen Erkrankungen. Doch es gibt auch kritische Stimmen, die diesen Eingriff als barbarisch bezeichnen. Der Operateur dringt für diesen Eingriff mit einem an einen Eispickel erinnernden Instrument in das Hirn ein, um durch einige schnelle Bewegungen mit der Klinge Schnitte in der weißen Substanz des Stirnlappens zur Behebung aller Probleme vorzunehmen. Die Folgen der rabiaten Methode sind für die Patienten fatal. Viele von ihnen werden zu willenlosen, apathischen Geschöpfen. Der Eingriff reduziert Rosemary Kennedys Intellekt auf den eines Kleinkindes. Alles ist zerstört, was sie so mühsam gelernt hat, und sie muss den Rest ihres Lebens in Pflegeheimen verbringen.

Der Eingriff findet genau in dem Zeitraum statt, für den die Berechnungen von Kennedys Schicksals-Code das Thema ENDE anzeigen. Dieser Wert steht für viele Formen von Veränderungen – es können Abschiede, Trennungen, manchmal sogar Todesfälle sein. Dieser Wert taucht beispielsweise auch in den Berechnungen zu dem berühmten spanischen Maler und Bildhauer Pablo Picasso auf. Genau zu dem Zeitpunkt im Jahr 1901, als er erfährt, dass sein Freund, der Maler Carlos Casagemas, Selbstmord begangen hat.

Das doppelte Erscheinen des Codes für ENDE bei Kennedy verweist uns parallel zur dieser privaten Tragödie auch noch auf seinen beruflichen Werdegang.

John Fitzgerald erlebt 1941 auffallend starke Veränderungen. Er beendet im Februar des Jahres 1941 sein Studium der Betriebswirtschaft an der Stanford University in Kalifornien. Ein Abschied von Kommilitonen, Professoren und dem vertrauten Umfeld. Im gleichen Jahr, im September, meldet er sich zur Marine.

Nach knapp zwei Jahren, 1943, findet sich in den Berechnungen der Code für SCHOCK. Kennedy führt zu der Zeit das Kommando auf dem Schnellboot PT-109. In der Nacht vom 1. auf den 2. August wird das Boot von einem japanischen Zerstörer gerammt und förmlich in zwei Teile zerschnitten. Die überlebenden Mitglieder der Crew schwimmen zu einer nahe gelegenen Insel. Kennedy rettet in einer dramatischen Aktion einen verwundeten Kameraden. Mit letzter Kraft zieht er ihn schwimmend mit einem Seil an den Strand. Nach einer Woche finden Eingeborene, die als Späher eingesetzt worden waren, die Überlebenden.

Um diese dramatische Rettung sollen sich später viele Legenden ranken. So heißt es, Kommandant Kennedy habe den Eingeborenen eine Kokosnuss mit eingeritzter Botschaft übergeben, der wichtige Informationen für die Rettung enthielt. Diese

Kokosnuss soll während seiner Amtszeit im Weißen Haus einen Ehrenplatz auf dem Schreibtisch erhalten haben.

Während Kennedy durch seinen selbstlosen Einsatz zum nationalen Helden wird, weisen seine Schicksalszahlen wieder auf eine Katastrophe hin, auf einen weiteren SCHOCK, nur ein Jahr später: Am 12. August 1944 explodiert das mit Sprengstoff beladene Flugzeug seines geliebten Bruders Joseph Patrick Kennedy jun. über dem Ärmelkanal.

Der Weg von JFK ist aber nicht nur mit Tragödien gepflastert. Im Mai 1951 lernt John F. Kennedy die damals zweiundzwanzigjährige Jacqueline Lee Bouvier kennen. Sein Schicksals-Code zeigt in dieser Zeit die Zahlenfolge für TRIUMPH an, die auch zur Zeit seiner Wahl zum US-Präsidenten im Jahr 1960 zu finden ist. Kennedy ist zwar ein Frauenschwarm und gilt damals als der begehrteste Junggeselle der USA, aber auch für einen Mann, dem die Frauenherzen zufliegen, kann die Eroberung einer solch schönen und intelligenten Frau wie Jackie Lee Bouvier ein wahrer Triumphzug sein.

Jackie und John F. Kennedy heiraten am 12. September 1953.

Nach diesem Ausflug in die Romantik feilt John F. weiter an seiner politischen Karriere. Bis 1960 gibt es in den Zahlen seines Schicksals-Codes keine nennenswerten Auffälligkeiten, aber 1960 zeigen die Berechnungen den TRIUMPH erneut an. Am 13. Juli wird Kennedy dann auch in Los Angeles von der Demokratischen Partei zum Präsidentschaftskandidaten nominiert, und unter dem zweifach auftretenden Wert für TRIUMPH wird er am 8. November 1960 zum Präsidenten der USA gewählt.

Kontrahent Richard Nixon hat übrigens in seinem Schicksals-Code zur Zeit der Wahl nichts Vergleichbares zu bieten. Vielmehr zeigt sich für den Zeitraum dieser Präsidentschaftswahl in seinem Code SCHOCK. Hat Nixon mit einem solchen Ergebnis nicht gerechnet?

Das Jahr 1961 beginnt mit der Vereidigung von John F. Kennedy zum 35. Präsidenten der USA. Zusammen mit seiner Frau

Jackie halten Eleganz, Glamour, Sex-Appeal und die Medien Einzug ins weiße Haus. Seine Jugendlichkeit, sein Charme, seine Intellektualität und seine Aufbruchsstimmung sprechen die Menschen an. Kennedy wird zum ersten Popstar unter Amerikas Politikern. Gemeinsam mit seiner Frau versteht er es perfekt, sich des Mediums Fernsehen zu bedienen und die Präsidentschaft glanzvoll zu inszenieren. Vor allem die Außenpolitik und internationale Krisen wie in Kuba und Berlin sollen den folgenden rund tausend Tagen seiner Amtszeit den Stempel aufdrücken.

Im ersten Jahr seiner Präsidentschaft taucht ab April 1961 ein Zeitfenster mit dem SCHOCK-Code auf. Zu diesem Zeitpunkt genehmigt Kennedy die Invasion von Exilkubanern mit Hilfe der CIA in der Schweinebucht auf Kuba. Das Vorhaben scheitert an Fidel Castros starken Truppen und mündet 1962 in die Kuba-Krise.

1962 erneut der SCHOCK-Code, April 1962 bis Januar 1963 sogar doppelt. In diese Zeit gerät die Kuba-Krise in ihre heiße Phase, und die Welt kommt einem Atomkrieg sehr nahe. Die Kuba-Krise soll später als politisches und militärisches Fiasko in die Geschichte eingehen.

Ab August 1963 meldet sich fortlaufend für fast sechs Monate ein Zahlen-Code, der sich 1945 und 1954/55 schon einmal zeigte: VERLETZUNG. Schauen wir uns deshalb die vergangenen Ereignisse noch einmal kurz an. 1945: Kennedy berichtet als Korrespondent der Hearst-Presse in Deutschland über die Potsdamer Konferenz. Eine Krankheit zwingt ihn zur Rückkehr in die USA. 1954/55: An Kennedy werden zwei Rückenoperationen vorgenommen und machen einen längeren Krankenhausaufenthalt erforderlich.

Und jetzt, im Jahr 1963, erneut der VERLETZUNGS-Code. Am 7. August des Jahres wird das dritte Kind der Kennedys geboren, Patrick Bouvier Kennedy. Der Sohn stirbt zwei Tage nach seiner Geburt.

107 Tage später, der 22. November 1963: Ein Tag, der in

den Geschichtsbüchern für immer mit dem Schicksalstag von John F. Kennedy verbunden sein wird. Kennedy befindet sich in Dallas auf Wahlkampftour für die nächsten Präsidentschaftswahlen. Bei strahlendem Sonnenschein fährt er mit Jackie in einem Cabrio durch die Straßen. Als die Auto-Kolonne durch die Elm-Street fährt, fallen drei Schüsse. John F. Kennedy wird tödlich getroffen.

Noch am gleichen Tag wird der mutmaßliche Schütze, Lee Harvey Oswald, verhaftet. In seinem Schicksals-Code: SCHOCK! Als Oswald zwei Tage darauf zu einem Verhör gebracht werden soll, wird er vor den laufenden Kameras der Reporter von dem Nachtclubbesitzer Jack Ruby erschossen.

Zwei Menschen, zwei Schicksals-Codes, einzeln brisant, in dieser Verstrickung hochexplosiv und tödlich. Bleibt noch eine wesentliche Frage: Was sagen die Schicksalszahlen von Jackie Kennedy? In dem Moment, als sie das Attentat an der Seite ihres Mannes hautnah miterlebt, teilt sie mit ihm den Code für VERLETZUNG.

Am 25. November folgt das Staatsbegräbnis für John F. Kennedy auf dem Heldenfriedhof von Arlington. Der dramatische Tod von John Fitzgerald reiht sich ein in die Geschichte des Kennedy-Clans, der zu diesem Zeitpunkt bereits viele Tragödien zu verzeichnen hat und der auch in den nächsten Jahren nicht von weiteren Schicksalsschlägen verschont bleiben soll.

*

COCO CHANEL

»So sah also meine Kindheit aus, die Kindheit einer kleinen Waise, die man nicht liebte, aber aufgenommen hatte, weil sie kein Heim, keinen Vater und keine Mutter mehr besaß. Es war schrecklich, aber ich bedaure nichts.« So wird Coco Chanel von Paul Morand in seinem Buch *Die Kunst, Chanel zu sein* zitiert.

Aus dem Mädchen mit der traurigen Kindheit wurde die Modeikone des 20. Jahrhunderts, die bereits zu Lebzeiten eine Legende war. Coco Chanel befreite die Frauen aus ihren eng geschnürten Korsetts und schenkte ihnen unter anderem das kleine Schwarze und ein weltberühmtes Parfum. Sicher gibt es noch andere Umstände, die dazu beigetragen haben, dass die Frauen den Korsetts entstiegen, und die Urheberschaft des kleinen Schwarzen ist auch nicht ganz unangefochten, aber der Name Coco Chanel wird für immer hiermit verbunden bleiben.

Wir würden uns gern intensiver ihrem damals revolutionären Modestil und dem damit verbundenen Beitrag zur Emanzipation der Frau widmen, aber unser Thema sind die Berechnungen ihres Schicksals-Codes. Darin tauchen drei Werte überdurchschnittlich häufig auf: TRIUMPH, LIEBE und ENDE. Dabei war es möglicherweise gerade die Liebe, die Chanel als Kind besonders vermisst hat.

Geboren wird sie am 19. August 1883 im französischen Saumur als Tochter des fahrenden Händlers Albert Chanel und der Marketenderin Jeanne Devolle, die ihr den Vornamen Gabrielle geben. Zum Zeitpunkt von Gabrielles Geburt sind Vater und Mutter zwar ein Paar, aber noch kein amtlich eingetragenes. Die Unterschrift des Vaters fehlt auf ihrer Geburtsurkunde. Dennoch gelingt es ihrer Mutter mit Hilfe von bezahlten Zeugen, das Neugeborene auf den Familiennamen des Vaters eintragen zu lassen. Da sich diese bei der Anmeldung des Kindes nicht mehr genau an die richtige Schreibweise des Nachnamens erinnern, wird das kleine Mädchen unter dem Namen Gabrielle *Chasnel* ins Taufbuch eingetragen.

Am 17. November 1884 heiraten ihre Eltern, die inzwischen bereits zwei Kinder haben. Schwester Julia kam ein Jahr vor Gabrielle auf die Welt. Es sollen noch vier weitere Kinder folgen. Augustin, der Jüngste, stirbt wenige Monate nach der Geburt. Vater Albert führt ein Wanderleben. Auf den Märkten der Städte und Dörfer im Zentrum Frankreichs bietet er Kurzwaren an. Frau und Kinder bleiben häufig allein in ihren ärmlichen Verhältnissen zurück, es sei denn, die Hilfe der Ehefrau ist als Arbeitskraft dringend erforderlich. Dann steht Gabrielles Mutter dem Vater trotz ihres schlechten Gesundheitszustandes auf den Märkten zur Seite.

Als ihr Vater plant, ein Gasthaus in Brive-la-Gaillarde zu übernehmen, folgen ihm Mutter und Kinder in der Hoffnung, endlich als Familiengemeinschaft zusammenleben zu können. Wieder ist die Mutter weniger als Ehefrau denn als billige und hilfreiche Arbeitskraft willkommen. Wie immer steht sie ihrem Mann aufopfernd zur Seite. Ihr Gesundheitszustand verschlechtert sich zusehends. Sie ist überarbeitet, ihr Körper ausgemergelt. Gabrielle ist zwölf Jahre alt, als in der Zahlenkette ihres Schicksals-Codes Anfang des Jahres 1895 der Code für ENDE angezeigt wird. Am 16. Februar 1895 stirbt Gabrielles Mutter im Alter von dreiunddreißig Jahren. Mit diesem Tag soll Gabrielles Leben, so wie sie es bisher kannte, zu Ende gehen.

Darüber, wie das junge Mädchen die nächsten Jahre verbringt, gibt es in den verschiedenen Quellen widersprüchliche Darstellungen. Daran hat Gabrielle Chanel keinen unerheblichen Anteil, denn später wird sie selbst verschiedene Versionen von ihrer Kindheit und Jugend erzählen. Vielleicht, um die bedrückenden Erinnerungen an diese Kindheitsjahre zu überschreiben.

Vermutlich übergibt der Vater Gabrielle nach dem Tod der Mutter dem Waisenhaus des Zisterzienserklosters von Aubazine, ebenso wie ihre beiden Schwestern Julia und Antoinette. Was immer 1895 wirklich passierte: Die Berechnungen des Schicksals-Codes weisen für diesen Zeitraum nacheinander folgende Codes aus: ENDE, VERLETZUNG und SCHOCK. Ist es der Tod der Mutter, der in ihrem Schicksals-Code als ENDE auftaucht? Weist der Code VERLETZUNG auf den Umstand hin, dass der Vater sie abgeschoben und alleingelassen hat? War es das streng reglementierte Leben in der Abtei, geprägt von

Disziplin, Gebeten und Schweigen, welches sich im Schicksals-Code als SCHOCK darstellt?

Ein Lichtblick in dieser kargen Zeit scheinen die Sommerferien gewesen zu sein, die Gabrielle bei ihrer Tante in Moulins verbringen darf. Ihr Schicksals-Code zeigt im Jahr 1900 drei auffällige Werte: BEFREIUNG, ENDE und ANFANG.

Im Jahr 1900 folgt ein Einschnitt in Gabrielles Leben. Ihre Erziehung wird nun in einer neuen kirchlichen Einrichtung in Moulins fortgeführt. Neben ihren Schwestern Julia und Antoinette wächst in dieser Einrichtung auch ihre fast gleichaltrige Tante Adrienne auf. Gabrielle und Adrienne mögen sich sehr, werden häufig ebenfalls für Schwestern gehalten.

1902, nach dem Ende der Schulzeit, finden die Nonnen für Gabrielle und Adrienne Anstellungen in einem Haus für Aussteuer und Kinderwäsche, wo die beiden jungen Frauen ein gemeinsames Zimmer unter dem Dach beziehen können. Schnell spricht sich die Nachricht von den hübschen neuen Verkäuferinnen, die auch noch ausgezeichnet nähen können, herum. Die pompöse, korsettgeschnürte Damenmode der Belle Époque ist Gabrielle ein Gräuel. »›*Behängt wie ein Weihnachtsbaum*‹, sagt sie oft voller Abscheu über die Damen von Moulins«, schreibt Katharina Zilkowski in *Le style c'est moi!, Coco Chanel*.

Zusammen mit anderen jungen Leuten sind die beiden oft im Café-Concert Rotonde, einem beliebten Treffpunkt der Offiziere des 10. Jägerregiments. Gabrielle beginnt von einer Gesangskarriere zu träumen. Sie will im Rotonde als Sängerin auftreten und schafft es tatsächlich auf die Bühne. Da Gabrielle beim Publikum gut ankommt, darf sie sogar zwei Lieder singen. *Ko Ko Ri Ko* und *Qui qu'a vu Coco dans l'Trocadéro?* »Coco, Coco!«, ruft ihr das Publikum abends begeistert zu. Für die Offiziere und Gäste des Le Rotonde wird Gabrielle zu Coco.

Im Sommer 1905 gehen Coco, wie sie inzwischen überall genannt wird, und Adrienne nach Vichy, der fünfzig Kilometer entfernten Kurstadt. Dort nimmt Gabrielle Chanel Gesangsunterricht. Sie will Operettensängerin werden. Für ihren Aufenthalt in Vichy hatten Gabrielle und Adrienne zuvor Kleider und Hüte selbst entworfen. Der Schicksals-Code zeigt für die Zeit in Vichy GLÜCK und ANFANG.

Für Gabrielle wird es ein Anfang mit Etienne Balsan, Erbe einer reichen Industriellenfamilie und ausgesprochener Pferdenarr, den sie von Moulins her kennt. Er steht ihr hilfreich zur Seite, als ihre Bühnenkarriere wenig Aussicht auf Erfolg verspricht. Es muss 1906 gewesen sein, als Etienne Balsan Gabrielle Chanel bittet, mit ihr auf sein Gestüt in Royallieu bei Compiègne zu ziehen. Zu dieser Zeit taucht in den Berechnungen der Code für SCHWÄCHE auf; die Zahlenkombination für LIEBE zeigt sich nicht. Vielleicht war die Überlegung, gemeinsam auf dem luxuriösen Gut zu leben, eher beidseitig zweckmäßiger Natur; jeder zieht seine Vorteile aus der Verbindung. Obwohl Gabrielle den Wohlstand anfangs sehr genießt, wird ihr bald bewusst, dass sie sich so ihr Leben nicht vorgestellt hat. Etienne widmet sich ausschließlich der Reiterei, die auch im Mittelpunkt seines gesellschaftlichen Lebens steht. Und er macht keine Anstalten, Gabrielle als seine offizielle Lebensgefährtin in die Gesellschaft einzuführen. Auffallend, dass genau zu dieser Zeit in der Zahlenkette des Schicksals-Codes der Wert für SCHOCK auftaucht.

Gabrielle nutzt jede freie Minute, um reiten zu lernen. Stolz und zielstrebig entwickelt sie sich zu einer erstklassigen Reiterin und verblüfft selbst Etienne Balsan, ihren Reitlehrer. Die langen Röcke der Frauen, die ohnehin nicht Coco Chanels Vorstellungen von praktischer und stilvoller Damenkleidung entsprechen, erweisen sich für den Reitsport als ungeeignet. Sie sind nicht dafür gemacht, sich mit beiden Beinen in den Sattel zu schwingen; nur der Damensitz ist möglich. Coco Chanel fragt deshalb einen Stallburschen, ob sie sich seine Reithose ausleihen dürfe. Mit dieser Originalvorlage sucht sie den Schneider eines kleinen Ladens auf und gibt ihm den Auftrag, ihr eine solche Hose für sich zu nähen. Revolutionär für die damalige Zeit.

Ein neues Zeitfenster öffnet sich in den Berechnungen des Schicksals-Codes. Die Zahlen für LIEBE und ANFANG folgen zu Beginn des Jahres 1908 direkt aufeinander, als Gabrielle Arthur Capel begegnet. Der dunkelhaarige Engländer, gebildet, ehrgeizig, Geschäftsmann, erfolgreicher Polospieler, ist immer häufiger zu Gast auf Royallieu. Über die genaue Herkunft von Arthur oder Boy, wie ihn seine Freunde nennen, ist nur wenig bekannt. Arthur Capel soll jedenfalls einen entscheidenden Platz in Coco Chanels Leben einnehmen. Doch noch ist sie in Compiègne und überlegt mit ihren fünfundzwanzig Jahren, wie ihr Leben weitergehen soll. Wird sie nicht ständig von allen Besucherinnen gebeten, Hüte für sie herzustellen? Sie hat in der letzten Zeit tatsächlich einige außergewöhnliche Hüte, unter anderem aus Strohgeflecht, kreiert. Vielleicht ist das ihr neuer Weg?

Es ist Etienne Balsan, der Coco Chanel anbietet, in seiner Pariser Junggesellenwohnung im Boulevard Malesherbes 160 ein Hutgeschäft zu eröffnen. Eine gute Adresse, um all seine Freundinnen dort vorbeischicken zu können. Auch Arthur Capel, der sie von Anfang an bei diesem Vorhaben unterstützt, schickt ihr Kundinnen.

Das Tête-à-Tête, das bereits auf Royallieu zwischen Gabrielle und Arthur begonnen hat, mündet in Paris in eine große Liebe. Anfang des Jahres 1910 beziehen die beiden ein gemeinsames Appartement in der Avenue Gabriel, nahe der Champs-Élysées. Und endlich geschieht, wovon Gabrielle schon so lange geträumt hat: Arthur Capel führt sie in die Pariser Gesellschaft ein.

Das Hutatelier im Boulevard Malesherbes 160 wird ein Erfolg; die Wohnung ist hierfür längst zu klein. Als Gabrielle Etienne Balsan um ein Darlehen für die Einrichtung größerer Geschäftsräume bittet, lehnt dieser ab. Aber Arthur stellt ihr die erforderlichen finanziellen Mittel zur Verfügung.

Im Winter 1910 wird das größere Atelier in der Rue Cambon Nr. 21 bezogen. Es trägt den Namen »Chanel Modes«. Das ist die Grundsteinlegung für ein Modeimperium, der erste Schritt auf dem Karriereweg einer außergewöhnlichen Frau. In ihrem Schicksals-Code zeigt sich für 1910 eine seltene Code-Kombination: TRIUMPH, STABILITÄT und RUHM.

Eine solche Kombination lässt sich durchaus als Zeitknall bezeichnen, da drei Codes, die sich in anderen Biografien immer in Verbindung mit Erfolg zeigen, gleichzeitig auftauchen. Einen ähnlich spektakulären Code-Cocktail weisen die Berechnungen des großen Malers Vincent van Gogh im Jahr 1880 auf. Er entschließt sich zu diesem Zeitpunkt, sein Leben ganz der Malerei zu widmen.

Coco Chanel macht sich mit ihren ungewöhnlichen Hutkreationen schon bald einen Namen in der Pariser Modewelt. In einer Zeit, in der die Kleidung die weiblichen Attribute übertrieben betont und die Hüte der Damen völlig überladen wirken, ist ihr dezenter Stil etwas völlig Neues, Außergewöhnliches.

In den Berechnungen zum Jahr 1913 zeigt sich wieder TRIUMPH. Coco Chanel eröffnet im mondänen Seebad Deauville in der vornehmen Straße Gontaut-Biron ein weiteres Geschäft. Wieder wird sie von Arthur Capel finanziell unterstützt. Deauville hat für die Schönen und Reichen einiges zu bieten: einen Jachthafen, eine Pferderennbahn, prächtige Villen und Hotels, ein Casino und einen breiten Sandstrand mit Promenade. Und nun auch eine Boutique von Coco Chanel, die schon bald zum Modehaus werden soll.

Aber der Schicksals-Code zeigt 1913 nicht nur die Erfolgsziffern, sondern auch ENDE und SCHOCK. Gabrielles ältere Schwester Julia stirbt an Asthma.

Das Jahr 1914 beginnt mit einer kleinen Episode während eines Polospiels, die sich später zu einer von vielen Legenden entwickeln wird. Es ist kühl an diesem Tag am Rande des Spielfeldes, und Gabrielle bittet Arthur um sein Polohemd. Das locker fallende Hemd inspiriert sie zum berühmten Chanel-Sweater, der einen Stoff salonfähig macht, der bislang vor allem für Herren-Unterwäsche verarbeitet wurde: Jersey. Ihr Geschäft in der Rue Gontaut-Biron zieht eine immer größere Schar von Kundinnen an, darunter auch berühmte Persönlichkeiten wie die Baronin Kitty Rothschild.

Der Sommer 1914 naht und damit der Ausbruch des Ersten Weltkrieges. Die Vorboten sind auch in Deauville deutlich zu spüren. Als Deutschland Frankreich am 3. August den Krieg erklärt, werden die französischen Männer an der Front gebraucht. Deauville leert sich mehr und mehr. Als die deutschen Truppen in Paris einziehen, flüchten viele Frauen der Aristokratie in ihre Häuser nach Deauville. Sie sind nun auf sich allein gestellt, müssen die Ärmel hochkrempeln, anpacken und arbeiten.

Coco Chanel liefert ihnen die Kleidung, die sie nun brauchen: praktisch, bequem und trotzdem chic und stilvoll. Als die feindlichen Truppen keine Bedrohung mehr für Paris darstellen, kehren die Damen Ende 1914 in die Hauptstadt zurück. Auch Coco Chanel zieht es wieder nach Paris, in ihr Geschäft in der Rue Gambon.

Kamen die Frauen vor dem Krieg vorwiegend in Begleitung ihrer Männer, die einen erheblichen Einfluss auf ihre Kleiderwahl ausübten, treffen nun Coco Chanels Kundinnen auch ihre modischen Entscheidungen allein. Die Abwesenheit der Männer in der Zeit des Krieges erlaubt den Frauen eine Freizügigkeit, die sie so noch nicht erlebt haben. Coco Chanel profitiert mit ihrem Stil, mit ihrer Mode, von dieser neu gewonnenen Freiheit der Frauen.

1915 eröffnet Coco Chanel ein weiteres Modehaus im eleganten See- und Heilbad Biarritz, in dem trotz der schwierigen Zeiten Luxus und Eleganz weiterhin gefragt sind. Während eines Sommerurlaubes mit Arthur Capel hatten die beiden die Idee, dass Biarritz ein hervorragender Standort für ein neues Geschäft sei. Wieder ist es Arthur Capel, der Coco Chanel die notwendige finanzielle Unterstützung für dieses Vorhaben gibt.

Der Erfolg lässt nicht lange auf sich warten; sogar Aufträge des spanischen Hofes gehen ein. In Chanels neuem Atelier sind bereits nach kurzer Zeit sechzig Näherinnen beschäftigt.

Während sich die männlichen Modedesigner Frankreichs darauf konzentrieren, Kleidungsstücke für die Armee anzufertigen, baut Coco Chanel ihr Imperium weiter aus. Sie überträgt die Geschäfte in Biarritz ihrer Schwester Antoinette und kehrt Ende des Jahres 1915 zurück nach Paris. Auch hier sind alle Weichen auf Expansion gestellt. Die Frau, die es wagt, sich die Haare kurz schneiden zu lassen, sich in der Sonne zu bräunen und Hosen zu tragen, ist zur absoluten Trendsetterin der Modewelt geworden.

Im Jahr 1916 zeigt der Schicksals-Code ein Zeitfenster mit der Zahlenkombination für BEFREIUNG an. Möglicherweise fällt genau in diesen Zeitraum ihre Rückzahlung der gesamten Darlehen an Arthur Capel. Der ist inzwischen Sekretär der britischen Sektion beim großen Interalliiertenrat von Versailles geworden und macht sich Gedanken über seine weitere Karriere und ein dazu passendes Privatleben. 1918 eröffnet er Gabrielle, die diesen Mann zutiefst liebt, dass er die Tochter eines englischen Lords heiraten werde. Arthur Capel heiratet Diana Lister im November 1918, wenige Wochen nach Unterzeichnung des Waffenstillstandes zwischen den Alliierten und den Deutschen. Die Hochzeit findet in England statt.

Im Schicksals-Code von Gabrielle taucht nun der Wert für ENDE auf. Was war zu Ende? Die Hoffnung Gabrielles, mit Arthur ein offizielles Familienleben führen zu können? Die Hoffnung, ihn zu heiraten? Obwohl Arthur Capel nun ein verheirateter Mann ist, findet ihre Beziehung jedenfalls zunächst kein Ende. Kaum ist Arthur Capel wieder in Frankreich, treffen sich die beiden – fortan unter Ausschluss der Öffentlichkeit – in Gabrielles neuem Haus, das sie inzwischen in der einsamen Gegend einer Pariser Vorstadt bezogen hat.

Der sich in ihrem Schicksals-Code für das Jahr 1919 zeigende Wert für Abschiede und Veränderungen ENDE steht in anderen

Biografien immer mit dramatischen Entwicklungen in Verbindung. Im Jahr 1913 tauchte dieser Code schon einmal in den Berechnungen auf, als Gabrielles ältere Schwester Julia an Asthma starb. In den Berechnungen zu der weltberühmten französischen Chansonsängerin Edith Piaf findet er sich zu dem Zeitpunkt, als ihr Entdecker Louis Leplée am 6. April 1936 ermordet in seiner Wohnung aufgefunden wird. Edith Piaf gerät selbst kurzfristig unter Mordverdacht und wird festgenommen.

Tauchen wir ein in den Augenblick des Lebens von Gabrielle, in dem sich die Zahlenkombination für ENDE zeigt, und das gleich doppelt: Dezember 1919.

Gabrielle trifft sich nach wie vor mit ihrer großen Liebe Arthur Capel, der in diesem Jahr zum ersten Mal Vater geworden ist. Er war sogar Trauzeuge von Gabrielles Schwester Antoinette, die im November 1919 geheiratet hat. Weihnachten, das Fest der Familie, steht vor der Tür. Arthur Capel reist aus Paris ab. Für das, was dann zwei Tage vor Heiligabend passiert, bezieht sich Edmonde Charles-Roux in *Coco Chanel – ein Leben* unter anderem auf ein Nachrichtentelegramm der Agentur Reuter: »Hauptmann Capel kam von Paris und fuhr Richtung Cannes, als an seinem Auto ein Reifen platzte.« Als Gabrielle kurz darauf von seinem Tod erfährt, will sie sofort zur Unfallstelle gebracht werden. Edmonde Charles Roux beschreibt die Situation wie folgt: »›Das Schlimmste‹, sagte Laborde [Léon de Laborde, ein Freund, der Gabrielle die Nachricht überbringt. Anm. d. Verf.], ›das war diese Frau, die weinte, aber mit trockenen Augen. Dann war sie aufgestanden, um fast augenblicklich im Reisekostüm und mit einer Tasche in der Hand wieder zu erscheinen.‹« Und über die Ankunft an der Unfallstelle sagt Charles-Roux: »Der Wagen des Hauptmanns stand immer noch da, auf eine Straßenböschung gezogen, halb ausgebrannt, unbrauchbar. Die junge Frau war um ihn herumgegangen und hatte ihre Hände daraufgelegt wie eine Blinde. Dann hatte sie sich auf den Kilometerstein gesetzt, und dort hatte sie, mit dem

Rücken zur Straße und gesenktem Kopf, ohne sich zu rühren, gesessen und fürchterlich geweint. Fürchterlich. Mehrere Stunden lang, sagte der Chauffeur.«

»Er war der einzige Mann, den ich geliebt habe. Er ist tot. Ich habe ihn nie vergessen. Er war die große Chance meines Lebens: In ihm hatte ich jemanden getroffen, der mich nicht entmutigte«, vertraute sie später dem Schriftsteller Paul Morand an.

Nach dem Tod von Arthur Capel zeigt ihr Schicksals-Code ein weiteres Zeitfenster für ABSCHIED an, von August bis Dezember des Jahres 1920. Gabrielles jüngere Schwester Antoinette stirbt in Argentinien. Wann immer Gabrielle die traurige Nachricht aus Südamerika erhalten haben mag – der Schicksals-Code zeigt den Wert ENDE für fünf Monate im Jahr 1920 an.

Im Frühjahr 1920 beschließt Gabrielle, aus ihrer Villa auszuziehen. Vielleicht sind es die vielen Erinnerungen, die sie hinter sich lassen will. In Garches bei Paris bezieht sie die Villa Bel Respiro. Ihren extravaganten, unverkennbaren Stil überträgt sie auch auf ihren neuen Wohnsitz: Das Haus ist beige, Fensterrahmen und Fensterläden sind schwarz lackiert.

Halt findet Gabrielle in den schweren Tagen nach dem Tod des Geliebten bei ihrer Freundin Misia Sert. Misia, Förderin und Muse vieler namhafter Künstler, ist in dritter Ehe mit dem Maler José-Maria Sert verheiratet. Wohl auch durch die Serts knüpft Coco Chanel immer mehr Kontakte zur Kunst- und Kulturszene.

Ein Jahr nach dem Tod von Arthur Capel zeigt ihr Schicksals-Code ein Zeitfenster, das romantische Gefühle begünstigt. Mademoiselle, wie die Modediva inzwischen ehrfurchtsvoll von ihren bald dreitausend Mitarbeitern genannt wird, bietet dem Komponisten Igor Strawinsky und seiner Familie an, in ihr Haus zu ziehen. Strawinsky ist vor der russischen Revolution geflohen und wohnt mit seiner kranken Frau und den vier Kindern in unwürdigen Verhältnissen. Die Modemacherin, die selbst aus ärmlichen Verhältnissen stammt, entwickelt sich nun zur Mäzenin und unterstützt und fördert Igor Strawinsky. Gabrielle lernt seine Leidenschaft für dramatische Opern zu teilen. Er bringt Gabrielle Wagner und Beethoven nahe, und später wird Coco Chanel Paul Morand verraten: »*Strawinsky machte mir den Hof.*« Strawinsky geht allein nach Biarritz, aber ihre Freundschaft wird bis zu ihrem Tod halten.

In das Zeitfenster, das laut Schicksals-Code romantische Gefühle begünstigt, fällt auch der Beginn ihrer Liaison mit dem russischen Großfürsten Dimitri Pawlowitsch, dem Neffen des Zaren. Auch er zieht in ihre Villa Bel Respiro ein. Die beiden verbringen einen innigen Sommer.

Wer auch immer Coco Chanel im Jahr 1920 die Inspiration für die Herstellung eines eigenen Parfums gab, Chanel No. 5 soll einer der berühmtesten Düfte der Welt werden. Wieder ist es die ungewohnte Schlichtheit der Parfumflasche, die bis dahin ungewöhnliche Duftkomposition, die einen großen Teil des Erfolges ausmacht. Der Schicksals-Code zeigt die Werte TRIUMPH und ÖFFENTLICHKEIT, als Coco Chanel im Jahr 1921 den Kundinnen ihr Parfum vorstellt.

Es gibt noch einen auffälligen Wert, der sich ab Mitte des Jahres 1921 für einen längeren Zeitraum zeigt: ENDE. Gabrielle verabschiedet sich von ihrem Leben in der Villa Bel Respiro in Garches. Sie will wieder in Paris wohnen, und auch die Beziehung zu Dimitri neigt sich dem Ende zu.

Das Herz von Gabrielle soll sich schon bald einem anderen Mann öffnen. Zeitgleich zum Code für LIEBE Mitte des Jahres 1922 entwickelt sich eine Beziehung zu dem Dichter Pierre Reverdy. Die beiden hatten sich schon einige Jahre vorher kennengelernt, aber nun ist das Zeitfenster für eine Liebesgeschichte offen. Gabrielle hat inzwischen eine Etage im Stadthaus des Grafen Pillet-Will in der Rue du Faubourg Saint-Honoré 29 bezogen und fühlt sich tief mit dem Poeten Reverdy verbunden. Das literarische Intermezzo dauert allerdings nur bis ins Jahr 1924. Der Dichter Reverdy zieht die Einsamkeit von Solesmes einem Leben mit Gabrielle Chanel vor.

Noch im gleichen Jahr lernt Gabrielle in Monte Carlo Hugh Richard Arthur Grosvenor, den zweiten Herzog von Westminster, kennen. Zwei Codes tauchen für diesen Zeitraum in den Berechnungen auf: SCHWÄCHE und ANFANG. Der Herzog wirbt nach allen Regeln der Kunst um Gabrielle. Es ist ein regelrechter Eroberungsfeldzug, den Bend'Or, wie der Duke of Westminster auch genannt wird, führt, um das Herz der Chanel zu gewinnen. Er überhäuft sie mit luxuriösen Geschenken und bleibt hartnäckig, als die erfolgreiche, vermögende und unabhängige Modediva zögert. Doch dann gelingt es dem Herzog, Gabrielle zu erobern. Paul Morand gegenüber sagt sie später: *»Warum Westminster sich wohlfühlte mit mir? Zunächst einmal, weil ich es nicht darauf angelegt hatte, ihn einzufangen.«*

Einen Herzog wie den von Westminster hätten vermutlich viele Damen gern eingefangen. Er ist humorvoll, elegant, charmant und unermesslich reich. Es gibt nur eines, was scheinbar nicht gesichert ist: Wer wird die Besitztümer, Häuser, Schiffe und das Vermögen einmal erben? Aus seinen beiden Ehen sind bislang drei Kinder hervorgegangen: zwei Mädchen und ein Sohn, der im Kindesalter gestorben ist.

Gabrielle ist nicht abgeneigt, ihm den Wunsch nach einem Erben zu erfüllen. Doch alle, auch ärztliche, Bemühungen sind vergeblich. Verschiedene Quellen vermuten, dass eine Fehlgeburt oder eine Abtreibung zu ihrer Zeit auf Royallieu zur Sterilität geführt hat. Im Schicksals-Code findet sich hierfür kein Wert, der diesem Ereignis konkret zuzuordnen wäre.

In den sechs Jahren ihrer Beziehung zu Westminster läuft der Ausbau ihres Modeimperiums ungebrochen weiter. 1927 eröffnet Coco Chanel in London, im Stadtteil Mayfair, eine Boutique und im Jahr 1929 eine Boutique für Accessoires in ihrem Pariser Salon, der sich inzwischen in der Rue Cambon Nr. 31 befindet.

Für das Jahr 1930 zeigen die Berechnungen zwei Codes: in der ersten Jahreshälfte SCHOCK, ab Mitte des Jahres ENDE.

Gabrielle hat auf ein gemeinsames Leben mit Westminster gehofft, obwohl es eine Zukunft ohne Kinder geworden wäre. Aber auch diese Hoffnung soll sich im Jahr 1930 mit der Trennung zerschlagen.

Die Goldenen Zwanzigerjahre sind zu Ende, Massenarbeitslosigkeit und die Weltwirtschaftskrise vorherrschendes Thema, als der Schicksals-Code von Coco Chanel ÖFFENTLICHKEIT und TRIUMPH zeigt. Der amerikanische Filmproduzent Samuel Goldwyn will den Menschen einen besonderen Anreiz geben, in den schweren wirtschaftlichen Zeiten ins Kino zu gehen, und die Stars von United Artists sollen von Chanel eingekleidet werden. Goldwyn bietet Coco Chanel eine Million Dollar für die Zusammenarbeit – mit der Auflage, dass sie zweimal im Jahr nach Hollywood kommt, um die Schauspieler auszustatten. Nach dem ersten Film im Jahr 1931 beginnen sich die Hollywoodstars gegen das Modediktat aufzulehnen. Die Zusammenarbeit wird eingestellt.

Ein neuer Code taucht in den Berechnungen für Mitte des Jahres 1931 bis Sommer 1932 auf: LIEBE. Wann genau Gabrielles Liaison mit Paul Iribe in dieser Zeit begonnen hat, wussten selbst damals wohl nur wenige. Öffentlich wird ihre Beziehung im November 1932. Gabrielles Schicksals-Code für diese Zeit: SCHWÄCHE.

Paul Iribe, Designer, Journalist, Modeillustrator und Herausgeber der Zeitschrift Le Temoin, hat ebenfalls ein Hollywood-Abenteuer hinter sich und ist nun wieder in Paris. Das kreative Multitalent kennt sich seit seiner Zusammenarbeit mit Paul Poiret, dessen schärfste Konkurrentin Coco Chanel einst war, auch in Sachen Haute Couture bestens aus. Was immer die beiden zusammengebracht hat – erst der Tod von Paul Iribe im Jahr 1935 setzt ihrer Beziehung ein unerwartetes und jähes Ende. Iribe steht an jenem 28. September auf dem Tennisplatz. Wenige Minuten, nachdem auch Gabrielle dort ankommt, bricht er bewusstlos zusammen.

Paul Morand erzählte sie später über ihre Beziehung zu Paul Iribe: »*Ich habe Paul Iribe sehr viel Zuneigung und Liebe entgegengebracht, doch seit er tot ist, und nach so langen Jahren, kann ich nicht ohne Gereiztheit an die Atmosphäre blinder Leidenschaft denken, die er um mich schuf.*« Und an anderer Stelle: »*Iribe liebte mich, doch wegen all dieser Motive, die er sich selbst und auch mir nicht eingestand. Er liebte mich aus der geheimen Hoffnung heraus, mich zu vernichten. Er wünschte sich, ich möge besiegt, gedemütigt werden, er wünschte sich meinen Tod.*«

Wie immer es in Gabrielles Herzen nach Iribes Tod aussehen mag – sie stürzt sich ungebrochen in ihre Arbeit und ist erfolgreicher denn je. Als im Jahr 1936 in Frankreich die Gewerkschaften zugelassen werden, streiken auch ihre Näherinnen in der Rue Cambon Nr. 31. Coco Chanel darf kurzfristig sogar ihr eigenes Geschäft nicht mehr betreten. Lange bleibt sie gegenüber den Forderungen der Näherinnen standhaft, um dann mit Blick auf die Herbstkollektion, die es zu retten gilt, in einigen Punkten nachzugeben.

Im Jahr 1939 tauchen in den Berechnungen die Codes SCHOCK, ENDE und dann RÜCKZUG auf. Mit der Kriegserklärung von Frankreich und Großbritannien an das Deutsche Reich im September 1939 trifft Coco Chanel die Entscheidung, ihr Modehaus zu schließen. In der Rue Cambon Nr. 31 werden nur noch Accessoires und Parfums verkauft. Von verschiedenen Seiten wird versucht, Coco Chanel umzustimmen. Doch sie bleibt bei ihrer Meinung, dass »*die kommende Zeit keine Zeit für Abendkleider*« sei.

Nur für kurze Zeit verlässt sie Paris und das Hotel Ritz, in dem sie seit ihrer Zeit mit Paul Iribe wohnt. Als sie nach Paris zurückkehrt, haben die Deutschen das Ritz eingenommen. Obwohl ihre Räumlichkeiten ihr nicht mehr zur Verfügung stehen, bleibt die Chanel hartnäckig und schafft es, ein einfaches Zimmer im Ritz zu beziehen, das sie bis zu ihrem Lebensende bewohnen wird.

Über die folgenden Jahre der Kriegswirren und über ihre Liaison, Beziehung oder Freundschaft mit einem deutschen Presse-Attaché und Sonderbeauftragten des Reichspropagandaministeriums in Paris gibt es Berichte, Spekulationen und Interpretationen, aber Gabrielle Chanel wird später den Mantel des Schweigens über diese Zeit legen. Ebenso wie über die Geheimdienstaffäre »Operation Modellhut« mit ihrem tollkühnen Versuch, England und Deutschland mitten im Krieg zum Frieden bewegen zu wollen.

Nachdem Charles de Gaulle im Jahr 1944 zunächst die provisorische Regierung Frankreichs übernommen hat, wird Coco Chanel, wie viele andere unter dem Verdacht der Kollaboration stehende Franzosen, verhaftet. Die Beziehung zu dem Deutschen könnte einer der Gründe gewesen sein, warum Coco Chanel verhört wird. Überraschend schnell wird sie jedoch wieder auf freien Fuß gesetzt. In den Berechnungen zum Schicksals-Code taucht für das Jahr 1944 ab dem Monat August bis zum Ende des Jahres 1994 der Wert für SCHOCK auf.

Kurz nach diesen Ereignissen verlässt Coco Chanel Frankreich und begibt sich in die Schweiz. Dort lässt sie sich in Lausanne nieder, wo sie wieder mit jenem Deutschen gesehen wird, den sie in Paris kennengelernt hatte.

Überspringen wir die Schweizer Jahre, um in den Berechnungen nach dem nächsten auffälligen Code zu suchen. Es sind gleich drei Zahlenwerte, die sich im Jahr 1954 in Abfolge zeigen: BEFREIUNG, ÖFFENTLICHKEIT und ANFANG.

Coco Chanel ist seit ihrem siebzigsten Lebensjahr wieder häufiger in Paris. Andere haben sich inzwischen einen großen Namen in der Welt der Haute Couture gemacht. Ein Comeback in ihrem Alter? Das Modehaus Chanel wieder eröffnen? Coco Chanel will genau das wagen. Am 5. Februar 1954 führt sie den Modeberichterstattern aus aller Welt ihre neue Kollektion vor. Die Zahl fünf, die eine besondere Bedeutung für Coco Chanel hat, wurde bewusst als Datum für das Comeback gewählt. Statt einen grandiosen Auftakt zu erleben, erntet sie jedoch nur niederschmetternde Kommentare in der Presse. Hat sie mit einem solchen Fehlschlag rechnen können? Wie sehr muss sie diese Niederlage getroffen haben?

Die siebzigjährige »Mademoiselle« lässt sich nicht beirren. Sie macht weiter, auch wenn es viel Kraft kostet. Sie will zurück an die Spitze der Haute Couture. Ein Jahr später, 1955, weist der Schicksals-Code für Coco Chanel TRIUMPH aus, denselben Zahlenwert, wie er beispielsweise bei Marlene Dietrich im Jahr 1929 auftaucht, als ihr mit der Hauptrolle in dem Film *Der Blaue Engel* der internationale Durchbruch gelingt.

Ein Jahr nach Coco Chanels Comeback reißen sich plötzlich die amerikanischen Kundinnen um die neue Kollektion der Modeikone. Die Modepresse in den USA schreibt über ihre dritte Kollektion nur noch in Superlativen. Mit einundsiebzig Jahren gelingt ihr also erneut der große Wurf. Es ist ihr persönlicher Triumph! In Dallas wird Coco Chanel als einflussreichster Modeschöpferin des 20. Jahrhunderts von Stanley Neiman Marcus, dem Besitzer der gleichnamigen Kaufhauskette, 1955 der Mode-Oscar verliehen. Kein Kleidungsstück wird häufiger kopiert als ihr charakteristisches Chanel-Kostüm. »Mademoiselle« arbeitet trotz ihres Alters leidenschaftlich und unermüdlich weiter. 1959 stellt das Museum of Modern Art in New York den Flakon ihres Parfums Chanel Nr. 5 aus.

Das Alter fordert natürlich auch bei Coco Chanel seinen Tribut; sie hat nicht mehr die Kraft, die sie mit zwanzig hatte. Dennoch ist sie fast täglich in der Rue Cambon.

Coco Chanel ist siebenundachtzig Jahre alt, als sie von einem Spaziergang in ihr Zimmer im Hotel Ritz zurückkehrt. SCHOCK und BEFREIUNG sind die beiden Codes, die in den Berechnungen für den Anfang des Jahres 1971 auftauchen. Am Freitag, den 8. Januar 1971, geht das bewegte Leben der »Königin der Haute Couture« zu Ende.

*

VINCENT VAN GOGH

Vincent van Gogh wurde nur siebenunddreißig Jahre alt, aber kaum ein anderer Künstler hat ein so umfangreiches Werk hinterlassen wie er. Mehr als 1700 Gemälde und Zeichnungen entstanden in seinen letzten zehn Lebensjahren. Wie sieht der Schicksals-Code eines solchen Genies aus, eines Künstlers, der zu Lebzeiten verkannt wurde wie kein anderer Maler, und dessen Bilder heute auf Auktionen zu den teuersten der Welt gehören?

Am 30. März 1853 wird van Gogh im niederländischen Ort Groot-Zundert als Sohn des protestantischen Pastors Theodorus van Gogh und seiner Frau Anna Cornelia Carbentus geboren. Er ist das zweite auf den Namen Vincent getaufte Kind seiner Eltern. Der erste Sohn war auf den Tag genau ein Jahr zuvor tot geboren worden. Man muss kein Psychoanalytiker sein, um sich vorzustellen, was es für ein Kind bedeutet, neben dem Friedhof aufzuwachsen, auf dem der Bruder gleichen Namens begraben liegt.

Im Schicksals-Code von Vincent van Gogh tauchen im Jahr 1864 die beiden ersten auffälligen Zahlenwerte auf: ABSCHIED und SCHOCK. 1864 ist van Gogh elf Jahre alt. Was mag in seinem jungen Leben passiert sein? Er wird genau zu diesem Zeitpunkt in Zevenbergen unweit von Zundert in ein Internat eingeschult. Für ein elfjähriges Kind, das von seinen Eltern getrennt wird und fortan im Internat leben muss, kann eine solche Veränderung durchaus ein schmerzhafter Abschied und eine schockierende Erfahrung sein.

Vier Jahre später verlässt Vincent van Gogh trotz guter Noten aus unbekanntem Grund das Internat. Erstaunlich, dass der für diesen Zeitpunkt errechnete Code auch in anderen Biografien zusammen mit befreienden Ereignissen auftritt. Von

September 1868 bis März 1869 besucht Vincent die Mittelschule in Tilburg und kehrt dann, mitten im Schuljahr, zurück zu den Eltern. Möglicherweise haben finanzielle Aspekte eine Rolle gespielt.

Nach Beendigung der Schulzeit muss van Gogh einen Beruf ergreifen. 1869 beginnt er als Kunsthandelslehrling bei der Firma Goupil und Cie in Den Haag. Dort ist man sehr zufrieden mit dem jungen Mann und schickt ihn nach Abschluss seiner Ausbildung im Sommer 1873 in die Londoner Filiale. Es ist ein Jahr, in dem das Thema Liebe für van Gogh eine besondere Bedeutung bekommen soll. Zunächst einmal verliebt sich Vincent 1873 jedoch in das sommerliche London. Stundenlang geht er am Ufer der Themse spazieren, besucht die National Gallery, das Victoria and Albert Museum, die Dulwich Picture Gallery und den Hampton Court Palace. Dann muss Amors Pfeil den Zwanzigjährigen mitten ins Herz getroffen haben. In seinem Schicksals-Code zeigt sich ein Wert, der eindeutig romantische Gefühle begünstigt.

Der identische Wert taucht auch im Schicksals-Code von Elvis Presley auf, als dieser sich 1959 unsterblich in die vierzehnjährige Priscilla verliebt. Aber im Gegensatz zu Elvis, der seine Priscilla zum Traualtar führen durfte, kommt es trotz gleicher Werte im Schicksals-Code von van Gogh nicht zum Happy End.

Es gibt einen entscheidenden Unterschied in den beiden Codes. Bei Vincent taucht direkt nach der romantischen Phase der Code für SCHOCK auf. In vielen Veröffentlichungen über Vincent van Gogh steht, dass er sich in diesem Zeitraum in Eugenie Loyer, die Tochter seiner Londoner Zimmerwirtin, verliebt. Es wird sogar berichtet, dass Vincent sie bittet, seine Frau zu werden. Eugenie sei jedoch bereits anderweitig verlobt gewesen und habe ihn zurückgewiesen. Auch ein weiterer Heiratsantrag sei abgewiesen worden, und danach sei van Gogh frustriert und enttäuscht gewesen.

Der van-Gogh-Spezialist und -Kenner Stefan Koldehoff aber bezeichnet die Geschichte von der unglücklichen Liebe zur Tochter der Zimmerwirtin in London als Mythos. Ihm zufolge war nicht Eugenie, sondern Vincents Großcousine Caroline Haanebeck seine Auserwählte, die aber 1873 einen anderen heiratete: Willem van Stockum.

Der Schicksals-Code zeigt in dieser Phase nur ein Zeitfenster an, in dem Liebe und romantische Gefühle zum zentralen Thema werden. Wem Vincent sein Herz schenkte, wo sich diese Liebe zugetragen haben mag, geht aus den Berechnungen nicht hervor. Der SCHOCK-Code, der direkt auf das Zeitfenster LIEBE folgt, kann auf eine enttäuschte Liebe, auf eine Ernüchterung nach einem romantischen Höhenrausch hinweisen.

Lassen wir London hinter uns, so wie Vincent damals auch. Sein Onkel Cent, erst Besitzer der Kunsthandlung Goupil, nach dem Verkauf an ein Pariser Unternehmen Teilhaber, ist mittlerweile ein wenig beunruhigt über den Gemütszustand seines Auszubildenden. Auch anderen Familienmitgliedern fällt Vincents Veränderung auf, die sich gleichzeitig mit der immer extremer werdenden Religiosität zeigt. Onkel Cent beschließt, seinen Neffen von London nach Paris zu schicken, in das Stammhaus von Goupil, sehr zum Ärger von Vincent. Der verliert mehr und mehr das Interesse am Kunsthandel und verwickelt sich in Streitereien mit Kollegen und Kunden. Viel stärker beschäftigen Vincent Fragen des christlichen Glaubens. Um einer drohenden Entlassung zuvorzukommen, kündigt van Gogh 1876 bei Goupil.

Während der folgenden Jahre fühlt er sich berufen, Gott zu dienen, zunächst als Hilfslehrer in einer methodistischen Gemeinde Englands. Dann bemüht er sich um eine Stelle als Laienprediger unter englischen Bergarbeitern, wird aber nicht eingestellt. Wieder in der Heimat, denkt er mit seinen Eltern über ein akademisches Theologie-Studium nach, bricht aber die Vorbereitungen für die Aufnahmeprüfung ab. Dennoch ist er weiterhin fest entschlossen, sich in den kirchlichen Dienst zu stellen, und zwar als Evangelist und Seelsorger bei den Bergleuten in den Kohlegruben von Borinage im südlichen Belgien. Wie ein barmherziger Samariter teilt Vincent alles, was er hat, mit den Bergleuten und ihren Familien.

VERÄNDERUNG/ENDE zeigt der Schicksals-Code, als die Missionsgesellschaft ihm 1879 mitteilt, dass an eine feste Anstellung nicht zu denken ist. Für Vincent geht wieder ein Weg zu Ende, von dem er sich viel versprochen hat.

1880, van Gogh ist nun siebenundzwanzig Jahre alt, tauchen zwei wegweisende Zahlencodes auf: VERÄNDERUNG und TRIUMPH – und letzterer gleich doppelt. Ein Zeitknall, der in der Welt der Kunst noch heute zu hören ist. Van Gogh lässt alle bisherigen Pläne fallen und entschließt sich, Maler zu werden. Eine solche Zahlenkonstellation ermöglicht Großartiges.

Van Gogh ist nicht der Einzige, der mit diesem Code Geschichte macht. Eine ähnliche Zahlenkombination ist bei John F. Kennedy zu finden, zum Zeitpunkt seiner Wahl zum 35. Präsidenten der Vereinigten Staaten von Amerika.

Im Oktober 1880 geht Vincent nach Brüssel, um Kunst zu studieren. Im April des darauf folgenden Jahres ist Vincent jedoch gezwungen, aus Geldmangel ins Elternhaus nach Etten zurückzukehren.

In seinem Schicksals-Code taucht jetzt noch einmal der gleiche Zahlenwert auf wie schon acht Jahre zuvor: ein Zeitfenster für romantische Gefühle, LIEBE. In jenem Sommer, 1881, verliebt sich Vincent in seine verwitwete Cousine Cornelia Adriane (Kee) Vos, die mit ihrem kleinen Sohn nach Etten gekommen ist. Sie weist seine Avancen allerdings zurück. »Nie, nein, niemals«, lautet ihre Antwort, wie Vincent seinem Bruder Theo am 3. November 1881 schreibt.

Es ist heute noch so wie damals – manchmal hegen Männer in solchen Situationen Zweifel, ob die Angebetete es tatsächlich so meint, wie sie es sagt, oder ob man eine solche Antwort nicht auch als »Es ist noch nicht entschieden« verstehen darf, vor allem, wenn sie sehr verliebt sind. Van Gogh jedenfalls entscheidet sich, noch nicht aufzugeben. Er riskiert deswegen sogar einen Streit innerhalb der Familie, und sein Verhalten wird von Mutter und Vater als »unzart« und »unpassend« bezeichnet, worüber sich Vincent bei seinem Bruder Theo in einem Brief vom 18. November 1881 beklagt. Ende November fasst sich van Gogh erneut ein Herz und besucht Kee in Amsterdam, um sie noch einmal zu sprechen. Was sich dort abgespielt hat, beschreibt Vincent fünf Monate später, im April 1882, seinem Bruder Theo in einem Brief. Seine Beschreibung von Kees Antwort schließt mit ihren Worten: »Dein Beharren ist ekelhaft.« Seine Liebe bleibt unerwidert. Weihnachten 1881 enden die Unstimmigkeiten im Elternhaus damit, dass sein Vater ihm die Tür weist.

Vincent bricht nach Den Haag auf. Der LIEBES-Code meldet sich ein drittes Mal in seinem Leben. Innerhalb seines neuen, dritten Zeitfensters für romantische Gefühle lernt Vincent Clasina Maria Hoornik kennen. Sie war ursprünglich Näherin, die ihr Einkommen zu dieser Zeit mit Prostitution aufbessert. Sien, wie van Gogh sie nennt, ist bereits Mutter eines Kindes und gerade wieder schwanger. Van Gogh nimmt die von Pocken und einer Geschlechtskrankheit gezeichnete Sien bei sich auf. Sie steht ihm für rund sechzig Zeichnungen und Aquarelle Modell. Seine Angehörigen missbilligen eine solche Beziehung, der familiäre Druck auf ihn wird immer größer, und 1883 trennt Vincent sich von Sien. Der Schicksals-Code zeigt für diesen Zeitraum einen Wert an, der in anderen Berechnungen bei Erschütterungen auftaucht. Ob er hier in Verbindung zu der Trennung von Sien steht, lässt sich nicht sicher feststellen. Einem seiner Briefe aus dem Jahr 1883 ist Folgendes zu entnehmen: »*Wir stehen jetzt vor dieser Tatsache, meinem festen Vorsatz, tot zu sein für alles, außer für meine Arbeit.*« Dennoch sollte van Gogh den Frauen nicht gänzlich abschwören.

Da er trotz jahrelanger Arbeit finanziell immer noch von seinem Bruder Theo abhängig ist, sucht er nach einer günstigeren

Bleibe. Er zieht nach Drenthe und hofft, dass dort eine Malerkolonie entstehen könnte. Vincent ist einsam in Drenthe, und die Leute sind, trotz Bezahlung, nicht bereit, für ihn Modell zu sitzen. So geht er zurück zu seinen Eltern nach Nuenen. Dorthin ist sein Vater, Pastor Theodurus, inzwischen versetzt worden.

1884 endet eine weitere Beziehung von van Gogh fast tragisch. Er macht seiner Nachbarin, Margot Begemann, einen Heiratsantrag. Die Heiratsabsicht von Margot und Vincent stößt aber auf den harten Widerstand ihrer Familie. Daraufhin nimmt Margot in einem Augenblick der Verzweiflung Gift, überlebt jedoch. Melissa McQuillan schreibt in ihrem Buch *van Gogh* zu dieser romantischen Beziehung: »Als sie [Margot] später nach Nuenen zurückkehrte, nahmen die beiden die Beziehung, die ihr mehr bedeutete als ihm, nicht wieder auf.« Der Zahlenwert für romantische Gefühle taucht für diesen Zeitraum – im Gegensatz zu den vorherigen Beziehungen – im Schicksals-Code von Vincent van Gogh nicht auf.

Im März 1885 bricht sein Vater zusammen; er stirbt am 26. März. Der Schicksals-Code zeigt ABSCHIED und ANFANG, als der Vater an Vincents zweiunddreißigstem Geburtstag beerdigt wird. Nach dem Tod des Vaters verschlechtert sich das Verhältnis zu seiner Familie dramatisch.

Am 4. November 1885 zieht Vincent nach Antwerpen, denn in dieser Kunststadt sieht er einen Markt für seine Arbeiten. Es wird ein endgültiger Abschied von Holland. Er schreibt sich in Antwerpen in die Kunstakademie ein, wo er erstmals Kurse in Aktzeichnen belegt.

Im März 1886 trifft er ohne Vorankündigung bei seinem Bruder Theo in Paris ein, der dort als Kunsthändler arbeitet. Vincents Schicksals-Code zeigt ANFANG; der Bruder nimmt ihn bei sich auf. Theo macht ihn mit anderen in Paris lebenden Künstlern bekannt. Vincent freundet sich mit Emile Bernard und Paul Signac an, 1887 auch mit Paul Gauguin.

Im Februar 1888 verlässt Vincent van Gogh Paris, die Stadt, in der er in den zwei Jahren seines Aufenthaltes mehr als zweihundert Bilder gemalt hat. Sein Ziel: Südfrankreich. Sein Schicksals-Code zeigt zu dieser Zeit zwei Werte an: VERÄNDERUNG und ANFANG. Eine Veränderung scheint dringend nötig, denn zu späterer Zeit gesteht er Gauguin: »*Als ich aus Paris abgereist bin, an Leib und Seele schwerkrank und fast ein Trinker, weil ich wütend war, dass meine Kräfte mich im Stich ließen.*«

In Arles fängt er neu an, mietet ein Atelier im »Gelben Haus«. Gern würde er das neue Atelier mit jemandem teilen, mit Gauguin oder dem amerikanischen Maler Dodge MacKnight. Vincent stellt Gauguin als Lockmittel die finanzielle Unterstützung durch seinen Bruder Theo in Aussicht.

In van Goghs Schicksals-Code zeigt sich immer noch ANFANG, als Paul Gauguin nach etlichen Verzögerungen am 23. Oktober 1888 in Arles eintrifft. Vincent knüpft große Erwartungen an die Ankunft Gauguins, er träumt vom »Atelier des Südens«. Deshalb hat er das Haus vorher renovieren lassen. Für die weißen Wände malt er eine Reihe von Bildern als Wandschmuck; große Sonnenblumenstillleben von ganz besonderer Leuchtkraft.

Die beiden schwierigen, egozentrischen Männer geraten in den folgenden Wochen immer wieder aneinander. Am Abend des 23. Dezember 1888 kommt es zu einer schweren Auseinandersetzung zwischen den beiden. Vincents Schicksals-Code zeigt deutlich die Zahlenwerte ENDE und SCHOCK an. Nach dem Streit verbringt Gauguin die Nacht im Hotel. Bei seiner Rückkehr am nächsten Morgen trifft er vor dem Haus die Polizei an. Van Gogh hat sich in der Nacht aus Verzweiflung ein Stück seines Ohres abgeschnitten, es im örtlichen Bordell einer Prostituierten namens Rachel überreicht und ist dann wieder nach Hause, ins Bett gegangen. Die Polizei hat Vincent ins Krankenhaus gebracht, wo der herbeigerufene Bruder ihn in einer »heftigen Nervenkrise« vorfindet.

Drei Tage nach dem Vorfall – Vincent ist durchaus noch nicht über den Berg – verlässt Paul Gauguin den Ort des Geschehens und reist aus Arles ab. Nach seiner Rückkehr aus dem Krankenhaus arbeitet van Gogh viel, muss nach einem zweiten Anfall aber erneut ins Hospital. Seine Nachbarn sind inzwischen mehr als beunruhigt über den tagelang verwirrten Mann und die Vorfälle im Gelben Haus.

Sein Schicksals-Code zeigt für das Frühjahr 1889 wieder den Zahlenwert für VERÄNDERUNG. Im Mai 1889 begibt sich Vincent in die Heilanstalt Saint-Paul-de-Mausole nach Saint-Rémy. Über die Art seines Leidens gehen die Meinungen weit auseinander, doch er wird zum klinischen Fall. Allerdings hält Vincent auch im Krankenhaus weiterhin Briefkontakt mit seinem Bruder Theo und seinen Künstlerkollegen. Obwohl sein Schaffen immer wieder durch die Krankheit unterbrochen wird, malt er während dieser Zeit eine Vielzahl von Bildern.

1890 taucht zum ersten Mal ein Zahlenwert im Schicksals-Code von Vincent van Gogh auf, der sich erst nach seinem Tod ein weiteres Mal zeigen soll. Es handelt sich um einen Wert, der auch in vielen anderen prominenten Biografien für ÖFFENTLICHKEIT steht. Zwischen September 1889 und April 1890 gelingt es Theo, Gemälde von seinem Bruder Vincent in drei namhaften Ausstellungen avantgardistischer Kunst zu platzieren. Damit erreicht der Maler erstmals eine breitere Öffentlichkeit. Die Reaktionen sind anerkennend und gipfeln in einem begeisterten Artikel in einer Kunstzeitschrift. Zudem wird auf einer der Ausstellungen Anfang 1890 ein Bild van Goghs verkauft – es handelt sich um den einzigen belegten Verkauf aus seiner reifen Periode.

Ein Jahr nach Krankheitsausbruch bekundet van Gogh den dringenden Wunsch, in den Norden zu reisen. Seinem Bruder Theo wird Dr. Paul Gachet empfohlen, ein Herzspezialist und Kunstsammler in Auvers-sur-Oise. Er kümmert sich in Auvers in kameradschaftlicher Fürsorge um Vincent. Trotz einschneidender gesundheitlicher Probleme zeigt van Goghs Schicksals-Code für diese Zeit die Werte für TRIUMPH und GLÜCK. Vincent verfällt in Auvers in einen wahren Schaffensrausch. In siebzig Tagen stellt er rund achtzig Gemälde und fast ebenso viele Zeichnungen fertig. Er malt zahlreiche Ansichten des Dorfes und der Felder in der Umgebung sowie Porträts einiger Bewohner, darunter auch das des Dr. Gachet und dessen Tochter. In seinem Schicksals-Code zeigt sich nun eine Zahl, die für ENDE steht.

Dieser Wert taucht bei Ereignissen wie Veränderungen, Abschieden und Trennungen auf, aber auch bei Todesfällen. So bei Leonardo da Vinci am 2. Mai 1519, als dieser im Alter von siebenundsechzig Jahren stirbt.

Vincent van Gogh jagt sich am 27. Juli 1890 eine Kugel in die Brust. Tödlich verwundet, kann er sich noch in sein Zimmer im Gasthof schleppen. Sein Bruder Theo trifft am 28. Juli bei ihm ein und ist zunächst noch optimistisch, dass Vincent überleben wird. Aber am frühen Morgen des 29. Juli 1890 stirbt Vincent van Gogh im Alter von siebenunddreißig Jahren.

Wie bereits zuvor erwähnt, berechnet der Computer nach Eingabe der Daten für den Schicksals-Code einen Zeitraum von hundert Lebensjahren. Achtzehn Jahre nach dem Tod von Vincent van Gogh taucht in den Berechnungen gleichzeitig der Wert ÖFFENTLICHKEIT und TRIUMPH auf.

Van Gogh wäre jetzt fünfundfünfzig Jahre alt gewesen. Er hätte erlebt, dass Helene Kröller-Müller in den Jahren 1908 und 1909 gleich vier seiner Werke kauft: Waldrand (Originaltitel: *Bosrand*), ein Sonnenblumen-Bild (Originaltitel: *Vier uitgebloeide zonnebloemen*), Der Säer (Originaltitel: *De zaaier*), und ein Stillleben mit Flasche und Zitronen (Originaltitel: *Mand met citroenen en een fles*). Die Sammlung wächst schnell an. Sie kauft Bilder bei Händlern in den Niederlanden, Belgien, Deutschland und Frankreich, und auch direkt in den Ateliers der Künstler, wie zum Beispiel bei Paul Signac. Aus ihrer Sammlung geht später das Kröller-Müller-Museum in Otterlo hervor, das heute, nach dem Van Gogh Museum in Amsterdam, den zweitgrößten Bestand an van-Gogh-Bildern besitzt. – Schade, dass Vincent van Gogh seinen eigenen Ruhm nicht mehr erleben konnte; der Zeitpunkt dafür stand bereits fest.

*

MARIE CURIE

Werfen wir nun einen Blick in das Leben von Marie Curie, einem Weltstar auf dem Gebiet der Wissenschaften. Sie war die erste Frau, die einen Nobelpreis bekam, und sie ist bis heute die erste und einzige Frau, die noch einen zweiten erhielt.

1903 bekommt die aus Polen stammende französische Physikerin und Chemikerin die zweifellos höchste Ehrung, die einem Wissenschaftler zuteil werden kann: Gemeinsam mit ihrem Mann Pierre Curie und mit Henri Becquerel wird ihr der Nobelpreis für Physik verliehen. 1911 erhält Marie Curie den Nobelpreis für Chemie, diesmal allein. Neben diesen außergewöhnlichen Erfolgen muss die leidenschaftliche Wissenschaftlerin in ihrem privaten Leben allerdings einige heftige Erschütterungen erfahren.

Marya Salomee Sklodowska wird am 7. November 1867 in Warschau als letztes von fünf Kindern geboren. Ihre Mutter erkrankt während der Schwangerschaft an Tuberkulose. Da diese Krankheit damals als unheilbar gilt, müssen Marya, ihre drei Schwestern und ihr Bruder mit zurückhaltender mütterlicher Zärtlichkeit aufwachsen. Aus Angst, ihre Kinder mit der Tuberkulose anzustecken, vermeidet die infizierte Mutter es, ihre Kinder zu küssen. Sicher keine einfache Zeit für die sensible Marya, denn über die Krankheit der Mutter wird innerhalb der Familie nicht offen gesprochen.

Ihr Vater wird wenige Monate nach ihrer Geburt Professor am Warschauer Jungengymnasium. Ihre Mutter hat bis dahin ein Mädchenpensionat geleitet, aber die neue Dienstwohnung ihres Mannes lässt keinen Raum für die Fortführung des Pensionats.

Polen leidet in dieser Zeit noch immer unter der russischen Fremdherrschaft; viele Positionen des öffentlichen Lebens sind mit russischen Beamten besetzt.

Im Herbst 1873 wird Maryas Vater, wohl als Folge jahrelanger Unstimmigkeiten mit dem russischen Direktor der Schule, aus seinem Amt entlassen. Deshalb entschließt er sich, eine kleine Pension einzurichten, in der er Schülern Privatunterricht geben kann.

Steigen wir hier, im Jahr 1876, in den Schicksals-Code von Marie Curie ein. In den Berechnungen taucht der Code für SCHOCK besonders häufig auf, das erste Mal 1876. Ihr Vater hat bereits einige Schüler bei sich aufgenommen. Plötzlich bricht bei einem seiner Schüler Typhus aus. Marya und ihre Schwestern Bronia und Sofia stecken sich an. Einige Wochen später verliert Marya zum ersten Mal in ihrem jungen Leben einen geliebten Menschen. Ihre Schwester Sofia überlebt die Typhuserkrankung nicht.

Zwei Jahre später, 1878, muss sich die Zehnjährige erneut von einem geliebten Menschen verabschieden. Die Mutter, eine der wohl wichtigsten Bezugspersonen im Leben eines zehnjährigen Mädchens, stirbt. Ihr Vater muss seine vier heranwachsenden Kinder nun allein aufziehen. Im Schicksals-Code von Marya zeigt sich für diesen Zeitraum eine Zahlenkombination, die für RÜCKZUG steht. Verschiedenen Quellen lässt sich entnehmen, dass Marya sich, trotz der Unruhe im häuslichen Umfeld, von nun an in ihre Bücher vertieft. Vielleicht kann sie sich so der oft trostlosen Wirklichkeit entziehen.

1883 taucht in Maryas Schicksals-Code der Wert für GLÜCK auf. Sie verlässt am 12. Juni 1883 als Jahrgangsbeste die Schule. Hat man mit einem solchen Ergebnis nicht allen Grund, glücklich zu sein? Doch Maryas gesundheitlicher Zustand ist alles andere als gut. Deshalb beschließt ihr Vater, sie zur Erholung für ein Jahr zu Verwandten aufs Land zu schicken.

Nach einer Zeit der völligen Sorglosigkeit kehrt sie im Herbst 1884 nach Warschau zurück. Die Pensionierung ihres Vaters rückt näher, und die Familie steht erneut vor einem wiederkehrenden Problem: Geldmangel. Marya und ihre Geschwister wollen als Nachhilfelehrer ihren Teil zur finanziellen Entlastung der Familie beitragen.

Trotz der strapaziösen und zeitaufwendigen Tätigkeit nimmt Marya an den Vorlesungen der Fliegenden Universität teil, einer freien, geheimen Bildungseinrichtung für Frauen, denen damals in Polen der Zugang zur Universität versperrt war.

Maryas Schwester Bronia hat nach dem Tod der Mutter die Rolle der Hausfrau in der Familie übernommen, aber ihr großer Traum ist ein Medizinstudium an der Sorbonne in Paris. Doch das Geld hierfür fehlt. Marya kann nicht mit ansehen, wie die Talente ihrer geliebten Schwester verkümmern. So beschließt sie, eine Anstellung als Gouvernante anzunehmen, um Bronia das Studium zu finanzieren. Nach Abschluss des Studiums sollen die Rollen getauscht werden und Marya mit Hilfe Bronias studieren.

Im Herbst 1885 tritt Marya ihren Dienst als Gouvernante bei einer Juristenfamilie in Warschau an, aber ihr Arbeitsverhältnis dort ist nicht von langer Dauer, denn sie fühlt sich in dieser Familie nicht wohl. In einem Brief an ihre Cousine Henriette beklagt sie die Dekadenz und Dummheit der Familie.

Im Oktober 1886 zeigt sich im Schicksals-Code von Marya der Code für LIEBE. Dieser Zahlenwert begünstigt in den Zeiträumen, in denen er auftaucht, romantische Begegnungen. Marya hat inzwischen eine neue Anstellung als Lehrerin auf einem großen Gut in einem kleinen Dorf und gibt, gemeinsam mit der Tochter des Gutsbesitzers, zusätzlich den Kindern der umliegenden Bauernhöfe Unterricht in Polnisch.

Kasimier, der Sohn der Familie, studiert in Warschau. In den

Ferien kommt er zu Besuch nach Hause und trifft dort auf die hübsche und ihm intellektuell ebenbürtige Hauslehrerin. Das Zeitfenster für LIEBE geht im Oktober auf. Kasimier und Marya verlieben sich ineinander, denken sogar ans Heiraten. Als Kasimier seine Eltern um Einverständnis bittet, setzen diese der Romanze ein Ende. Marya kommt als Braut für den Erben eines Gutshofes nicht in Frage.

Marya ist tief enttäuscht. Dennoch kann sie ihre Stellung nicht einfach verlassen, denn ihre Schwester Bronia, die mit ihrem Studium in Paris gut vorankommt, ist weiterhin auf ihre finanzielle Unterstützung angewiesen. So muss Marya noch mehr als zwei Jahre in dieser unerfreulichen Situation verbringen, bis 1889 ihr Dienstvertrag endlich endet.

Zu ihrer großen Freude bekommt sie nun eine Anstellung als Gouvernante bei einer sehr netten Familie in Warschau. Marya verliert nach und nach den Glauben daran, dass sie es jemals nach Paris schaffen wird, um dort zu studieren. Aber ihre Schwester Bronia macht ihr Mut und bittet sie, nun endlich zu ihr nach Paris zu kommen. Am 23. September 1891 stellt Marya ihrer Schwester Bronia in einem Brief die ultimative Frage, ob sie jetzt auch wirklich bereit sei, sie bei sich aufzunehmen.

Im Schicksals-Code taucht 1891 erst der Zahlenwert für TRIUMPH, dann der Wert für SCHOCK auf. Schon kurze Zeit nach dem Schriftwechsel ist der Augenblick des Triumphes da, von dem Marya so lange geträumt hat: Sie kann endlich nach Paris reisen und ihr Studium an der mathematisch-naturwissenschaftlichen Fakultät der Sorbonne beginnen. Marya immatrikuliert sich dort als Marie Sklodowska. Marie, wie sie sich nun nennt, ist fasziniert, unter den Professoren, darunter berühmte Wissenschaftler, ihre zukünftigen Lehrer wählen zu dürfen. Doch dann folgt die Ernüchterung – oder war es ein SCHOCK? Marie muss feststellen, dass ihr Wissensstand weit hinter dem der französischen Studienanfänger zurückliegt und ihre französischen Sprachkenntnisse nicht ausreichen.

Sie meistert die Herausforderung. Neben Vorlesungen in ihrem Hauptfach Physik hört sie Vorlesungen in Chemie und im Fach Mathematik, das sie besonders fasziniert. Sie beschließt, außer in Physik möglichst auch in Mathematik einen Abschluss zu machen. Um eins der damals von der Alexandrowitsch-Stiftung in Warschau an herausragende Studenten vergebenen Auslandsstipendien zu erhalten, vergräbt sie sich zunächst in ihre Studien der Physik. Denn nur, wenn sie in Physik überdurchschnittlich gut abschneidet, kann sie weiterhin in Paris bleiben und Mathematik studieren.

Im Sommer 1893 besteht Marie als Beste der Prüfungskandidaten ihr Physikstudium und erhält ein Stipendium, das ihr den weiteren Aufenthalt in Paris und ein Mathematikstudium ermöglicht.

Verfolgen wir den Schicksals-Code von Marie weiter. Im Jahr 1894, und über den Jahreswechsel hinweg auch im Jahr 1895, zeigt sich deutlich der Wert für LIEBE. Auf der Suche nach einem Labor, in dem sie vernünftig forschen kann, lernt Marie den französischen Wissenschaftler Pierre Curie kennen. Nach ihrer ersten Begegnung sind ihre Gesprächsthemen bald nicht mehr nur wissenschaftlicher Natur. Er stellt sie seinen Eltern vor, und sie empfängt ihn in ihrem Studentenzimmer. Marie bewundert diesen leidenschaftlichen Forscher von Anfang an.

Als Pierre Curie zum Professor ernannt wird, erhöht sich sein Gehalt; zwar nicht gravierend, aber so, dass der Lebensunterhalt auch für zwei Personen ausreichen würde. Nach der noch kurzen Zeit des Kennenlernens bittet er Marie, noch vor ihren Abschlussprüfungen in Mathematik, seine Frau zu werden. Aber Marie beantwortet Pierres Antrag mit einem klaren Nein! Sie hat vor drei Jahren ihre Heimat verlassen, um eine akademische Ausbildung zu machen, und sie hat ihr Ziel, nach dem Abschluss ihr Wissen in den Dienst Polens zu stellen, immer fest vor Augen. Pierre Curie ist Franzose, und sie kennt ihn erst seit kurzem.

Sie verlässt Paris und sucht in Warschau nach einer

Forschungstätigkeit. Doch sie findet nichts Geeignetes und kehrt wieder nach Paris zurück. Pierre umwirbt sie weiterhin, und am Ende siegt über alle Bedenken die Liebe: Am 26. Juli heiraten Marie Sklodowska und Pierre Curie auf dem Standesamt in Sceaux. Es folgen harmonische Tage, und Marie erhält die Erlaubnis, mit im Labor ihres Mannes zu forschen.

1887 wird ihre erste Tochter Irène geboren. Trotz der neuen Familiensituation stellt sich für Marie nie die Frage, nun ihre Ziele aufzugeben oder zu ändern. Noch im gleichen Jahr beginnt sie mit ihrer Dissertation und erhält die Doktorwürde.

Die Jahre 1887 bis 1903 sind mit Forschungsarbeiten ausgefüllt, die wenig Zeit für gesellschaftlichen Umgang lassen; die Curies haben sich ganz der Wissenschaft verschrieben. Pierre Curie unternimmt sogar einen Selbstversuch, um die Auswirkung der radioaktiven Strahlung auf den Menschen zu testen. Während der Experimente mit hochaktiven Stoffen erleidet nicht nur Pierre, sondern auch Marie Curie Verbrennungen. Die Hände der beiden Forscher weisen schmerzhafte Entzündungen auf, aber die Folgen der andauernden Einwirkung radioaktiver Strahlung werden sich bei Marie Curie erst Jahre später zeigen.

1903 ist das Jahr, in dem Marie und Pierre Curie der Durchbruch zu internationaler Berühmtheit und Anerkennung für ihre Pionierleistungen auf dem Gebiet der Radioaktivität gelingt. In den meisten Biografien zeigt sich bei einem solchen Durchbruch der TRIUMPH-Code oder der Wert für erhöhtes öffentliches Interesse. Stattdessen tauchen für das Jahr 1903 gleich drei Werte in einer ungewöhnlicher Kombination auf: VERLETZUNG und danach fast zeitgleich ENDE und ANFANG.

VERLETZUNG, diese seltene Zahlenfolge zeigt sich zum Beispiel auch in Jackie Kennedys Schicksalszahlen, als sie im August 1963, drei Monate vor dem Attentat auf ihren Mann, ihren Sohn Patrick zur Welt bringt. Das Baby kommt sechs Wochen zu früh und stirbt zwei Tage nach der Geburt. Auch Marie Curie ist im Sommer 1903 schwanger und erleidet eine Frühgeburt.

Das kleine Mädchen kommt scheinbar gesund zur Welt, stirbt aber wenig später.

Marie hatte sich das Kind sehnlichst gewünscht. Der Schmerz und die Trauer über den Verlust des Kindes überschatten auch das darauf folgende Ereignis: Im November 1903 verleiht die Royal Society Marie und Pierre Curie die höchste Auszeichnung Englands für Wissenschaftler, die Davy-Medaille. Marie kann aus gesundheitlichen Gründen nicht an der Preisverleihung teilnehmen.

Im Dezember erhalten Marie und Pierre gemeinsam mit Henri Becquerel den Nobelpreis für Physik. Für diesen Zeitraum lässt sich der Code für ANFANG nachweisen. Zum ersten Mal ist eine Frau Preisträgerin in dieser von Männern beherrschten Domäne. Die Feierlichkeiten in Stockholm müssen jedoch ohne das Ehepaar stattfinden, denn auch Pierre ist nicht in der gesundheitlichen Verfassung für eine so anstrengende Reise.

Die Auszeichnungen lassen die Curies über Nacht zu weltberühmten Persönlichkeiten werden. Ihr Privatleben, ihr Forscherdasein – alles wird jetzt von der Öffentlichkeit mit größtem Interesse verfolgt.

Ein Jahr danach, am 6. Dezember 1904, wird ihre Tochter Eve geboren.

Im Juni 1905 hält Pierre in ihrer beider Namen den noch ausstehenden Nobelpreis-Vortrag vor der Akademie der Wissenschaften in Stockholm. Nach wenigen Wochen gibt die Akademie der Wissenschaften in Paris den Namen ihres neuen Mitgliedes bekannt: Pierre Curie.

Wir nähern uns dem Frühjahr 1906. In den Schicksalszahlen von Marie taucht der SCHOCK-Code auf, gefolgt von ANFANG. Am 16. April 1906, einem regnerischen Tag, läuft Pierre Curie in Paris geradewegs in einen vorbeifahrenden Pferdewagen. Als der Kutscher die Pferde endlich zum Stehen bringen kann, hat ein Hinterrad bereits Pierres Kopf zertrümmert. Marie trauert zutiefst über den plötzlichen Verlust ihres geliebten Mannes und des Vaters ihrer Kinder.

Einen Monat nach dem tragischen Tod ihres Mannes wird ihr von der Sorbonne angeboten, die Nachfolge von Pierre anzutreten. Es ist 1906, und der Schicksals-Code zeigt den Wert für ZIEL an. Dieselbe Zahlenkombination findet sich in den Berechnungen zu Charles Darwin, dem Begründer der modernen Evolutionstheorie, für den Oktober 1825, als dieser mit dem Medizinstudium an der Universität Edinburgh beginnt.

Marie Curie wird im Mai außerordentliche Professorin. Sie ist die erste Frau, die einen Lehrauftrag an der Sorbonne hat. Nun kann sie die gemeinsam mit ihrem Mann begonnenen Arbeiten fortsetzen. Sie vergräbt sich in ihre Arbeit und setzt alles daran, reinstes Radium herzustellen. Im November 1906 hält sie ihre erste Vorlesung an der Sorbonne. Nach zweijähriger Tätigkeit wird Marie Curie zur ordentlichen Professorin ernannt. Dieses Ereignis beschäftigt schon Tage vorher die Presse. Marie ist inzwischen mit Auszeichnungen und Ehrungen aus aller Welt bedacht worden.

Dann kommt das Jahr 1911, in dem sich die Ereignisse für Marie überstürzen: Im November erhält Marie Curie die Nachricht, dass ihr der Nobelpreis für Chemie zuerkannt wurde. Da sie nun erneut im Rampenlicht der Öffentlichkeit steht, gerät jetzt auch ihre Affäre mit dem Wissenschaftler Paul Langevin über Nacht in die Schlagzeilen der Sensationspresse. Im Schicksals-Code von Marie ist das Zeitfenster für SCHOCK gleich zweimal geöffnet: Doppel-SCHOCK.

Mit Paul Langevin hatte sie, gemeinsam mit mehreren Professorenkollegen, in den Jahren 1907 bis 1909 eine Art experimentelle Privatschule gegründet. Schon bald verband Marie Curie und Paul Langevin eine mehr als freundschaftliche Beziehung. Langevin war schon vor längerer Zeit seiner unglücklichen Ehe entflohen, bewohnte ein eigenes Appartement und hatte die Scheidung eingereicht. Marie traf sich nicht nur häufig mit dem Kollegen und bedeutenden Physiker, sondern schrieb ihm auch Briefe.

Die Noch-Gattin von Paul Langevin, die jetzt mit den vier gemeinsamen Kindern allein ist, zögert nicht, Paul die Briefe von Marie zu entwenden und sie der Presse zu zuzuspielen. Am 4. November 1911 erscheint in der Zeitung Le Journal die Schlagzeile: »Eine Liebesgeschichte. Madame Curie und Professor Langevin«. Menschlich ist es perfide, journalistisch eine Story mit Garantie auf Sensation: Der Reporter fragt die Frau Langevins aus, und diese, blind vor Eifersucht, überschüttet »die andere«, die »Nebenbuhlerin«, mit Vorwürfen. Am nächsten Tag folgen die anderen Zeitungen. Die Schlagzeilen überschlagen sich. Aus Sicht der Presse ist es die beste Story, die Marie Curie ihnen jetzt liefern kann: Das verbunden mit der Nachricht, dass Marie Curie der Nobelpreis für Chemie zuerkannt wird. Was für ein Skandal! Erst als das Ehepaar Langevin einer außergerichtlichen Einigung zustimmt, glätten sich die Wogen.

Am 11. Dezember 1911 reist Marie mit ihrer Tochter und ihrer Schwester nach Stockholm, um ihren Nobelpreis-Vortrag vor der königlichen Akademie der Wissenschaften zu halten.

1912, nach dem Jahr des Doppel-SCHOCKS, noch einmal der SCHOCK-Code. Durch die Aufregungen der vorangegangenen Monate zermürbt und geschwächt, wird Marie am 29. Dezember wegen einer chronischen Harnleiterinfektion in eine Klinik eingeliefert. Erst als sich ihre Gemütsverfassung allmählich bessert, lassen die Fieberanfälle nach, und Marie kann Ende Januar 1912 nach Hause zurückkehren.

Neun Jahre später erneut der SCHOCK-Code: Marie Curie leidet unter Hör- und Sehstörungen.

1924 wieder SCHOCK. Nachdem sie bereits eine Augenoperation hinter sich hat, sind es 1924 gleich zwei Operationen, denen sie sich unterziehen muss.

1930 folgt ein weiteres Mal SCHOCK: die vierte und letzte Augenoperation.

Vier Jahre später, am 4. Juli 1934, stirbt die Wissenschaftlerin Marie Curie im Alter von siebenundsechzig Jahren während eines Sanatoriumsaufenthaltes in der Schweiz. Die ständigen Strahlenbelastungen während ihrer unzähligen Experimente, die ihr zu Weltruhm verhalfen, fordern ihren Tribut. Ihre Laborbücher sind noch heute hochgradig radioaktiv.

Marie Curie hatte zu ihren beiden Töchtern Irène und Eve trotz ihres großen wissenschaftlichen Engagements immer ein enges Verhältnis; sie war eine aufmerksame, fürsorgliche, unaufdringliche Mutter. Irène wurde eine hoch geachtete Physikerin, die 1935 mit ihrem Ehemann Frédéric Joliot-Curie für die Entdeckung der künstlichen Radioaktivität den Nobelpreis für Physik erhielt. Eve schrieb im Angedenken an ihre Mutter das Buch *Madame Curie.*

*

PROFESSOR KARIN WEBER

Die Lebensgeschichte von Marie Curie, der großen Wissenschaftlerin und doppelten Nobelpreisträgerin, inspirierte uns, den Schicksals-Code einer außergewöhnlichen Frau unserer Zeit zu berechnen: Professor Dr. Karin Weber.

Sie ist eine moderne Wissenschaftlerin und Pionierin in ihrem Fachgebiet. 1981 wurde sie als damals jüngste deutsche Frau zur Professorin an der Universität Siegen ernannt. Wir erzählten ihr von unserem Buchprojekt *Der Schicksals-Code,* von den Berechnungen und von unserer Absicht, ein Experiment mit ihr zu wagen. Wir baten sie um alle Daten, die zur Berechnung des Schicksals-Codes notwendig sind, und versprachen, ihr nach der Auswertung die Ergebnisse in einem persönlichen Gespräch zu präsentieren. Die spannende Frage lautete: Deuteten Zahlenwerte, die sich in ihrem Schicksals-Code zeigten, auf Ereignisse hin, die in ihrem Leben stattgefunden hatten?

Karin Weber sagte zu. »*Ein interessanter Versuch*«, meinte sie. »*Neben meiner wissenschaftlichen Forschungsarbeit bin ich immer neugierig, aufgeschlossen und offen für Experimente und Alternativen. Warum sollte ich es nicht auch in Bezug auf den Schicksals-Code sein? Wir können es gern versuchen.«*

Beginnen wir mit ihrer Geburt in Berlin im Jahr 1948. *»Mein Vater war bereits von Jena in Thüringen nach Frankfurt am Main gezogen. Dort wollten meine Eltern ein neues Leben beginnen. Meine Mutter machte sich vier Wochen vor der Niederkunft auf den Weg, um meinem Vater zu folgen. Niemand hatte damit gerechnet, dass ich zu früh auf die Welt kommen sollte, sozusagen während der Reise, zufällig in Berlin-Schöneberg. Eine Woche nach der Geburt wurde ich über die Luftbrücke mit einem Flugzeug aus Berlin ausgeflogen.«*

Die »Rosinenbomber« der Alliierten beliefern zu dieser Zeit die hungernde Bevölkerung Berlins mit Nahrungsmitteln. Sie werfen Care-Pakete aus der Luft ab. Die Bevölkerung ist zutiefst dankbar für diese lebensrettende Luftbrücke. Der acht Tage alte Säugling wird, auf Kartoffelsäcken schlafend, mit seiner Mutter von Berlin nach Wunstorf ausgeflogen. Wir zeigen Karin Weber den Schicksals-Code, der für diese erste Woche ihres Lebens den Wert für GLÜCK anzeigt.

Im Jahr 1961 wird die Mauer gebaut. Das inzwischen dreizehnjährige Mädchen verfolgt aufmerksam die Geschehnisse, besonders wenn die Nachrichten vom Mauerbau in ihrer Geburtsstadt Berlin berichten. An einem jener Tage greift sie spontan zu Stift und Papier. Sie schreibt General Clay einen persönlichen Brief. Während des Zweiten Weltkrieges war General Clay zum jüngsten General in der US-Armee aufgestiegen. 1945 wird er Eisenhowers Stellvertreter in der amerikanischen Besatzungszone. Während der im Juni 1948 beginnenden Berlin-Blockade setzt sich Clay für einen humanen Umgang mit den besiegten Deutschen ein. Er fordert einen festen Standpunkt der USA gegenüber Russland und initiiert die Berliner Luftbrücke.

»Aus dem jüngsten Luftbrücken-Passagier, der mit einem Rosinenbomber ausgeflogen wurde, ist inzwischen ein Teenager geworden«, beginnt sie ihren Brief an den General. Er endet mit einem sehr persönlichen

herzlichen Dank für diese Aktion an den »*Vater der Luftbrücke*«. Schon kurze Zeit später erhält die Dreizehnjährige eine Antwort. General Clay bekundet in seinem Brief, dass er sich sehr über ihr Lebenszeichen freue. »*I cannot tell you how much I enjoyed my letter from our ›youngest airlift passenger‹. Some day you will live in a world where all men are free and, I hope, then you will remember how freedom was kept alive in West Berlin ...*« Dieser Brief wird heute im Haus der Geschichte der Bundesrepublik Deutschland in Bonn ausgestellt.

Karin Weber besucht die Realschule, ist kreativ, musikalisch sehr begabt, sozial engagiert, aber dennoch eine eher mittelmäßige Schülerin. Sie will sich dem Ehrgeiz ihrer Eltern nicht unterwerfen. Dazu sagt sie: »*Ich habe mich erst entfaltet, als ich mich aus dem Elternhaus freigeschwommen hatte.*«

Wir weisen sie darauf hin, dass sich in den Berechnungen für Anfang 1963 der Code für romantische Gefühle zeigt. Sie ist erstaunt. »*Ja, das stimmt, meine erste Liebe. Ich war fünfzehn! Meine Eltern haben diese Liebe nicht gern gesehen, meinen Freund mit Argusaugen betrachtet. Dabei war es nur platonisch. Aber wie es bei Teenagern so ist, wir waren eben sehr verliebt. Seine Eltern hingegen haben uns jung Verliebten sehr viel Verständnis entgegengebracht, vor allem seine Mutter. Ich denke heute gern daran zurück.*«

Karin Weber berichtet in unserem Gespräch vom zweiten Bildungsweg nach Abschluss der Schule; von der nachfolgenden Erzieherausbildung von 1966 bis 1969, die sie in Vorbereitung auf ihr Studium absolviert und mit dem Notendurchschnitt 1,0 abschließt. »*Im Sommer 1971*«, so erzählt sie weiter, »*beendete ich eine weiterführende Fachlehrerausbildung (wieder mit besten Noten), die dann nahtlos in mein Universitätsstudium mündete.*«

Ihr Schicksals-Code zeigt für 1967 zunächst den Wert für LIEBE an, dann für 1969 den Wert für VERÄNDERUNG. »*1967? Ja, da habe ich meinen zukünftigen Mann getroffen.*« Erst ein Jahr später gehen die beiden eine Beziehung ein, 1969 folgt die Hochzeit. Gemeinsam mit ihrem Mann arbeitet sie an vielen Projekten, in der Beratungspraxis ihres Mannes ebenso wie im gemeinsamen Verlag.

Für diese Zeit, 1971, und die Zeit ihres Universitätsstudiums, 1974 bis 1977, ist GLÜCK ein prägnanter Code. Genauso beschreibt sie diese Zeit. Sie hat ihr Studium zielgerichtet vorangetrieben, um auch hier (*»mit Auszeichnung«*) wieder zu den Besten des Jahrgangs zu gehören. Die Promotion schließt sie mit magna cum laude ab.

Während des Studiums und der Zeit ihrer Promotion fährt sie beruflich mehrgleisig; so ist Karin Weber zum Beispiel Lehrbeauftragte an ihrer ehemaligen Ausbildungsstätte.

In ihrem ersten Jahr als Studienrätin trifft sie im Jahr 1978 auf einer Veranstaltung die damalige Staatsministerin im Auswärtigen Amt, Hildegard Hamm-Brücher. Diese spricht Karin auf ihre Dissertation zum Bildungsgesamtplan der Bund-Länder-Kommission mit den Worten an: »Haben Sie nicht ein Buch geschrieben über dieses Thema?« Nach kurzem Austausch bekennt Frau Hamm-Brücher, dass sie nach einer Mitarbeiterin wie ihr gesucht habe, und bittet Karin Weber, doch zu einem Gespräch ins Auswärtige Amt zu kommen. Im Sommer 1978 treffen sich die beiden Frauen und vereinbaren – nach Einwilligung des Bundesministers für auswärtige Angelegenheiten, Genscher – eine zweijährige Tätigkeit als Persönliche Referentin für Belange auswärtiger Kulturpolitik.

Karin Weber beginnt ihre von 1979 bis 1980 dauernde neue Aufgabe im Auswärtigen Amt in Bonn. Ihr Schicksals-Code zeigt für dieses Zeitfenster den Wert ANFANG. Eine junge, attraktive Frau als Seiteneinsteigerin in einer solchen Position im Auswärtigen Amt, wie reagiert die Umwelt? *»Es gab hier und da Anspielungen, sicher weil ich seinerzeit die jüngste Frau im höheren Dienst war, zudem als Seiteneinsteigerin, ohne zusätzliche Ausbildung im diplomatischen Dienst, und das auch noch ohne Beziehungen. Die Erklärung ist jedoch einfach: Zu der Zeit hatte ich mir bereits eine herausragende Fachkompetenz erworben; genau aus diesem Grund war Frau Hamm-Brücher auf mich aufmerksam geworden.«*

Mit Blick auf die Berechnungen ihres Schicksals-Codes zeigt

Karin Weber in unserem Gespräch auf einen hervorgehobenen Zahlenwert im Jahr 1980, dieser zeigt den Code für ENDE an. *»Hier gab es tatsächlich ein Ende, denn zu diesem Zeitpunkt wurde ich schweren Herzens von meiner großen Liebe, meinem ersten Mann, geschieden. Noch im selben Jahr begegnete ich meinem zweiten Mann.«*

Im Januar 1981 bekommt Karin Weber einen Ruf als Professorin an die Universität Siegen. Mit zweiunddreißig Jahren erhält die damals jüngste Professorin Deutschlands den Lehrstuhl Ästhetik und Kommunikation mit dem Schwerpunkt Bewegungskommunikation. Eine so junge Professorin, das bleibt auch der Presse nicht verborgen, und so werden während dieser Zeit viele Interview-Anfragen von Frauenzeitschriften an die neue Professorin gerichtet, die sie jedoch dankend ablehnt.

Der Wert ENDE geht 1981 direkt in einen neuen Wert über – LIEBE. Erneutes Erstaunen ihrerseits über die Präzision, mit der im Schicksals-Code bestimmten Ereignissen Zeiträume zugeordnet werden. 1981, als sie bereits an der Universität Siegen als Professorin tätig ist, heiratet sie ihren zweiten Mann, und noch im selben Jahr wird der Sohn geboren. Der Schicksals-Code zeigt zum Geburtszeitpunkt des Sohnes ein Zeitfenster für GLÜCK, es folgt jedoch ein SCHOCK. Wir fragen nach. *»Die Geburt meines Sohnes war für mich eine große emotionale Erfüllung«*, sagt Karin Weber, *»denn schon immer hatte ich mir Kinder gewünscht. Der* SCHOCK *ist ebenfalls zu erklären. Ich geriet in eine lebensbedrohliche Situation, ausgelöst durch Kindbettfieber.«*

Trotz der neuen Familiensituation stellt sich für Karin Weber nicht die Frage, ob sie nun ihre beruflichen Ziele, ihre Forschungsarbeit aufgeben oder ändern sollte.

Im Jahr 1983 gibt es in der Familie Weber erneuten Grund zu großer Freude: Die Tochter wird geboren. Im Gespräch gehen wir ein Jahr zurück, zu einem auffälligen Wert im Schicksals-Code, der im Jahr 1982 noch vor der Geburt der Tochter auftaucht: VERLETZUNG. Wir fragen, ob sie sich an ein entsprechendes Ereignis in diesem Zeitraum erinnern kann. Es folgt eine nachdenkliche Pause. Dann erzählt sie, dass sie zu jener Zeit schwanger war und sich sehr auf das Kind gefreut hatte, aber dann eine Fehlgeburt erlitt.

Es besteht für diese Phase eine ungewöhnliche Übereinstimmung mit zwei anderen Schicksals-Codes: Der Code für VERLETZUNG findet sich in identischer Form im Schicksals-Code von Jackie Kennedy. Im August 1963, drei Monate vor dem tödlichen Attentat auf ihren Mann, stirbt ihr Sohn zwei Tage nach der Geburt. Derselbe Code ist auch bei der Wissenschaftlerin Marie Curie im Sommer 1903 zu finden, als ihr Kind zu früh zur Welt kommt und nicht überlebt.

Im Schicksals-Code von Karin Weber sind, bis auf wenige SCHOCKS, die Zeitfenster für TRIUMPH auffällig lange geöffnet. So zum Beispiel im gesamten Frühjahr des Jahres 1985. »*Ich bin zu der Zeit auf ein Forschungsprojekt in Ungarn gestoßen, das mein ganzes Interesse geweckt hat, die so genannte ›konduktive Förderung‹ bei Kindern mit Behinderung. In Deutschland wird jede Therapie, jede Förderung von besonderen Kindern von vielerlei unterschiedlichen Fachleuten durchgeführt. Die ›konduktive Förderung‹ setzt im Gegensatz hierzu auf eine Person, die alle Aufgabenbereiche übernimmt: Pflege, Therapie und Erziehung, alles in einer Hand. Dieser Ansatz war auch für mich als Mutter überzeugend. Als Mutter gesunder Kinder weiß man aus eigener Erfahrung, wie wichtig es für kleine Kinder ist, möglichst wenige, aber feste Bezugspersonen zu haben. Abgesehen davon belegen internationale Forschungsarbeiten, wie unverzichtbar wichtig der Aufbau von so genannter Bindungssicherheit für die menschliche Entwicklung ist. Im System ›konduktiver Förderung‹ wird im Gegensatz zu ›additiven Therapien‹ auf vielfältige Therapien und Therapeuten verzichtet, denn dafür zahlt man möglicherweise einen Preis: Die wichtige Bindung zu wenigen Bezugspersonen wird aufgegeben. In Ungarn hat das Kind nur eine ›Konduktorin‹, die als neue Bezugsperson hinzukommt. Ich bin 1985 nach Ungarn gereist, um diese komplexe Förderung wissenschaftlich einzuschätzen, und war schnell entschlossen, nicht wie die weisen Affen – nichts sehen, nichts hören, nichts sagen – meine Entdeckung deutschen*

Fachleuten weiter vorzuenthalten. Mein Ziel war, dieses Konzept nach Deutschland zu holen. Mir war aber auch bewusst, dass ich mit einem solchen Konzept in unserem ›Viel-Therapien-System‹ gegen den Strom schwimme, eine Durchsetzung nicht einfach werden würde.«

Trotz all dieser positiven Ereignisse zeigt der Schicksals-Code für das Jahr 1987 noch einmal den Wert für SCHOCK in der Kombination mit dem Wert für ENDE. Professor Karin Weber kann den Wert auch diesmal einem Ereignis zuordnen. *»Das war eine sehr schwierige Phase, denn das Institut in Ungarn, mit dem ich kooperieren wollte, verlangte für diese Kooperation zu viel Geld. Die umfangreichen Vorbereitungen meiner Forschungsarbeit waren plötzlich in Frage gestellt. Das war für mich damals ein richtiger Schock, aber gleichzeitig auch eine starke Motivation. Ich habe das Projekt nach vielen Widerständen dann auf den Weg bringen können. Erst Ende der achtziger Jahre bekam ich mit finanzieller Unterstützung der Bundesregierung den Auftrag für ein umfangreiches Forschungsprojekt mit klinischem Modellversuch genehmigt, um die konduktive Förderung auf deutschem Boden mit deutschen Kindern wissenschaftlich zu untersuchen. Das war ein Meilenstein für meine Forschungsarbeit.«*

Für Ende der achtziger und Anfang der neunziger Jahre taucht immer wieder der GLÜCKS-Code auf. Jahre, in denen für Karin Weber ein großes Projekt auf das nächste folgte. *»Ich habe viel zu diesem Thema publiziert, damit es bekannt wird.«*

Wir machen sie auf das Jahr 1994 aufmerksam. Dort taucht die Zahl für ÖFFENTLICHKEIT auf. *»Ach ja«*, erinnert sie sich, *»meine Forschungsarbeiten! Die Projekte erfuhren zu der Zeit eine große Verbreitung. Auch die öffentlichen Medien zeigten immer wieder großes Interesse. Elternvereine und Selbsthilfegruppen hatten sich etabliert. Hunderte von Eltern suchten zu der Zeit den persönlichen Kontakt zu mir, um mehr über die ›konduktive Förderung‹ für ihr besonderes Kind zu erfahren. Dies zeigte und bewies mir, wie wichtig und richtig es war, das deutsche Hilfssystem auf diesem Gebiet zu ergänzen und zu erweitern.«*

Beruflich geht es in Karin Webers Leben stetig aufwärts, es gibt neben Forschung und Lehre immer neue Aufgabenbereiche:

Dekanin, Prodekanin, Mitglied des Senats und viele weitere Aufgaben in der akademischen Selbstverwaltung.

Mitte des Jahres 1999 taucht der SCHOCK-Code auf, gefolgt von ANFANG. In diesen Zeitraum fällt die Trennung von ihrem Mann, ein Neuanfang für sie und die Kinder.

2003 findet sich in den Berechnungen der Code für BEFREIUNG. In diesem Jahr wird nach langwierigen Verhandlungen die Scheidung vollzogen.

Es folgt eine lange Strecke, in der immer wieder der GLÜCKS-Code zu erkennen ist. Ihre sechsbändige Buchreihe zum System konduktiver Förderung und zur Rehabilitation findet national und international große Beachtung. Auch unterstützt sie wissenschaftlich Folgeprojekte in Köln, München und Weimar, die erneut die Vorteile des Konzeptes nachweisen können, und begleitet wissenschaftlich ein großes dreijähriges EU-Projekt, an dem sich Österreich, England, Norwegen und Deutschland beteiligen. Die Verbreitung des konduktiven Systems schreitet in vielen anderen Ländern ständig voran. In über fünfzig Ländern wie den USA, Japan, Großbritannien, Israel, Spanien, Norwegen, Österreich und Ungarn werden Bachelor-Studiengänge eingerichtet. Damit findet Professor Weber ihre langjährige Forschungsarbeit bestätigt. In aller Welt wird sie von Fachkollegen immer wieder zu Vorträgen eingeladen und dort mit offenen Armen empfangen. Nur in Deutschland tut man sich immer noch schwer mit diesem Konzept.

Ich bedanke mich bei Professor Karin Weber für ihre Zeit, für dieses offene Gespräch und für ihre Aufgeschlossenheit gegenüber dem Thema Schicksals-Code. Dann bitten wir sie um eine Schlussbemerkung zu unserem Experiment.

»*Mein persönliches Fazit: Zwar ist für mich das Errechnen eines Schicksals-Codes höhere Mathematik und ein Buch mit sieben Siegeln. Die Jüngste in wichtigen Lebensetappen gewesen zu sein, bedeutet für mich weniger Verdienst als Gnade. Heute als Lebensältere betrachte ich dieses Phänomen dankbar als Glück, dadurch manches früher als andere erleben zu dürfen, und hoffe, dass es dazu beitragen möge, im Alter weise zu werden. Gern habe ich mich dem Experiment gestellt und bin überrascht, welch hohe Korrelation sich zu tatsächlichen Lebensereignissen zeigt. Auch die Parallelität zu Ereignissen, die andere von Ihnen erwähnte Persönlichkeiten erlebten, ist schon verblüffend. Es würde mich freuen, wenn es Ihnen gelänge, den Schicksals-Code langfristig auch wissenschaftlich zu untermauern.«*

*

WOLFGANG AMADEUS MOZART

»Wolfgang Amadeus Mozart – der Superstar der klassischen Musik!« So oder ähnlich würden seine öffentlichen Auftritte wohl in der heutigen Zeit angekündigt werden. Es gibt kaum einen anderen Komponisten, der so vielseitig war wie Mozart. Er beherrschte Leichtigkeit und Eleganz ebenso wie geistige Tiefe und Dramatik. Neben äußerst komplexen Stücken überraschte er immer wieder mit eingängigen Melodien.

Die Karriere von Mozart weist einige Parallelen zur beruflichen Laufbahn heutiger Stars auf. Der junge Mozart macht als Wunderkind auf sich aufmerksam, kann schon in frühester Kindheit Triumphe feiern. Er absolviert lange Tourneen und ist immer wieder auf Reisen, um seine Musik auch international bekannt zu machen. Heute ist der Vertrag mit einer Plattenfirma eines der wichtigsten Ziele für einen Künstler, zu Zeiten Mozarts war es die Festanstellung an einem Hof. Sie sicherte dem Künstler ein festes Einkommen, aber dafür musste er Einschränkungen seiner künstlerischen Freiheiten hinnehmen. Popularität kann Neid und Missgunst hervorrufen; auch das muss Wolfgang Amadeus Mozart erfahren. Auf seinem Weg vom Wunderkind zum Komponisten muss er Rückschläge und Enttäuschungen hinnehmen.

Würden wir nun versuchen, längere Strecken seines Lebens, seines Schaffens detailliert nachzuzeichnen, wären schnell mehrere Bücher gefüllt. Trotz des regen Briefwechsels von Vater

Leopold Mozart mit Lorenz Hagenauer, dem engen Freund der Familie, und später dann zwischen Vater und Sohn, bleiben jedoch biografische Lücken. Bereits kurz nach seinem Tod wurde damit begonnen, Tatsachen zu verfälschen und persönliche Briefe zu vernichten. Deshalb beschränken wir uns darauf, dokumentierte Ereignisse zu beleuchten, die in den Berechnungen des Schicksals-Codes besondere Stationen seines Lebens kennzeichnen.

Am 27. Januar 1756 bringt Anna Maria Walburga Mozart das siebte Kind in ihrer Ehe mit dem Violinisten und Kammermusiker Leopold Mozart in Salzburg zur Welt: Johannes Chrysostomus Wolfgangus Theophilus. Fünf Kinder aus der Ehe sterben im Säuglingsalter, nur das Wolfgangerl, wie er bald genannt wird, und seine viereinhalb Jahre ältere Schwester Maria Anna, das Nannerl, überleben.

Im Hause der Mozarts wird ständig musiziert; die Musikerkollegen des Vaters gehen ein und aus. Wenn Leopold abends noch mit den Musikern zusammensitzt, steht die Musik im Vordergrund ihrer Gespräche. Der kleine Wolfgang wird schon früh neugierig, was den Vater, die Schwester und alle, die ins Haus kommen, so fasziniert.

Bereits im Jahr 1759 taucht in den Berechnungen seines Schicksals-Codes die Zahlenkombination für TRIUMPH auf. Mozart ist zu diesem Zeitpunkt erst drei Jahre alt, aber er sucht am Klavier bereits Terzen zusammen und erfreut sich an der Schönheit ihres Klangs. Seine frühkindlichen musikalischen Experimente zeigen möglicherweise schon den Durchbruch seines außergewöhnlichen Genies. Kurze Zeit später beginnt Vater Leopold, neben seiner Tochter Anna Maria auch seinen Sohn im Klavierspielen zu unterrichten. Der Vierjährige lernt bereits im Laufe eines Jahres, etwa zwölf kleine Klavierstücke vorzutragen.

Zum Freundeskreis der Mozarts zählt auch der Hoftrompeter Johann A. Schachtner, dem es großes Vergnügen bereitet, mit dem kleinen Jungen zu musizieren. Als Wolfgang bei einem gemeinsamen Spiel äußert, Schachtners Geige sei um einen halben Viertelton tiefer als seine eigene, attestiert dieser dem Vierjährigen ein absolutes Gehör.

Mozart ist keine fünf Jahre alt, als er zwei längere Stücke jeweils in einer halben Stunde erlernt. Mit fünf komponiert er seine ersten Stücke, das heißt, er erfindet sie auf dem Klavier. Wolfgang spielt Geige, ohne Unterricht genommen zu haben, und er ist siebeneinhalb Jahre alt, als sich herausstellt, dass er auch die Orgel mitsamt Pedal spielen kann. Er gilt als musikalisches Wunderkind.

Sein Drang, alles zu erlernen, was er nur sieht, beschränkt sich aber keineswegs nur auf die Musik. Laut Aussagen seiner Schwester Nannerl zeigte er vielseitige Interessen und war auch im Zeichnen und Rechnen besonders geschickt. Der Freund der Familie, Johann A. Schachtner, bestätigt, wie Georg Knepler in *Wolfgang Amadé Mozart* dokumentiert, die Vielseitigkeit von Wolfgangs Talent: »Er [Mozart in seiner Kindheit] war voll Feuer, seine Neigung hing jedem Gegenstand sehr leicht an … es war ihm fast einerlei, was man ihm zu lernen gab, er wollte nur lernen … zum Beispiel als er rechnen lernte, war Tisch, Sessel, Wände, ja sogar der Fußboden voll Ziffern mit Kreide überschrieben.«

Mozart ist keine fünf, da zeigt sich das erste Mal der Code ÖFFENTLICHKEIT. Es ist 1761, und in Salzburg wird das Schuldrama *Sigismundu, Hungariae Rex* von Johann Ernst Eberlin aufgeführt. Mozart begeistert die Zuschauer nicht etwa am Klavier, sondern er wirkt in diesem Stück als kleiner Tänzer mit.

Im Jahr 1762 zeigen die Auswertungen des Codes erneut einen Wert, der häufig zeitgleich mit öffentlichem Interesse auftritt. Die zwei überaus begabten Kinder, Wolfgang und seine Schwester Nannerl, erhalten eine Einladung an den Hof Maria Theresias in Wien. Wolfgang ist die Attraktion und die kaiserliche Familie so begeistert, dass er in der Woche darauf erneut ins Schloss eingeladen wird.

Die Aufenthalte in München und in Wien sind für die Mozarts der Auftakt für große, durch die Kulturnationen Europas führende Konzertreisen. Die Kinder, so die Vorstellung von Vater Leopold, sollen nun der gehobene Musik liebenden Gesellschaft vorgestellt werden. Das ehrgeizige Ziel besteht darin, aus Wolfgang und seiner Schwester Nannerl berühmte Virtuosen zu machen. Die Konzertreisen, die Leopold plant, sind gut vorbereitet, aber sehr strapaziös. Die langen Fahrten in unbequemen Kutschen, die Übernachtungen in wenig geheizten Gasthöfen, das Probespiel in kalten Sälen und die Konzerte bis in die Nacht hinein sind später möglicherweise mitverantwortlich für die labile Gesundheit von Mozart, vielleicht sogar für seinen frühen Tod.

Mozarts Schicksals-Code zeigt auf zwei Zyklen gleichzeitig ANFANG, als die Familie im Sommer 1763 zu einer dreieinhalbjährigen Westeuropareise aufbricht. Während dieser langen Reisezeit tauchen im Schicksals-Code immer wieder zwei prägnante Codes auf: ANFANG und ÖFFENTLICHKEIT. Die erste Station der Mozarts ist Deutschland, es folgt Brüssel und dann Paris. Nachdem die Familie bereits sechs Wochen in Paris weilt, trifft die Einladung an den Hof König Ludwigs XV. ein. Am 24. Dezember 1763 fahren die Mozarts in Versailles ein und nehmen am Heiligen Abend an der königlichen Christmesse teil. Eine Woche später werden sie zum Neujahrsessen am Hofe geladen, bei dem auch die Geliebte des Königs, die Marquise de Pompadour, mit an der prunkvollen Tafel sitzt. Anschließend treten die beiden Wunderkinder in einem Konzert auf und werden von der begeisterten Aristokratie mit Geschenken überhäuft. Im Frühjahr 1764 geht die Reise weiter nach England und führt dann zurück über Holland, Belgien, Frankreich und die Schweiz nach Salzburg, wo die Familie am 29. November 1766 eintrifft.

1767 machen sich die Mozarts nach Wien auf. Dort bricht zu dieser Zeit eine katastrophale Blatternepidemie aus, von der auch drei Kinder ihres Zimmerwirts nicht verschont bleiben.

Der älteste Sohn der Wirtsleute hat die Krankheit zwar gerade überstanden, aber die Mozarts erfahren erst bei ihrer Ankunft davon. Um ihre Kinder zu schützen, reisen sie so schnell wie möglich nach Brünn weiter und von dort nach Olmütz. Doch zu spät. Wolfgang und auch Nannerl haben sich bereits mit der heimtückischen Krankheit infiziert.

Der Schicksals-Code zeigt hier eine Erschütterung: SCHOCK! Derselbe Code findet sich in den Berechnungen zur Lebensgeschichte der Nobelpreisträgerin Marie Curie im Jahr 1876. Auch hier steht er in Verbindung mit einer schweren Krankheit. Marie und ihre Schwester Bronia stecken sich bei einem Schüler des Vaters mit Typhus an.

Die beiden schwerkranken Mozart-Geschwister erholen sich nur langsam von den Blattern. Nach ihrer Genesung kehren die Mozarts nach Wien zurück. Kaiserin Maria Theresia wurde bereits von der schweren Krankheit der Wunderkinder unterrichtet.

Die Kaiserin lädt die Familie Mozart in den engen Kreis der kaiserlichen Familie ein, ist voller Anteilnahme und Mitgefühl für die von der Krankheit noch geschwächten Kinder. Vor der Musikszene Wiens kann so ein vertrauter Kaiserbesuch natürlich nicht geheim gehalten werden.

In der Zeit von Februar bis September 1768 zeigt sich nun zum ersten Mal in den Berechnungen zu Wolfgang Amadeus Mozart der Wert für SCHWÄCHE. Dieser Code findet sich auffallend häufig im Zusammenhang mit Ereignissen wie Intrigen, Verrat und Verstrickungen. Tauchen wir deshalb ein wenig tiefer in diesen Zeitraum ein.

Mozart ist inzwischen zwölf Jahre, sein kindlicher Charme verblasst allmählich. Bislang haben alle die musikalisch-technischen Fähigkeiten des kleinen Genies bewundert. Nun will der heranwachsende junge Mann seine kompositorischen Qualitäten unter Beweis stellen. Sollte er sich auf diesem Gebiet als ebenso brillant erweisen, dann wird er für die in Wien ansässigen

Musiker zur ernsthaften Konkurrenz. Viele in der Künstlerriege beginnen sich deshalb vehement gegen die Günstlinge der Kaiserin zu stellen. Die Komponistenkollegen sprechen Mozart seine genialen Fähigkeiten ab und boykottieren die Auftritte des jungen Künstlers.

Vater Leopold versucht gegenzusteuern, will das Publikum überzeugen. Aus diesem Grunde soll Mozart eine »Opera fürs Theater« schreiben. Ideenlieferant dazu ist Kaiser Joseph II. selbst. Die kaiserliche Order wird an den Impressario der renommiertesten Theater Wiens und wohl einflussreichsten Theaterdirektor, Guiseppe Affligio, weitergeleitet. Also macht sich Mozart im April 1767 an die Arbeit. Doch zur Demonstration des auch kompositorisch außergewöhnlichen Talents von Wolfgang soll es in Wien nicht kommen. Noch immer zeigt der Schicksals-Code den Wert für Verrat und Verstrickungen: SCHWÄCHE. Trotz der Vertragszusage verhindern Intrigen die Aufführung dieser nahezu fünfstündigen *Opera buffa Finta semplice*. Einflussreiche Gegenspieler haben sich inzwischen formiert, und Guiseppe Affligio sieht, dass die Situation der Mozarts in Wien aussichtslos wird. Mozarts Vater ist verzweifelt: keine Aufführung der Oper – kein Honorar. Ein schwacher Trost ist dann am 1. Mai 1769 die Salzburger Uraufführung der *Finta semplice*.

Nach der ernüchternden Erfahrung in Wien nimmt Vater Leopold die Planung einer neuen Reise in Angriff: Italien, eine in ganz Europa geschätzte Musiknation. Auch diese Reise dient dem Ziel, dem jungen Wolfgang einen Einblick in das kompositorische Schaffen anderer Künstler zu geben. Außerdem soll Wolfgangs angeschlagenes Selbstbewusstsein durch neue Erfolge gestärkt werden. Im Dezember 1769 brechen Vater und Sohn auf. Für die Zeit dieser Italienreise von Dezember 1769 bis März 1771 gibt es wieder eine Zahlenkombination, die herausragend ist: TRIUMPH.

Dieser soll sich schon am 5. Juli 1770 zeigen. Kardinalsstaatssekretär Lazzaro Opizio Pallavicini im römischen Quirinal übergibt dem vierzehnjährigen Mozart die Insignien des Ordens *Vom goldenen Sporn*, der ihm von Papst Clemens XIV. verliehen worden war. Der Papst überreicht ihm das Kreuz *la Croce dello Speron d'oro* nicht persönlich; zur Audienz erscheint Mozart bereits als Ordensgeschmückter. Ritter von Mozart, diesen Titel setzt er später äußerst selten ein. Es scheint, als habe er darauf keinen Wert gelegt.

Wir begeben uns weiter in das Jahr 1771. In den Berechnungen zeigt sich der SCHOCK-Code. Mozart ist gerade nach Salzburg zurückgekehrt. Einen Tag nach seiner Ankunft, am 16. Dezember 1771, stirbt sein Gönner, der Fürstbischof Sigismund III. Christoph von Schrattenbach. Dieser hatte Vater und Sohn Mozart als Musiker in der erzbischöflichen Hofkapelle angestellt.

Für die feierliche Amtseinführung des neuen Landesfürsten Hieronymus Graf Colleredo, mit dem er sich später überwerfen wird, komponiert Mozart *Il sogno di Scipione*. Im August desselben Jahres wird Mozart zum fest angestellten Konzertmeister seines neuen Landesfürsten ernannt. Im Oktober 1772 begeben sich Vater und Sohn Mozart auf die dritte Italienreise, die bis März 1773 dauern soll.

Machen wir nun einen Zeitsprung zum Jahr 1777. Mozart ist inzwischen volljährig, ein junger Mann von einundzwanzig Jahren, der bereits auf eine große Anzahl musikalischer Werke zurückblicken kann. Wolfgang möchte wieder reisen, aber Fürsterzbischof Colloredo verweigert eine erneute Repräsentationsreise seines Konzertmeisters. Daraufhin kündigt Mozart kurzerhand seine feste Stellung. Der Erzbischof zögert nicht lange und entlässt Vater Leopold gleich mit.

Wenige Wochen später sitzt der Vater allerdings wieder auf seinem Vizekapellmeisterstuhl in Diensten des Landesfürsten. Der Schicksals-Code zeigt nun TRIUMPH und NEUANFANG. In der Tat beginnt jetzt ein neuer Lebensabschnitt für Mozart, ein Wendepunkt, denn diese Reise soll seine erste ohne Begleitung des Vaters werden. Vater Leopold hat bisher alle Fäden für den jungen Wolfgang in der Hand gehalten. Durch seine Wiedereinstellung als Vizekapellmeister ist es ihm aber nicht möglich, mit seinem Sohn zu reisen. Deshalb wird beschlossen, dass Mutter Maria Anna mit ihrem Sohn nach Deutschland fahren soll. Eine gute Gelegenheit für den Einundzwanzigjährigen, seine Eigenständigkeit unter Beweis stellen zu können.

Froh, aus Salzburg weg zu sein, hat es Mozart nun auf einen der heiß begehrten Posten am Münchner Hof abgesehen. Doch es gelingt ihm nicht, eine Anstellung in München zu bekommen, und auch an den Höfen in Mannheim und Mainz hat er keinen Erfolg. Mannheim besitzt ein ausgezeichnetes Orchester, und Mozart überlegt, sich mit dreien der besten Musiker, dem Flötisten Wendling, dem Fagottisten Ritter und dem Oboisten Ramm zusammenzutun und nach Paris zu reisen. Mit Mozarts Kompositionen will man dort Konzerte geben. Keine schlechte Idee, so beurteilt auch der Vater den Plan seines Sohnes wohlwollend. Aber es kommt alles anders, denn Wolfgangs junge Selbstständigkeit zeigt sich von einer bis dato unbekannten Seite. In einem Zeitraum, in dem der Schicksals-Code ein Zeitfenster für romantische Gefühle ausweist, verliebt sich Mozart in die hochbegabte Sängerin und Musikerin Aloysia Weber.

Als Mozart seinem Vater die Liebe zu Aloysia gesteht, hat dieser zunächst keine Einwände. Wolfgang verwirft nun sein ursprüngliches Vorhaben, mit den Mannheimer Musikfreunden nach Paris zu gehen. Stattdessen plant er, mit Aloysia, ihrem Vater und ihrer älteren Schwester Josephia das Glück in Italien zu suchen. Er ist am künstlerischen Fortkommen von Aloysia interessiert, will sie der Kunstwelt vorstellen. Diese Pläne passen seinem Vater Leopold überhaupt nicht, er will seinen Sohn umgehend nach Paris schicken. Leopold schreibt wütende Briefe, dass sein Sohn nur noch Aloysia im Kopf habe, und sieht Wolfgangs Karriere gefährdet. Gemeinsam mit seiner Frau befiehlt er: »Fort mit dir nach Paris.«

Mozart ist voll Sorge, die geliebte Aloysia zu verlieren, aber er gehorcht. Am 23. März 1778 trifft Wolfgang in Begleitung seiner Mutter in Paris ein. Die finanzielle Situation lässt nur ein dürftiges Quartier zu. Mozart versucht, die immer leerer werdende Reisekasse durch Privatakademien, Klavierstunden und öffentliche Konzerte aufzufüllen, aber es hilft alles nichts. Aus Ersparnisgründen werden die Gastzimmer immer karger. Wolfgang vermisst die Begeisterung, die ihm 1763 als Wunderkind in Paris entgegenschlug. Jetzt ist er nur einer von vielen, die in Paris den Erfolg suchen.

Das Jahr 1778 zeigt in den Berechnungen für Mai bis September die Zahlenkombination SCHOCK. Anfang April 1778 beginnt die Mutter immer mehr unter den Umständen zu leiden. Sie klagt über Kopf-, Zahn- und Ohrenschmerzen, aber auch die Vereinsamung setzt ihr zu. Mitte Juni verschlechtert sich ihr Zustand dramatisch, sie wird bettlägerig. Der Arzt wird gerufen, aber es ist zu spät. Anna Maria stirbt am 3. Juli 1778. Mozart setzt zunächst lediglich den Freund seines Vaters, Abbé Bullinger, über den Tod der Mutter in Kenntnis. Er traut sich nicht, seinen Vater und seine Schwester in Salzburg persönlich von der Tragödie zu unterrichten.

Aus Sehnsucht nach Aloysia reist er über Mannheim nach München. Dort findet Wolfgang Trost bei der Familie Weber, aber Aloysia, inzwischen zur erfolgreichen Primadonna avanciert, zeigt dem stellungslosen Musiker die kalte Schulter.

Fassen wir die erschütternde Ereigniskette des Jahres 1778, die zeitgleich mit dem SCHOCK-Code auftritt, noch einmal zusammen: Mozart hat größere Unstimmigkeiten mit dem Vater, sein Glanz als Wunderkind verblasst, die neue Karriere als nun erwachsener Komponist kommt nicht recht in Gang, die finanziellen Probleme werden unerträglich, die Mutter stirbt, während sie allein mit ihrem Sohn unterwegs ist, seine erst große Liebe Aloysia will nichts mehr von ihm wissen.

Verzweifelt kehrt Mozart Mitte Januar 1779 nach Salzburg

zurück. Wolfgang und Vater Leopold nähern sich wieder an. Der Vater hatte alles darangesetzt, für seinen Sohn eine Versöhnung mit dem Fürsterzbischof Colloredo herbeizuführen. Dieser empfängt den jungen Rumtreiber kühl und reserviert und gibt ihm auch nicht seine Stelle als Konzertmeister zurück, sondern stellt ihn als Hoforganisten ein.

Im Sommer 1780 erhält Mozart vom Mannheimer Kurfürsten Karl Theodor den Auftrag, die Musik zu der Oper *Idomeneo* zu komponieren. Anfang November reist Mozart nach München, um die Inszenierung und den Probenablauf zu besprechen. Zur Premiere im neuen kurfürstlichen Opernhaus reisen im Januar auch Vater, Schwester und Freunde an. Mozart wird gefeiert, die Aufführung ein grandioser Erfolg. Nach diesem Triumph fällt ihm der Abschied aus München schwer. Mozart bleibt länger als geplant. Das entgeht auch seinem Dienstherren, dem Erzbischof Colloredo, nicht. Mozart bekommt die Order, unverzüglich nach Wien zu kommen.

Missmutig folgt er dem Befehl und tritt seinen Dienst als Hoforganist wieder an. Dort muss er gemeinsam mit dem Hofstaat des Erzbischofs ein Quartier beziehen, wird wieder mit der Dienerschaft auf eine Stufe gestellt. Während sich die Adelshäuser um seine Auftritte reißen, pocht Erzbischof Colloredo immer wieder darauf, dass Mozart seine Dienstverpflichtungen als Hoforganist einzuhalten hat. Der lehnt sich zunehmend gegen den Erzbischof auf, bis es zum endgültigen Bruch kommt.

BEFREIUNG und ANFANG sind die Zahlenkombinationen, die der Schicksals-Code zu diesem Zeitpunkt zeigt. Als Erzbischof Colloredo Ende April 1781 mit seinen Musikern nach Salzburg zurückreisen will, macht Mozart keine Anstalten, diesem Befehl zu folgen. Nach einer heftigen Auseinandersetzung weist Colloredo ihm die Tür. Mozart kündigt.

Nun ist er frei und bleibt in Wien. Er wohnt eine Zeit bei der Familie Weber, die mittlerweile von Mannheim nach Wien gezogen ist. Tochter Aloysia, die Mozarts Liebe zurückgewiesen hat, ist inzwischen mit einem Hofschauspieler verheiratet. Wolfgang gibt nun Webers Tochter Constanze Klavierunterricht und entwickelt eine große Zuneigung zu ihr. Als sich die Gerüchte über eine Verbindung der beiden in Wien häufen, schreitet Mozarts Vater aus der Ferne ein. Er rät seinem Sohn, bei den Webers auszuziehen. Doch auch nach dem Wohnungswechsel bleibt Mozart in Constanzes Nähe: Er quartiert sich »um die Ecke« ein.

Obwohl Mozart in den Briefen an seinen Vater um dessen Einverständnis für die Heirat bittet, wie es zu dieser Zeit üblich ist, sieht die Realität vor Ort ein wenig anders aus. Er hat bereits einen Ehekontrakt mit Constanze unterschrieben, der ihn dazu verpflichtet, sie innerhalb von drei Jahren zu heiraten; andernfalls muss er sie mit einer größeren jährlichen Summe abfinden. Dieses schriftliche Eheversprechen dient auch dazu, der Wiener Gerüchteküche ein Ende zu bereiten.

Vater Leopold lässt sich mit seinem Einverständnis Zeit – schon einmal hat eine Weber'sche Tochter seinen Sohn, für den er sich durchaus noch eine bessere Partie vorstellen kann, von der Karriere abgelenkt. Als den Vater über Umwege das Gerücht vom Ehekontrakt mit Constanze erreicht, fühlt er sich hintergangen.

Am 4. August 1782 heiratet Wolfgang Amadeus Mozart seine Constanze in der Stephanskirche. Das Paar wartet weitere Reaktionen Leopolds nicht mehr ab, und die Trauung findet ohne Schwester Nannerl und ohne Vater Leopold statt.

Constanze teilt von nun an das unruhige und aufreibende Leben ihres Mannes, der stolz auf seine junge und liebenswerte Frau ist. Das anfangs gespannte Verhältnis zu Vater und Schwester lockert sich immer mehr; man möchte sich nun gegenseitig besuchen. Aber inzwischen kündigt sich bei den Mozarts Nachwuchs an, und alle Reisepläne werden verschoben. Am 17. Juni 1783 erblickt das erste Kind, Raimund Leopold, das Licht der Welt.

Den Mozarts kommt jede Verschiebung der Reise nach Salzburg gelegen. Constanze fürchtet sich ein wenig vor der ersten Begegnung mit Schwiegervater und Schwägern, Mozart vor weiteren Maßnahmen des Erzbischofs Collereodo. Formal steht er trotz Kündigung noch immer in dessen Diensten.

Nachdem Constanze und Wolfgang eine geeignete Unterkunft für das Baby Raimund Leopold in Wien gefunden haben, macht sich das Ehepaar jedoch bereits im Juli 1783 auf den Weg nach Salzburg. Für den Zeitpunkt der Heimreise im Oktober 1783 zeigt der Schicksals-Code SCHOCK. Bei ihrer Ankunft in Wien muss das Ehepaar Mozart schmerzhaft erfahren, dass ihr kleiner Sohn bereits seit einigen Wochen tot ist.

Beruflich geht es stetig aufwärts. Die Serie der Wiener Erfolge beginnt mit der vom Kaiser in Auftrag gegebenen Erstaufführung der *Entführung aus dem Serail.* Mozart feiert Erfolge als Komponist, als Klaviervirtuose und als Improvisator, was sich auch finanziell positiv auswirkt. Zum Hausrat gehören nun wertvolle Möbel und Musikinstrumente. Die Mozarts können sich eine Köchin, ein Dienstmädchen und einen Diener leisten.

Am 21. September 1884 erblickt ihr zweiter Sohn das Licht der Welt, Carl Thomas, der später Verwaltungsangestellter in Mailand werden soll.

Am 1. Mai 1786 wird die Oper *Die Hochzeit des Figaro,* deren Vertonung Mozarts eigene Idee war, erfolgreich am Wiener Burgtheater uraufgeführt. Nach der Vorstellung einiger Kostproben hatte Mozart vom Kaiser Joseph II. persönlich den Kompositionsauftrag erhalten.

Mit der Geburt des dritten Kindes Johann Thomas Leopold am 18. Oktober 1786 taucht im Schicksals-Code die Zahlenkombination für VERLETZUNG auf. Bei der Wissenschaftlerin Marie Curie und auch bei Jackie Kennedy zeigt sich dieser Code jeweils zeitgleich mit einer sehr schmerzhaften Erfahrung: Beide verlieren ihre Kinder. Mozarts Sohn Johann Leopold Thomas stirbt am 15. November 1786.

Anfang des neuen Jahres, 1787, reist Mozart mit Constanze nach Prag, wo er den *Figaro* dirigiert. Während er an seiner neuen Auftragsoper *Don Giovanni* arbeitet, ereilt ihn am 28. Mai die Nachricht vom Tod seines Vaters Leopold. Wieder ist im Schicksals-Code das Zeitfenster für SCHOCK geöffnet. Suchen wir in den Berechnungen anderer Schicksale nach einer Übereinstimmung mit dieser Zahlenkombination, finden wir sie zum Beispiel bei dem Musiker Abi Ofarim: Im Jahr 1958 erschießt sich sein Vater und stirbt in Abis Armen. Unter dem gleichen Code wird im Dezember des Jahres 1787 das vierte Kind von Constanze und Wolfgang, Theresia, geboren, aber nur wenige Wochen später haben die beiden den Tod ihrer Tochter zu beklagen.

Vor der Wiener Premiere von *Don Giovanni*, im Mai 1788, tritt etwas ein, auf das Mozart nun sieben Jahre gewartet hat: Kaiser Joseph II. stellt ihn als Kammer-Kompositeur mit einem staatlichen Jahresgehalt von achthundert Gulden am Wiener Hof an. Doch das Geld geht schneller raus, als es reinkommt. Es beginnt eine schwierige Lebensphase für die junge Familie. Die finanzielle Notlage Mozarts gab zu vielen Spekulationen Anlass, vom aufwendigen Lebensstil über Spielschulden bis hin zu den hohen Summen für die Kuraufenthalte seiner kränkelnden Frau Constanze.

Die finanzielle Misere geht einher mit einer Veränderung der Kompositionen. Hatte Mozart zuvor für sein illustres Publikum leichte, unterhaltsame Musik geschrieben, entwickelt er jetzt neue Ausdrucksformen mit einem Hang zum Ungewöhnlichen und Schweren. Möglich, dass deshalb auch die Zahl der Konzertbesucher zurückgeht. Sicher ist, dass sich Mozarts Schuldendesaster über drei Jahre bis zu seinem Tod hinzieht. In verzweifelten Bettelbriefen bittet Mozart, seit einigen Jahren in der Freimaurerloge, seinen Logenbruder und Freund Puchberg um Hilfe. Er bittet weitere Freunde um Unterstützung, nimmt Geld bei Verleihern auf, schafft sogar Wertsachen ins Pfandhaus, um sich von dem finanziellen Druck zu befreien. Trotzdem ist er selbst unter diesen extremen Schwierigkeiten produktiv. Er komponiert die drei letzten Symphonien, die den krönenden Abschluss seines sinfonischen Schaffens bilden.

Auch in seinem Schicksals-Code zeigt sich für 1788 ein ungewöhnlicher Widerspruch. Das Jahr 1788 steht in den Berechnungen unter dem SCHOCK-Code, aber gleichzeitig zeigt sich auf einem anderen Zyklus der Wert für tiefe ERFÜLLUNG, GLÜCK, und das gleich doppelt. Eine solch herausragende Code-Doppelung ist in den Berechnungen selten zu finden. Der große Maler Vincent van Gogh hat den Doppel-Code TRIUMPH und GLÜCK im Jahr 1890, kurz vor seinem Tod, als er in Auvers in einen wahren Schaffensrausch verfiel.

Mozarts Frau Constanze erkrankt im Juli 1789 ernsthaft. Zugleich ist sie wieder schwanger und erwartet das fünfte Kind. Mozart ist voller Sorge um seine geliebte Frau, zumal der nächste Geburtstermin für November 1789 angesetzt ist. Tochter Anna Maria stirbt kurz nach der Geburt.

Constanze hat kaum Zeit, sich von den so schnell aufeinander folgenden Geburtsanstrengungen zu erholen. Bei den damals herrschenden unhygienischen Verhältnissen war ohnehin jede Geburt mit einem hohen Risiko für Mutter und Kind verbunden.

Constanze wird erneut, zum sechsten Mal, schwanger. Am 26. Juli 1791 erblickt der letzte Mozartspross, Franz Xaver Wolfgang, das Licht der Welt. Er soll später in Wolfgang Amadeus umbenannt werden und als Pianist und Komponist in die Fußstapfen seines Vaters treten.

Nach der Geburt von Franz Xaver Wolfgang begibt sich Constanze zu einem Kuraufenthalt nach Baden. Diese notwendige Kur bedeutet nicht nur eine finanzielle Belastung für die Mozarts. Die Briefwechsel aus dieser Zeit machen auch deutlich, wie sehr Wolfgang seine geliebte Frau fehlt. In der Biografie von Maria Publig, *Mozart – Ein Leben für die Musik*, heißt es: »Er verschickt ›*2999 und ein ½ busserl von mir, die aufs aufschnappen warten*‹

und freut sich darauf, ›*zwischen 9 und 10 Uhr in deinen Armen all das Vergnügen zu fühlen, was ein Mann, der seine Frau so liebt wie ich, nur immer fühlen kann!*‹«

Auch während der Uraufführung der *Zauberflöte* am 30. September 1791 ist Constanze noch in Kur. Erst Mitte Oktober macht sich Mozart schließlich mit dem Sohn Carl Thomas auf den Weg, um Constanze und den kleinen Franz Xaver nach Hause zu holen.

Mozart arbeitet zu dieser Zeit an dem *Requiem*, das im Frühsommer des Jahres in Auftrag gegeben wurde. Um den Auftraggeber dieser Totenmesse sollen sich später viele düstere Legenden ranken, und Wolfgang wird in dieser Phase von Gedanken an den Tod gequält, wozu vermutlich auch die Arbeit an dem *Requiem* beiträgt.

Vom 20. November an muss Mozart das Bett hüten. Ödeme in Beinen und Armen lassen ihn fast unbeweglich werden, hinzu kommt heftiges Fieber. Auch die guten Nachrichten über den Erfolg der *Zauberflöte* können nicht zu einer Verbesserung seines Zustandes beitragen. Am 28. November hat der herbeigerufene Arzt keine Hoffnung mehr auf eine Genesung des Kranken. Bis zuletzt ist Mozart ansprechbar, lässt sich die Partitur des unvollendeten *Requiems* ans Krankenbett bringen. Am 5. Dezember 1791 stirbt Wolfgang Amadeus Mozart in den frühen Morgenstunden. Der Schicksals-Code zeigt ENDE. Wolfgang Amadeus Mozart erliegt seiner Krankheit im Alter von fünfunddreißig Jahren.

Die Berechnungen des Schicksals-Codes sind auf eine Dauer von einhundert Jahren ausgelegt. Einen Monat nach Mozarts Tod, Ende Januar 1792, bildet der Code den Wert für STABILITÄT ab. Die monetären Anerkennungen und Förderungen, die Mozart kurz vor seinem Tod von ungarischen Adeligen und holländischen Musikfreunden avisiert werden, kommen zu spät. Die finanzielle Stabilität, die im Schicksals-Code ab Januar 1792 angezeigt ist, erlebt Wolfgang Amadeus Mozart nicht mehr.

*

ABI OFARIM

Abi Ofarim hat in den Sechzigerjahren Musikgeschichte geschrieben. Heute kann der Einundsiebzigjährige auf ein besonders bewegtes Leben zurückblicken. Er war sofort bereit, über entscheidende Stationen seines Lebens zu erzählen, und wartete mit Spannung auf die Auswertung seines Schicksals-Codes.

Abi Ofarim – seit fünfzig Jahren steht die lebende Musiklegende auf den Bühnen der Welt. Neunundfünfzig Goldene Schallplatten pflastern seinen Erfolgsweg, viele aus der Zeit, als das Duo Esther & Abi Ofarim Ende der Sechziger-, Anfang der Siebzigerjahre die Hitlisten anführten. Den Superhit *Morning of my life* schrieben die Bee Gees für Esther & Abi. Mit *Cinderella Rockefella* entthronte das Duo 1968 sogar die Beatles von Platz 1 der englischen Charts. Mit Live-Konzerten in der Carnegie Hall in New York, in der Hollywood Bowl in Los Angeles und in der Royal Albert Hall in London haben sie Musikgeschichte geschrieben. Wie nur wenige kannte Abi Ofarim die ganz Großen dieser Welt persönlich – die Beatles, die Bee Gees, Jimi Hendrix und selbst Frank Sinatra und Louis Armstrong.

Nach der Trennung von Esther startete Abi 1982 seine Solokarriere mit dem Album *Much too Much*; genauso beschreibt Abi auch sein Leben – vom Superstar bis Stadelheim, vom Millionär bis zum »*Hab-nichts-mehr*«, vom Höhenflug bis zum Absturz. Abi Ofarim führte ein exzessives Leben, wie viele andere Superstars auch. Einige sind an den Drogen zerbrochen. Abi rappelte sich auf, therapierte sich selbst, rechnete rücksichtslos mit diesem Teil seiner Vergangenheit ab und ist seit über dreißig Jahren clean. Ein Leben voller Höhen, aber auch mit tiefen Abgründen.

Es beginnt am 5. Oktober 1937 in Tel Aviv, als Abraham Reichstadt als Ältester von drei Geschwistern geboren wird. Er bewundert seinen Vater sehr. Der gibt ihm allerdings das Gefühl, ihm in allen Dingen überlegen zu sein. Abi ist neun oder zehn Jahre alt, als er realisiert, dass sein Vater mit dem Alkohol übertreibt und ein großer Bewunderer der Frauen ist.

Abi erinnert sich an einen Vorfall in dieser Zeit. An einem Samstagmorgen kommt sein Vater wieder einmal angetrunken nach Hause. Abi liegt im Bett und belauscht den in solchen Situationen üblichen Krach zwischen den Eltern. Er endet damit, dass sein Vater wütend das Haus verlässt mit den Worten: »Dann gehe ich eben dahin zurück, wo ich herkomme.« Als die Tür ins Schloss fällt, bekommt Abi einen mächtigen Schrecken, denn die Worte seines Vaters erscheinen ihm wie eine Drohung. Deshalb rennt er barfuß und im Schlafanzug hinter seinem Vater her. Es ist ein kühler Wintermorgen, und es regnet. Abi kann seinen Vater noch erreichen und bettelt so lange, bis dieser mit ihm nach Hause geht. Noch am selben Tag bekommt der Junge hohes Fieber und Schüttelfrost. Der herbeigerufene Arzt diagnostiziert eine Lungenentzündung. Abis Vater macht sich die heftigsten Vorwürfe. *»Damals«*, so Abi, *»habe ich meine Möglichkeiten entdeckt, Menschen zu manipulieren, durch ihre eigenen Schuldgefühle.«*

Abi ist als Teenager körperlich eher ein Winzling und doch immer Anführer seiner Jugend-Clique. Um sein karges Taschengeld aufzubessern, führt er Hunde aus, klaut Flaschen, um Geld für das Leergut zu kassieren, und Zinn von Wasseruhren. Hier und da lässt er auch Kupfer und andere Metalle mitgehen, für die man in Israel zu dieser Zeit viel Geld bekommt. Während andere Jungs in seinem Alter nur mit erotischen Erfahrungen angeben, ist der eher zu klein geratene Dreizehnjährige bereits eine Kapazität auf diesem Gebiet.

1950 führt er für eine deutsche Ärztin den Hund aus, um das Taschengeld aufzubessern. Sie heißt Carola, ist eine erwachsene Frau, mit langem, blondem Haar, damals eine Seltenheit in Israel. Auch ihr schwarzer Pudel ist in Israel eher ungewöhnlich. *»Eines Tages, als ich den Pudel zurückbrachte in ihr Penthouse im vierten Stock,* *empfing sie mich wegen der Hitze nur in BH und Höschen. Ich war irrsinnig verlegen. Sie brachte mir ein Glas Cognac und setzte sich zu mir. Cognac kannte ich zwar schon, auch Zigaretten, denn mein Vater war der Meinung: ›Eines Tages lernst du es doch. Also warum nicht bei mir?‹ Aber in der bedrückenden und verwirrenden Gegenwart einer halbnackten Frau war das etwas anderes. Sie hat mich gestreichelt ... als sie sagte, sie wolle nur schnell duschen, bin ich ausgerückt. Ich lief, so schnell ich konnte, die vier Treppen hinunter und ließ mich in der nächsten Zeit nicht mehr blicken.«* Der Schicksals-Code von Abi Ofarim zeigt für diesen Zeitraum SCHWÄCHE.

Diese Frau schenkt Abi zum Geburtstag im Oktober ein Fahrrad, ein Rallye-Rad mit Sportlenker und Gangschaltung – in Israel im Jahr 1951 eine Sensation. »*Du musst zu ihr gehen und dich bedanken*«, sagte mein Vater damals. »*Noch nie in meinem jungen Leben war mir so beklommen zumute wie an dem Tag, an dem ich die vier Treppen zu Carola hinaufstieg, weil der Dank nun wirklich nicht mehr hinauszuzögern war. Ja, ich habe mich bedankt – mit allem, was dazugehört. Diesmal lief ich nicht weg, und ich habe es nicht bereut. Zwei Jahre lang ging ich zu ihr. Ich war vierzehn und hatte eine Geliebte. Und fast alles, was ich in dieser Beziehung weiß, habe ich bei ihr gelernt.*«

Abi hat ein Fahrrad, eine Geliebte und ein festes monatliches Einkommen, denn Carola bessert sein Taschengeld auf. Zusätzlich macht Abi alles, was nicht niet- und nagelfest ist, zu Geld. Später klaut er sogar Autos.

Als Abi nach zwei Jahren von einem Ferienaufenthalt aus Tel Aviv zurückkommt, ist Carola verschwunden. Niemand weiß, wo sie ist, und Abi soll sie nie mehr wiedersehen.

Mit elf Jahren beginnt Abi, bei einer russischen Ballettlehrerin Tanzunterricht zu nehmen. »*Meine Schulkameraden haben mich ausgelacht, weil ich zusammen mit kleinen Mädchen zum Tanzen ging. Aber das hat mir nichts ausgemacht, im Gegenteil – gerade weil es im Studio so viele Mädchen und Frauen gab, war ich besonders angetörnt. Die ersten Tanzversuche hatten zwar nur ein paar Monate gedauert, weil ich vor lauter Tanzen die Schule vernachlässigt hatte, aber dann stieg ich erneut ein. Meine Tage waren voll, und vor allem voll mit Tanz. Morgens die Schule, danach Tanzunterricht. Ich habe kaum etwas gegessen damals, wahrscheinlich, weil ich ebenso dünn sein wollte wie Gene Kelly. Trotz der Hitze trug ich immer Schwarz und die Haare länger, als es Mode war. Ich wollte und musste auffallen. Wenn ich schon so klein war, dann wollte ich wenigstens mit meinem Äußeren von den Übrigen abstechen.«*

Abi hat klare Vorstellungen von der Zukunft. Er will zum Theater, will Tänzer und Choreograph werden. 1954 taucht in Abi Ofarims Schicksals-Code eine Kombination mit dem doppelten Wert für ANFANG auf, gleichzeitig noch der Wert für GLÜCK. »*Als ich siebzehn war, hat Martha Graham mich tanzen sehen. Sie versprach mir ein Stipendium für Amerika. Sechs Monate lang sollte ich in ihrer Gruppe in New York tanzen dürfen.*« Die Erfüllung von Abis Träumen ist zum Greifen nahe. Doch sein Vater sagte kategorisch Nein. Erst die Schule, dann das Militär, danach das Studium. »*Solange du in meinem Haus lebst, tust du gefälligst, was ich von dir verlange.*« Seine Eltern wollen aus ihm einen Akademiker machen, einen Arzt oder mindestens einen Rechtsanwalt, so wie es seit jeher der Traum jüdischer Eltern für ihren ältesten Sohn ist. Als er von den Plänen seines Sohnes erfährt, ist sein Vater außer sich.

Das Nein seines Vaters zu diesem wichtigen Thema kann Abi nicht akzeptieren. Er packt heimlich seine Sachen und versteckt sich sechs Wochen lang in einem Baumhaus. Sein Vater macht sich größte Sorgen. Als er seinen Sohn endlich findet, weint er vor Freude. Jetzt willigt er ein, dass Abi Tänzer und Choreograph werden darf. »*Ich hatte jetzt ein Ziel, und ich brauchte Geld, denn natürlich hatte ich nicht die Absicht, nach Ablauf der sechs Stipendienmonate nach Israel zurückzukehren.*« Abis Arbeitstage haben von nun an sechzehn bis achtzehn Stunden. Er schuftet und legt jeden Pfennig beiseite.

Zu jener Zeit trifft Abi im Tanzstudio Schmulik Kraus, einen Jungen aus Haifa, der in ähnlichen Familienverhältnissen aufwächst wie Abi, Stepp tanzen kann und beim Militär dient. »*Wir wurden Freunde. Es war eine meiner wenigen echten Freundschaften, abgesehen von der mit meinem Vater, denn mit Männern tue ich mich im Allgemeinen schwerer als mit Frauen.«* Schmulik und Abi gründen Die Ofarims, das erste und eigentliche Ofarim-Duo. Die beiden werden Feierabend- und Wochenend-Entertainer, sie spielen auf Hochzeiten oder bei Leuten, die etwas zu feiern haben. Sie verdienen recht gut damit, aber für ein eigenes Auto reicht es trotzdem nicht. »*Wenn wir mal unsere Mädchen ausführen oder rasch zu einer Party nach Tel Aviv brausen wollten, mussten die Autos anderer Leute herhalten. Am Anfang lieh ich mir die Autos noch aus der Werkstatt meines Vaters, ohne sein Wissen, später spezialisierten wir uns auf amerikanische Schlitten, die wir mit einer gebogenen Gabel aufgemacht und mit Silberpapier kurzgeschlossen haben.«*

1956 zeigt der Schicksals-Code von Abi Ofarim den Wert LIEBE an, und auf dieses Zeitfenster für romantische Gefühle folgen unmittelbar ANFANG und VERÄNDERUNG. Abi ist neunzehn, als er die fast siebzehnjährige Esther in einem Straßencafé in Haifa kennenlernt. Die beiden verlieben sich ineinander. Esther will Schauspielerin werden. Sie hat schon einige Rollen gespielt. »*Wir waren also vom selben Fach, das verband uns schon mal. Esther hat mich einfach umgehauen. Sie war so süß und niedlich und wirklich wie eine zarte Blume. Und ich, der ich mich so gut wie nie für kleine Mädchen interessiert habe, sah mich plötzlich diesem winzigen Persönchen nachlaufen.«* Esther und Abi werden bereits nach kurzer Zeit ein Paar.

Der Schicksals-Code von Abi zeigt für das Jahr 1958 den SCHOCK-Code an sowie den für VERLETZUNG – eine Kombination, die es in sich hat. Den identischen Code findet der Computer zum Beispiel auch bei dem berühmten Psychoanalytiker Sigmund Freud, als dieser, schwerkrank, um aktive Sterbehilfe bittet.

Abi Ofarim wartet im Jahr 1958 täglich auf die Arbeitserlaubnis und das Stipendium für Amerika. Inzwischen konnte er genug Geld für sein Tanz- und Choreographie-Studium bei Martha Graham zurücklegen und will seinen Traum endlich verwirklichen.

Eines Tages bittet ihn sein Vater, ihm für kurze Zeit ein wenig Geld zu leihen. »*Ich kann dir fünftausend Pfund geben, etwa 15.000 DM nach deutscher Währung. Ich gebe dir alles, was ich habe, aber ich will nur das zurück, was ich dir gegeben habe*«, lautete Abis Antwort. »*Natürlich wusste ich, dass mein Vater trank und spielte, aber ich wusste auch, dass ich mich auf ihn verlassen konnte. Dann kam die Nacht, die ich nie vergessen werde, solange ich lebe. Ich war erst um vier Uhr todmüde heimgekommen und hatte mich sofort hingelegt. Mein Vater kam um sechs Uhr. Er ging in sein Zimmer, machte sich dort ein Frühstück und rasierte sich wie immer. Dann holte er den Revolver aus der Schublade und schoss sich in den Kopf.*« Der Vater stirbt in den Armen seines Sohnes Abi. Die Familie bleibt total verarmt zurück, denn alles was sie erbt, sind Schulden.

Drei Tage nach der Beerdigung seines Vaters kommen die Papiere für Amerika, und Abi steht vor der schwersten Entscheidung seines Lebens. Soll er das Stipendium annehmen, nach Amerika fahren und die Familie mit ihren Schulden sich selbst überlassen oder den Betrieb des Vaters übernehmen, ihn allmählich wieder auf Vordermann bringen und langsam die Schulden abbauen? Abis Schicksals-Code zeigt für diesen Zeitraum TRIUMPH an, was die Vermutung nahelegen könnte, der begnadete Tänzer habe sein Ticket nach Amerika genutzt, um bei Martha Graham eine Karriere als Tänzer zu starten. Aber Abi entscheidet sich anders: Er beißt die Zähne zusammen, verzichtet auf seinen Traum und nimmt die Herausforderung an, den väterlichen Betrieb wieder hochzubringen und die Schulden abzubauen.

Im Eiltempo eignet er sich alle nötigen Kenntnisse an, wälzt Fachbücher, lernt Betriebsführung, gewinnt neue Kunden und schafft es, den Schuldenberg von etwas über einer halben Million Mark langsam abzutragen. Ganz sicher ein stiller Triumph für Abi, diese Situation für die Familie so schnell wenden zu können.

Esther, inzwischen zum Militärdienst eingerückt, steht eines Tages in Uniform in Abis Werkstatt. »*So einen Soldaten wie dich würde ich sofort heiraten«*, sagte Abi, »*dann wüsste ich, es ist immer jemand da, um mich zu beschützen!«* Am 11. Dezember 1959 zeigt der Schicksals-Code den Wert für ANFANG. Abi und Esther heiraten an diesem Tag.

Abi, der zur Schuldentilgung abends mit Schmulik unter dem Namen Die Ofarims auftritt, hat die Idee, Esther in Zukunft mit in die Auftritte einzubauen, sodass sie ein Trio bilden. Aber Schmulik will die Gagen nicht, wie es gerecht wäre, durch drei teilen. Er will vierzig Prozent für sich, zumal er die Gitarre spiele. Damit ist Abi nicht einverstanden. »*Gut«*, habe ich gesagt, »*dann treten Esther und ich eben alleine auf. Gitarre werde ich schon lernen.«* Und wie er das Gitarrespielen lernt – in wenigen Wochen. Tag und Nacht wird geübt, bis die Finger blutig sind. Nach den ersten Auftritten von Esther und Abi ist das Publikum begeistert; die Ofarims ohne Schmulik sind geboren.

Mit Beginn des Jahres 1962 zeigt Abis Schicksals-Code: ÖFFENTLICHKEIT und TRIUMPH. Die Ofarims sind inzwischen in ganz Israel bekannt. Beim internationalen Songfestival im polnischen Zoppot soll eigentlich die sehr berühmte Sängerin Shoshana Damari Israel vertreten, aber sie sagt im letzten Moment ab. Damit steht fest, dass an ihrer Stelle Esther und Abi Ofarim singen werden. Anfang Januar 1962 – Abi ist fünfundzwanzig, Esther einundzwanzig Jahre – kommen die Verträge für das Songfestival. »*Herzzerreißend war der Abschied von der Familie. Vor allem Esther benahm sich, als würde sie nie wieder nach Hause zurückkommen. Nun, so ganz Unrecht hatte sie nicht. Wir haben damals alle beide Israel für lange Zeit verlassen. Nur, wir wussten es noch nicht. Als unser Flugzeug den Flughafen hinter sich ließ, sollte es das letzte Mal für Jahre sein, dass wir israelische Erde sahen.«*

Beim Songfestival in Zoppot erhalten sie den zweiten Preis der Jury. Von den Journalisten werden sie für ihre Darbietung wie die Sieger gefeiert. Was für ein Durchbruch! Es folgt eine Tournee durch Polen. Sämtliche Teilnehmer des Festivals nehmen daran teil, und es wird ein überwältigender Erfolg.

Danach geht es in Riesenschritten weiter. Esther nimmt 1963 am Schweizer Wettbewerb für die Teilnahme am Grand Prix der Eurovision teil, gewinnt die Ausscheidung und wird offizielle Vertreterin beim Grand Prix, der in jenem Jahr in London ausgetragen wird. Abi und Esther bekommen noch vor London einen deutschen Plattenvertrag. Esther gewinnt in London den Grand Prix für die Schweiz, aber der erste Platz steht nur für Minuten fest, dann folgt ein Riesenskandal. Schweden meldet sich, man habe einen Fehler gemacht und Punkte vertauscht. Esther werden zwei Punkte abgezogen und Dänemark angerechnet. Esther kommt dadurch auf den zweiten Platz. Alle Sympathien sind eindeutig auf Esthers Seite, und plötzlich sind die Zeitungen voll von ihr. 1963 zeigt Abis Schicksals-Code doppelt ANFANG und VERÄNDERUNG.

Beim Grand Prix war Esther mit der Solonummer *T'en va pas* aufgetreten. Abi, der Motor hinter allem, wurde nirgends erwähnt. Keine einfache Zeit für einen Künstler, der selbst von sich sagt, er habe einen Minderwertigkeitskomplex.

Aber 1963, der Code zeigt diesmal ANFANG und ZIEL, ändert sich die Lage. Chris Howland hat Esther in die legendäre TV-Sendung »Musik aus Studio B« eingeladen, sie soll ihr Grand-Prix-Lied singen. Das Management besteht darauf, dass nicht nur Esther auftritt, sondern dass sie zusätzlich einen gemeinsamen Titel mit Abi präsentiert. Die Produktion willigt ein, und dann passiert es: Esther singt ihr Siegerlied, und Esther und Abi Ofarim singen gemeinsam drei Folklore-Songs. Die Presse jubelt das »Duo aus Israel« hoch, ein TV-Auftritt folgt dem nächsten – der Durchbruch beim deutschen Publikum ist geschafft.

Für 1964 zeigt der Code doppelt ANFANG. Endlich werden Abis große Träume wahr: Amerika! New York! Eine Tournee mit den Smothers Brothers quer durch den Riesenkontinent. Zeitgleich steigt die Twen-Platte in Deutschland in die Hitlisten, aber das nimmt Abi nur nebenbei wahr. Er konzentriert sich ganz auf das Land der unendlichen Möglichkeiten.

Mit Beginn des Jahres 1965 taucht im Schicksals-Code der Wert für SCHWÄCHE auf. Der SCHWÄCHE-Code ist auch im Schicksals-Code von Elvis Presley zum Zeitpunkt seines Todes am 16. August 1977 zu finden, und zwar gleich doppelt. Die Berechnungen zu Jimi Hendrix, einem der größten Gitarrenvirtuosen der Musikgeschichte, weisen diesen Code nicht an seinem Todestag, den 18. September 1970 aus, sondern ein Jahr zuvor, im Mai 1969. Am Flughafen von Toronto finden Zollbeamte Haschisch und Heroin in Hendrix' Tasche. Im anschließenden Prozess wird er freigesprochen.

Abi erinnert sich genau an die Weichenstellung in diesem Zeitraum, die dramatische Auswirkungen auf sein weiteres Leben haben soll. »*Damals hat etwas begonnen, was vierzehn Jahre später beinahe mein Ende bedeutet hätte, was meinen geschäftlichen Ruin verursachte und mich sogar in Untersuchungshaft brachte: Ich kam mit Rauschgift in Berührung. Kokain war damals der Geheimtipp unter denjenigen, die es bis ganz nach oben geschafft hatten.*«

Für Abi wird Amerika ein wahrer Triumphzug, es geht von Erfolg zu Erfolg. 1964 kommt dann eine Anfrage zu einer Deutschland-Tournee. Die Perfektion, mit der Abi diese Tour vorbereitet, stellt alles Bisherige in den Schatten – die Galas, die Fernsehauftritte, die Amerikatournee. »*Denn noch niemals zuvor hatten wir allein ein ganzes Programm bestritten. Es war unser Durchbruch!*« Es gibt bereits die dritte Goldene Schallplatte, kurze Zeit später die vierte, und viele weitere sollen folgen. »*Ich glaube, wir hätten zu jener Zeit buchstäblich alles machen können, und die Leute hätten es gekauft. Sogar eine stumme Platte, wenn nur darauf gestanden hätte: Esther und Abi machen Pantomime. Verrückt. Und das war nicht nur in Deutschland so, sondern in ganz Europa.*«

Mit einer Ausnahme: England. Aber das sollte sich schlagartig ändern. »*Da hat uns unsere Londoner Agentur ein Gespräch mit Brian Epstein vermittelt, dem Manager der Beatles, der beinahe ebenso berühmt war wie die Beatles selbst. Er hat uns zu sich nach Hause eingeladen. Die Beatles waren alle dort, und ich habe mich mit George Harrison angefreundet. Mit Paul McCartney hatte ich eine Auseinandersetzung über Musik. Ich wollte mich wahrscheinlich unbedingt mit ihm anlegen, um zu demonstrieren, dass ich eben doch einen bestimmten Standpunkt in der Musik hatte, was ja gar nicht stimmte. Aber es war kein richtiger Krach, nur eben so ein Geplänkel.«*

Nicht die Beatles, sondern die Bee Gees aus Australien schreiben zwei Lieder für Abi und Esther Ofarim: *Garden of My Home* und *Morning of My Life*.

Als der Song *Cinderella Rockefella* im Februar 1968, als Single ausgekoppelt, auf dem englischen Markt veröffentlich wird, zeigt der Schicksals-Code von Abi Ofarim den Wert ÖFFENTLICHKEIT, danach folgt ab Mai 1968 der Wert TRIUMPH. In den englischen Charts finden sich im Jahr 1968 Namen wie die Beatles, Manfred Mann, Cliff Richard, Louis Armstrong und die Rolling Stones. Innerhalb von drei Wochen wird *Cinderella Rockefella* die Nummer eins in England. »*Wir haben damit alle hinter uns gelassen. Alle Großen des Showgeschäftes – also auch die Beatles.*« Die Platte verkauft sich über eine Million Mal. Queen Elisabeth empfängt Esther und Abi Ofarim. Sie fragt Abi: »*Waren Sie Soldat?*« Er antwortet: »*Natürlich, Majestät. Sie auch?*« Die Königin ist *amused*. Tom Jones, der danebensteht, kann sich ein Grinsen nicht verkneifen.

Im Frühjahr 1969 machen Esther und Abi Ofarim ihre letzte gemeinsame Konzerttournee durch Deutschland, danach trennen sich die beiden. Der Schicksals-Code von Abi zeigt jetzt ANFANG. Das Ende, den Abschied, hatte er schon viel früher durchlebt.

Abis Anfang ist der Beginn einer Wanderung in den Abgrund. »*Ich begann, mich gehen zu lassen. Meine Koteletten wuchsen bis zum Kinn, ich nahm zu, passte bald nicht mehr in meine Maßanzüge. Ich war ständig voll. Voll mit Alkohol, voll mit Drogen – voll mit Selbstmitleid. Ich wollte nur noch raus aus allem, wollte mich selbst verwirklichen, und ich hätte es vielleicht sogar geschafft – wäre ich nicht mehr und mehr in die Abhängigkeit von Drogen geraten.*«

Zehn Jahre später – 1979 – sitzt Abi in einer Gefängniszelle in der Münchener Justizvollzugsanstalt in der Stadelheimer Straße ein: »*Sechs Schritte in die Länge, dreieinhalb Schritte in die Breite. Alle fünfzehn Sekunden fällt ein Tropfen mit dumpfem Plop vom Wasserhahn in den Abfluss. Entfernte Geräusche von Schritten in hallenden Gängen. Schlüsselgeklirr, gedämpfte Stimmen in kurzem, befehlendem Ton. Rasselndes Öffnen und Klappern an eisernen Türen … wie war ich hierhergekommen, was machte ich hier, wer war ich überhaupt … jetzt, nach meiner Einlieferung nach Stadelheim in die Untersuchungshaft, fragte ich mich wieder und wieder: Passiert mir das wirklich, oder geschieht das einem anderen, einem Doppelgänger? Ich fürchtete, ich müsste verrückt werden. Besitz und Verbreitung von Suchtmitteln, Fluchtgefahr stand in dem Haftbefehl, den mir der Anführer der sieben Leute vom Rauschgiftdezernat um fünf Uhr nachmittags vor die Nase gehalten hatte. Sogar die Kleider hatten sie mir weggenommen und mir Anstaltskleider verpasst. ›Das ist in Fällen wie dem Ihren so üblich. Auch in Untersuchungshaft‹, wurde mir bedeutet. Sicher, ich war drogensüchtiger Ausländer mit Schulden und einem unbeschreiblich schlechten Ruf. Aber wieso? Warum das alles? Was war geschehen? Eben war ich doch noch mit Esther auf der Bühne gestanden. Beifallumtost. Blumen flogen von allen Seiten. ›Zugabe!‹, brüllten die Fans … ›Wache!‹, rief ich. ›Wache!‹ Mit den bloßen Händen hämmerte ich gegen die Tür. Dann mit dem Blechbecher. Schließlich ging rasselnd die Tür auf. Ein Männergesicht, nicht unfreundlich. ›Spielen Sie nicht verrückt, Herr Ofarim. Beruhigen Sie sich.‹ – ›Welches Jahr haben wir heute?‹, fragte ich. – ›Der sechzehnte Januar.‹ – ›Welches Jahr?‹ – ›Wissen Sie das wirklich nicht, Herr Ofarim? Dann steht es ja ganz schön schlimm mit Ihnen. Wir haben das Jahr 1979, Herr Ofarim.‹*« So beschreibt Abi Ofarim in seiner Biografie *Der Preis der wilden Jahre* diesen Tag seines tiefen Absturzes.

Der Schicksals-Code von Abi Ofarim zeigt zu dieser Zeit zwei ungewöhnliche Zahlenwerte: RÜCKZUG und BEFREIUNG.

Zurück in die Zelle von Stadelheim: »*1979? Wo waren die letzten zehn Jahre geblieben? Da war nur noch ein wirres Durcheinander in meinem Kopf, Bilder von Partys, Namen, Gesichter, Frauengesichter vor allem. Texi, Margot, Susanne, Iris, Beate, Marianne, Sylvia. Da ist Musik. Meine Musik. Da ist ein Studio. Menschen. Viele Menschen. Joints. Dicke Joints. Kingsize-Joints, LSD-Trips …«*

Im Gegensatz zu vielen anderen schafft Abi Ofarim den Ausstieg aus der Sucht, wird clean, lässt sich seine Gitarre in die Gefängniszelle von Stadelheim bringen, beginnt mit der Arbeit an seiner Platte *Much too much.* Nach der Entlassung aus Stadelheim muss Abi einen steinigen Weg gehen. Überall stößt er auf zugeschlagene Türen. Die Ausweisung droht, und das Finanzamt kassiert jeden Pfennig, den er verdient. Er lebt von Almosen, wird zum prominenten Lebenskünstler. Dennoch nimmt Abi sein Leben in die Hand, passt auf, dass er nicht noch einmal mit Drogen in Berührung kommt. Er beendet seine Platte *Much too much* und arbeitet an seiner Autobiografie.

1982, der Schicksals-Code zeigt für insgesamt sechs Monate GLÜCK, danach NEUANFANG. *Much too much* ist an die erste Stelle der Bestenliste der Musikkritiker gerückt. Es folgen Fernsehsendungen, Talkshows, Interviews. Abi über diese Zeit: *»Mein Schuldenberg wurde täglich kleiner, der Boden unter meinen Füßen immer fester.«*

Im August 1982 wird sein Sohn Gil geboren, zwei Jahre später, wieder im August, sein Sohn Tal. Abi kümmert sich hingebungsvoll um die Erziehung der Söhne, die seine Gene, seine Musikalität geerbt haben. Andere begabte Jugendliche coacht und fördert er. Er bereitet sie auf ihren musikalischen Weg vor und erzählt ihnen von den Abgründen, die sich auftun, wenn sie den Weg verlassen.

Schauen wir in den Schicksals-Code, zeigt sich 2005 wieder ein ANFANG. Abi Ofarim lernt seine heutige Lebensgefährtin und Managerin Kirsten Schmidt kennen. Sie motiviert ihn, wieder selbst Musik zu machen. Sie sagt ihm, dass er seine Energie wieder für sich selbst nutzen soll. *»Du bist so gut, du bist besser, als du je warst!«*

Januar 2009 im Schicksals-Code: TRIUMPH! Abi Ofarim

in Concert! *Too Much of Something* heißt die neue CD. Im Titelsong beschreibt Abi die rasante Achterbahn seines Lebens. TRIUMPH!

*

EDITH PIAF

Edith Piaf war eine der besten Chanson-Sängerinnen überhaupt. Sie hinterließ der Nachwelt unvergessliche Titel. Um nur einige zu nennen: *Non, je ne regrette rien, La vie en rose* oder *Milord*. Als »Spatz von Paris« wurde die nur 1,47 Meter große Chansonnière mit der voluminösen Stimme international gefeiert.

Ihre Lebensgeschichte gleicht einem Melodram: Von der Straße zum Weltstar, von der Bühne auf die Leinwand, massive Alkoholprobleme und ein früher Tod. Ihr Leben lang war sie auf der Suche nach Liebe. Allein die Aufzählung einiger Ereignisse zwischen den Jahren 1951 und 1963 verdeutlichen, dass sie in ihrem bewegten Leben immer wieder heftige Erschütterungen hinnehmen musste: vier Autounfälle, ein Suizidversuch, sieben Operationen, zwei Lungenentzündungen, ein Lungenödem, ein Anfall von Wahnsinn, zwei Anfälle von Delirium tremens, drei Leberkomata und immer wieder Entziehungskuren.

Und dennoch sprach Edith Piaf, wie Joëlle Monserrat in ihrer Biografie *Edith Piaf. Non, je ne regrette rien* belegt, nicht von Mut- oder Hoffnungslosigkeit, sondern von ihrer Liebe zum Leben und von der Herausforderung, auch schwierige Situationen zu meistern: »*Selbst im Unglück bleibt noch die Hoffnung, denn auch das gehört zum Leben. Selbst aus dem schlimmsten Unglück lernt man etwas für später. Im Augenblick leidet man schrecklich, aber nachher merkt man doch, dass man nun viel reicher geworden ist. Ich glaube, dass all die Prüfungen uns letztlich doch bereichern.*«

Beleuchten wir einige der Prüfungen, die das Leben für Edith Piaf bereithielt, mit Blick auf den Schicksals-Code der Künstlerin:

Gesichert ist, dass Edith Giovanna Gassion am 19. Dezember 1915 geboren wurde. Die übrigen Geschichten, die sich um ihre Geburt ranken, sind allerdings widersprüchlich. Simone Berteaut, ihre angebliche Halbschwester, schreibt in *Ich hab gelebt Mylord*, dass Edith unter einer Straßenlaterne auf der Pelerine eines Polizisten das Licht der Welt erblickte. Joëlle Monserrat widerspricht dieser Version und meint, die Geburt habe im Pariser Krankenhaus Tenon stattgefunden. Aber wo auch immer Edith das Licht der Welt erblickte, ihre Eltern waren Louis-Alphonse Gassion, Artist in einem Wanderzirkus, und Anita Giacoma Margherita Maillard. Ediths Vater, zur Zeit ihrer Geburt beim Militär, bekommt nur einen kurzen Heimaturlaub. Schon bald überlässt Ediths Mutter, die unter dem Künstlernamen Line Marsa in Cafés und auf der Straße singt, den Säugling ihrer Mutter. Ediths Eltern trennen sich kurz darauf.

Als Ediths Vater sieht, unter welchen Lebensumständen seine Tochter aufwächst, gibt er die kleine Edith Ende 1917 in die Obhut seiner eigenen Mutter. War Ediths Großmutter mütterlicherseits dem Alkohol zugetan, so geht die Großmutter väterlicherseits einer nicht alltäglichen Arbeit nach: Sie arbeitet als Köchin in einem Bordell. Die Damen des Freudenhauses kümmern sich allerdings rührend um die kleine Edith und sind äußerst besorgt, als sie feststellen, dass das kleine Mädchen nahezu blind ist. Montserrat schreibt, dass Edith Piaf mit fünf Jahren an einer beidseitigen Hornhautentzündung erkrankt ist und fast erblindet. Der behandelnde Arzt empfiehlt Augentropfen und für sechs Monate eine Augenbinde. Als sie nach der vorgeschriebenen Zeit die Binde abnimmt, ist sie geheilt. Die Damen des Etablissements machen sich nach Ediths Genesung gemeinsam auf den Weg nach Lisieux, um der heiligen Thérèse hierfür zu danken. Simone Berteaut hingegen schreibt, dass Edith schon nach der Geburt erblindete, da sie »den Star hatte«. Nach ihrer Version machten alle Prostituierten des Freudenhauses mit Edith und der Großmutter eine Pilgerfahrt zum Grab der heiligen

Thérèse von Lisieux und bitten dort um das Augenlicht von Edith. Am 25. August 1921, dem Namenstag des Vaters, soll die heilige Thérèse das Wunder ermöglicht haben. Jedenfalls gewinnt die kleine Edith genau an diesem Tag ihr Augenlicht zurück.

Welche Geschichte auch immer die richtige ist, es zeigen sich im Jahr 1921 zwei auffällige Codes, die mit diesen Ereignissen in Zusammenhang stehen können: Der erste zeigt sich im Januar 1921, es ist der Wert für SCHOCK. Zeitgleich gibt es hier noch einen weiteren Code: VERLETZUNG, parallel auf drei Zyklen. Der zweite herausragende Code taucht im August 1921, dem Zeitpunkt ihrer Heilung, auf: SIEG, sogar zweifach.

Das massive Auftreten des Codes für VERLETZUNG im Januar des Jahres 1921, ein halbes Jahr vor ihrer Heilung, kann mit dem Beginn ihrer schweren Augenerkrankung in Zusammenhang stehen. Zumindest weist ihr Schicksals-Code darauf hin, dass Edith Piaf erst im Alter von fünf Jahren für etwa ein halbes Jahr das Augenlicht verlor.

Die Freude über die Heilung der kleinen Edith bleibt nicht lange ungetrübt. Außerhalb des Bordells regen sich immer mehr Menschen darüber auf, dass ein kleines Mädchen in einem solchen Umfeld aufwächst. Der Druck auf Ediths Vater Louis wächst, und so nimmt er seine Tochter notgedrungen im Jahr 1922 bei sich auf. Er versucht, aus Edith eine Artistin, eine Partnerin für die Zirkusarena, zu formen. Der Erfolg ist allerdings nur mäßig; Edith wurde keine außergewöhnlich artistische Begabung in die Wiege gelegt. Dafür trägt sie dem Publikum lieber erste kleine Liedchen vor. Der Vater ist enttäuscht, dass Edith zwar eine gute Stimme, aber offensichtlich kein Talent zur Trapezkünstlerin hat.

Edith ist fünfzehn Jahre alt, da zeigt sich im Schicksals-Code der Wert für SCHOCK gleich doppelt. Was kann in ihrem jungen Leben passiert sein?

Edith ist die Eskapaden ihres Vaters leid, seine ständig wechselnden Frauen, mit denen sie das Zimmer teilen muss. Und egal, wo sie auftritt, auf den Straßen, in den Hinterhöfen oder in den Kasernen, die Einnahmen gehen größtenteils an den Vater. Edith will raus aus dieser Situation. Deshalb verlässt sie den Vater, will sich alleine durchschlagen. Einen zusätzlichen möglichen Grund erwähnt Matthias Henke, der in *Süchtig nach der Sehnsucht* berichtet, dass ihr Vater aufgrund seines Alters inzwischen sesshaft geworden ist. Er wird noch einmal Vater einer kleinen Tochter: »Instinktiv spürt Edith, dass sie fortan im Denken und Empfinden des Vaters nur noch eine Nebenrolle spielt. Zum zweiten Mal in ihrem Leben sieht sie sich mit der schmerzhaften Erfahrung des Alleingelassenwerdens konfrontiert.« Möglich, dass es genau diese Empfindungen sind, die mit dem doppelt auftauchenden Code SCHOCK in Verbindung stehen. Für einen Menschen, der als Säugling von der Mutter verlassen wurde, ist es sicher nicht ganz einfach, plötzlich nicht mehr im Mittelpunkt des väterlichen Interesses zu stehen.

Edith schlägt sich zunächst einige Wochen als Serviererin, dann als Lackiererin durch, aber die immer wechselnden Orte der ersten Lebensjahre haben sie geprägt. Sie will in kein festes Arbeitsschema gepresst werden, sondern frei sein. Als Straßensängerin verdient Edith so viel, dass sie sich und die etwa drei Jahre jüngere Halbschwester Simone, Momone genannt, durchbringen kann. Die beiden hatten sich erst im Teenageralter kennengelernt. Zunächst beteiligen sie noch Simones Mutter an ihren Einnahmen, aber schon kurze Zeit später entscheiden sich Simone und Edith, nur noch in die eigene Tasche zu wirtschaften. Edith singt, und Simone sammelt das Geld ein. Offiziell gilt dies als verbotene Bettelei, deshalb müssen die beiden immer vor der Polizei auf der Hut sein.

Wenig später treten sie auch in Kasernen auf und verabreden sich anschließend mit den Soldaten. Als sich Edith auf ein Liebesabenteuer mit dem Handwerker Louis Dupont einlässt, bleibt das nicht ohne Folgen. Die Siebzehnjährige wird schwanger. Ihr Schicksals-Code weist gleichzeitig den Wert für SCHOCK aus. Als Edith am 11. Februar 1933 Mutter eines kleinen Mädchens namens Marcelle wird, zeigt sich zum Zeitpunkt der Geburt der Code für LIEBE. Kurze Zeit hält es Edith an der Seite Duponts aus, aber Geldmangel und vor allem Langeweile treiben sie wieder auf die Straße. Sie trennt sich von Dupont und nimmt ihre kleine Tochter mit.

Edith erhält ein erstes Engagement im Le Juan les Pins. Simone wird ebenfalls engagiert und führt halbnackt akrobatische Kunststücke zu Ediths Gesang auf. Edith verliebt sich in einen Legionär, der sein Heimatland aber schon bald wieder verlassen muss und von seinem Einsatz in Afrika nicht mehr lebend zurückkehrt.

Es ist keine leichte Zeit für die beiden Frauen, die sich zusätzlich um Ediths kleine Tochter kümmern müssen. Als die beiden eines Morgens nach ihrem Auftritt ins Hotel zurückkommen, hat Louis Dupont seine Tochter ohne Wissen von Edith geholt. Sie soll bei ihm aufwachsen. Einige Zeit später informiert Louis Dupont Edith, dass ihre zweijährige Tochter mit Hirnhautentzündung in der Kinderklinik liegt. Edith macht sich sofort auf den Weg in die Klinik. Ihrer kleinen Marcelle geht es sehr schlecht. Es ist der 7. Juli 1935. Der Schicksals-Code zeigt ANFANG, als man Edith im Krankenhaus mitteilt, dass ihre Tochter in den frühen Morgenstunden gestorben sei.

Warum zeigt sich beim Verlust ihres Kindes im Schicksals-Code von Edith der Wert für ANFANG und nicht, wie in einigen anderen Biografien, der Code für SCHOCK, ENDE oder VERLETZUNG? Vielleicht liefert die Beschreibung Joëlle Monserrats über das Leben von Edith Piaf zum Zeitpunkt des Todes ihrer kleinen Tochter hierfür eine Erklärung:

»Wesentlich glaubhafter hingegen ist, dass es für Edith zu jener Zeit weder materiell noch moralisch möglich war, sich dem Schock eines derart schweren Verlustes einfach zu ergeben. Von Momone wieder mitgerissen in den Wirbel dessen, was sie damals für ein schönes Leben hielten, hat sie wohl vor allem daran gedacht, sich zu betäuben, sich abzulenken in Gesellschaft kleiner Gauner aus dem ›Rat mort‹ und herumtreibender Soldaten.«

Doch die Ereignisse der letzten Zeit hinterlassen ihre Spuren. Edith und ihre Momone rutschen eine Zeit lang ins Zuhältermilieu ab. Sie gehen zwar nicht anschaffen, aber sie geben einen Teil ihrer Einnahmen ab.

Edith tritt inzwischen nicht mehr nur im Cabaret Le Juan les Pins auf, sondern auch im Tourbillon und im Sirocco.

Im Herbst 1935 zeigt ihr Schicksals-Code ein Zeitfenster für ÖFFENTLICHKEIT. Ausnahmsweise tritt Edith nicht in Montmartre oder Pigalle auf, sondern in der Rue Troyon, in der Nähe der Champs-Élysées. Louis Leplée, Direktor des berühmten Club Gerny's, ist unter den Zuschauern, die ihren Auftritt in der Rue Troyon verfolgen. Als dieser gut gekleidete Herr Edith am Ende ihres Auftritts anspricht, sie ins Gerny's zum Vorsingen einlädt und ihr einen Zettel mit der Anschrift zusteckt, weiß Edith noch nicht, dass dieser Moment ihr Leben entscheidend verändern wird. Aber vielleicht ahnt sie, dass es ihre große Chance sein kann, denn sie achtet sorgfältig darauf, dass dieses Stückchen Papier nicht verlorengeht. Louis Leplée lässt Edith zum vereinbarten Termin vorsingen, erkennt ihr großes Talent und überlegt noch am gleichen Tag, welchen Künstlernamen er dieser kleinen, authentischen Sängerin mit der gewaltigen Stimme geben kann. Piaf! So wird im Pariser Argot der Spatz genannt. Edith Piaf, der Spatz von Paris, ist geboren.

Das Publikum ist begeistert von der Straßensängerin Edith Piaf, und Louis Leplée versteht es, sie binnen kurzer Zeit zu einem Star zu formen und geschickt in die Künstlerszene einzuführen. Leplée wird für Edith so etwas wie eine Vaterfigur, und sie nennt ihn Papa.

Am 17. Februar 1936, die Berechnungen zeigen den Code BEFREIUNG in doppelter Ausführung, hat Edith ihre erste große Galavorstellung in einem Zirkus. Danach geht es mit ihrer Karriere steil bergauf. Sie bekommt ein Engagement bei Radio-Cité.

Die Hörer sind begeistert von der jungen Sängerin, und die erste Schallplatte, *L'Etranger*, wird aufgenommen. Auch privat ist viel Bewegung im Leben der Piaf; es ist von verschiedenen Liebhabern die Rede.

Dann, ein halbes Jahr nach ihrer Entdeckung durch Leplée, tauchen im Schicksals-Code SCHOCK und ENDE auf. Am 6. April 1936 wird der homosexuelle Direktor des Gerny's, Louis Leplée, in seiner Wohnung erschossen. Als Edith Piaf ihn am Morgen des 7. April in seiner Wohnung besuchen will, wartet die Polizei neben dem Toten und nimmt die Piaf unter dem Verdacht der Mittäterschaft fest. Die Polizei ist bestens über Edith, ihre Liebschaften und ihren Kontakt zum Milieu informiert und hegt deshalb die Vermutung, dass sie etwas mit dem Verbrechen zu tun hat. Und obwohl Edith ein Alibi zur Tatzeit nachweisen kann, entlässt man sie erst Wochen später aus der Haft.

Die Akte Leplée wird geschlossen, aber die Öffentlichkeit bringt Edith Piaf nach wie vor mit dem Mord in Verbindung. Das Publikum teilt ihr seine Meinung durch abfällige Bemerkungen und Pfiffe mit. Sie will schon fast aufgeben, da vermittelt ihr der Agent Fernand Lumbroso ein vierzehntägiges Engagement in Brest. Kaum ist die Piaf in der Hafenstadt angekommen, gibt sie sich einem exzessiven Lebenswandel hin: Männer, Alkohol und wieder Männer! Dem Veranstalter wird es schließlich zu bunt. Ihr Agent schickt sie nun nach Brüssel, aber auch hier beschwert sich der Veranstalter über sie. Daraufhin kündigt ihr der Agent seine Dienste auf.

Edith begegnet nun Raymond Asso wieder, einem ehemaligen Legionär, der das Schreiben von Chansons zu seinem Beruf gemacht hat und der sie noch aus der Zeit Leplées kennt. Raymond Asso kümmert sich nun um Edith, will sie wieder ganz groß rausbringen. Er verschafft ihr ein Engagement in Nizza. Singen, Saufen, Sex, so könnte man ihren Aufenthalt in Nizza in kurzer Form beschreiben. Asso wird nicht nur der Mann, der Chansons für sie schreibt und ihre Karriere wieder richtig in

Schwung bringt, sondern nach einigem Hin und Her auch für eine Weile der Mann an ihrer Seite.

Im März 1937 zeigt der Schicksals-Code ein Zeitfenster mit dem Zahlen-Code für TRIUMPH an. Raymond Asso hat alles darangesetzt, Edith einen Auftritt in der berühmten Pariser Music-Hall A.B.C zu verschaffen. Es ist das erste Mal, dass Edith Piaf mit einem großen Orchester vor einem solchen Publikum auftritt. Es wird ein sensationeller Erfolg! Das Publikum liegt dem »Spatz von Paris« zu Füßen. Es folgen Engagements, Tourneen, Plattenaufnahmen, einflussreiche Freunde. Raymond Asso hat es geschafft! Er führt die Frau, die er liebt, aus der Sackgasse zurück auf die Straße des Erfolges.

Aber die gemeinsame Zeit von Raymond und Edith findet 1939 ein abruptes Ende, denn Asso wird zum Militärdienst einberufen. Er hatte es geschickt verstanden, den Kontakt Ediths mit Momone einzuschränken, denn die beiden Frauen hatten zu oft gemeinsam über die Stränge geschlagen. Kaum wird Raymond zum Militär eingezogen, nimmt Edith jedoch ihr altes Leben und den Kontakt zu Momone wieder auf. Es dauert auch nicht lange, da hat Edith den nächsten Mann. Ihr Kollege Paul Meurisse übernachtet schon bald als Dauergast in dem Hotelzimmer, das Edith eigentlich noch mit Raymond Asso bewohnt.

Bei seinem ersten Heimaturlaub muss Asso dann schmerzlich erfahren, dass sein »kleiner Spatz von Paris« das Nest längst mit einem anderen teilt, während er dem Vaterland dienen muss. Wie mag sich ein Mann fühlen, der unermüdlich daran gearbeitet hat, aus dem Straßenmädchen Edith Giovanna Gassion den Star »Piaf« zu formen, und nun, als er nichts ahnend und voller Freude für ein paar Tage von der Kriegsfront zurückkehrt, feststellen muss, dass in seinem Bett ein anderer liegt? Der es nicht für möglich gehalten hätte, dass »sein kleines Mädchen«, wie er Edith zärtlich nannte, ihn so eiskalt abserviert.

Spiegelt sich die dargestellte Situation im Schicksals-Code von Raymond Asso? Gibt es hier einen Zusammenhang? Schauen wir in die Berechnungen zu ihm, in die beiden Jahre 1939/1940. Der Schicksals-Code von Raymond Asso weist für das Jahr 1940 einen Code-Cocktail aus, der es in sich hat: ENDE, VERLETZUNG und den äußerst seltenen Zahlenwert für NIEDERTRACHT. Möglicherweise bildet hier Assos Schicksals-Code genau das Ausmaß seiner Verletzung, seiner Enttäuschung und seines Schmerzes über die Trennung von Edith ab.

Der Neue, Paul Meurisse, teilt aber auch nur für einen begrenzten Zeitraum das Bett mit Edith. Der berühmte französische Schriftsteller, Regisseur und Maler Jean Cocteau schreibt ein Bühnenstück, einen Einakter, für Edith Piaf und ihren Lebenspartner Paul Meurisse. *Le Bel Indifférent* wird ein großer Erfolg. Ein Jahr später, 1941, als Edith und Paul den Film *Montmartre-sur-Seine* drehen, lernt sie den Journalisten und Pressechef Henri Contet kennen, und es beginnt das gleiche Spiel wieder von vorn. Paul geht, und Henri wird ihr Geliebter, der ihr wenig später sogar einige Chansons auf den Leib schreibt. Edith schafft es allerdings nicht, Henri ganz für sich zu vereinnahmen. Obwohl sie ihn immer wieder überreden will, bei ihr einzuziehen, geht Henri nicht auf diesen Vorschlag ein. Er schafft es nicht, oder will es nicht schaffen, sich von einer noch bestehenden anderen Beziehung zu trennen. Dennoch will Edith sogar ein Kind von Henri – ein Wunsch, der nicht in Erfüllung geht.

1943 – Paris ist von den Deutschen besetzt – wird Edith aufs Revier zitiert. Ihr Schicksals-Code zeigt den SCHOCK-Code. Es geht um ihre Mutter, die, vollgepumpt mit Alkohol und Drogen, schon häufig in ihrem Leben in der Gosse gelandet ist. Um an ein paar Franc zu kommen, hatte sich Ediths Mutter sogar schon einige Male in der Presse darüber beklagt, dass ihre reiche Tochter sich nicht um sie kümmere. Nun hat man ihre Leiche irgendwo auf der Straße gefunden. Damit ist das Kapitel Mutter, das für Edith schon zu Ende gegangen war, als sie von ihr im Säuglingsalter abgeschoben wurde, nun offiziell beendet.

Im Sommer 1944 lernt Edith Piaf einen jungen Künstler namens Yves Montand kennen, der in ihrem Vorprogramm auftreten soll. Dieser junge Chansonnier und Schauspieler soll 1953 mit dem Film *Lohn der Angst* ein Weltstar werden. Edith Piaf ist sofort von seinem Talent überzeugt und will Yves auf die Straße des Erfolges bringen. Dann springt der Funke bei der gemeinsamen Arbeit über, die beiden verlieben sich leidenschaftlich in einander. Schauen wir zum Zeitpunkt ihres Kennenlernens in den Schicksals-Code von Yves Montand:

Ab Sommer des Jahres 1944 taucht in den Berechnungen der Code LIEBE auf, ab Oktober sogar im Doppel-Pack, das heißt auf zwei Zyklen. Monserrat zitiert Edith Piafs Äußerung über ihr Verhältnis zu Yves Montand: »*Er betet mich an, und ich bin total verrückt nach ihm!*« Bei Edith Piaf taucht zu dieser Zeit jedoch nicht der Code für LIEBE in den Berechnungen auf. Bei ihr zeigt sich der Wert für ANFANG, und zwar in doppelter Ausführung.

Edith hatte wieder einmal das richtige Gespür für ein großes Talent, und Yves wusste sehr genau, dass er Edith viel zu verdanken hatte. In dieser Zeit lernt sie auch einen jungen Mann namens Charles Aznavour kennen. Dem damals noch unbekannten, später weltberühmten französischen Schauspieler und Chansonnier gibt sie die Chance, auf ihrer Tournee innerhalb ihres Programms aufzutreten. Das ist der Start für seine große Karriere. Noch sind Edith Piaf und Yves Montand ein Paar, doch beide sind beruflich sehr eingespannt. Bei Yves nimmt die Karriere immer mehr Fahrt auf, und Edith reißt bei ihren Auftritten Fans und Kritiker gleichermaßen zu Beifallsstürmen hin.

In diesen Tagen geht Edith Piaf ständig eine Melodie durch den Kopf. Immer hat sie andere, wie Marguerite Monnot, für sich komponieren lassen, hat sich auf die Texte konzentriert. Nun ist es diese kleine Melodie, die sie sehr beschäftigt und aus der ein wenig später das weltbekannte Chanson *La vie en rose* werden soll, das in zwölf Sprachen übersetzt wird. Aber die Geburt dieses Titels ist schwierig, denn ihre Komponistin lehnt eine Bearbeitung dieses, wie sie meint, »albernen Stücks« ab. Edith beauftragt den jungen Komponisten Louiguy mit der Ausarbeitung ihrer Melodie. Marianne Michel, eine begabte, aber noch unbekannte Künstlerin, hat Edith mehrfach gedrängt, etwas für sie zu schreiben, und so überlässt Edith es Marianne, den Titel *La vie en rose* der Öffentlichkeit zu präsentieren. Später ärgert sie sich, dass sie dieses so erfolgreiche Lied nicht selbst gesungen hat. Zwei Jahre später singt sie den Titel dann doch noch selbst.

Die gemeinsamen Tage des Paares Edith und Yves sind gezählt. Sie drehen noch einen gemeinsamen Film: *Etoile sans lumiere*. Yves liebt seine Edith über alles, aber als Edith klar wird, dass Yves sie nicht mehr für den weiteren Fortgang seiner Karriere benötigt, trennt sie sich von ihm. Ausschlaggebend ist wohl auch, dass der Mann, dem sie einst half, die ersten Sprossen der Erfolgsleiter zu erklimmen, nun ihr, der großen Piaf, Ratschläge erteilen will.

Wann genau fand die Trennung statt? Die Angaben sind nicht eindeutig. Schauen wir in den Schicksals-Code von Yves: Im Januar 1946 lässt sich der SCHOCK-Code nachweisen, in doppelter Ausführung, und im Mai und Juni gleich noch einmal. Möglicherweise deckt sich hier sein Schicksals-Code mit den Erzählungen von Momone, die von einem Streit zwischen Yves und Edith berichtet, der in diesem Zeitraum stattgefunden haben kann. Fest steht jedenfalls, dass Edith nach einer Tournee durch das Elsass in eine neue Wohnung zieht, ohne Yves Montand. Er versucht alles, um Edith zu sehen, sie zu sprechen, aber sie verweigert ihm jeglichen Kontakt. Für Yves war die Trennung ein Schock, wahrscheinlich in mehreren Etappen.

Edith Piaf lernt die Gruppe Les Compagnons de la Chanson kennen. Neun fesche Jungs, die Edith mit einem neuen Repertoire versehen und ganz nach vorn bringen will. Neun große junge Männer, die sogar mit Edith zusammenziehen, aber ihren Ratschlag zunächst nicht annehmen wollen. Doch dann singt die Piaf mit ihnen den Titel *Les trois cloches*, der überall auf der Welt ein Erfolg wird. Der Manager der Compagnons, Jean-Louis Jaubert, wird Ediths neuer Liebhaber. Im Frühjahr 1947 gehen die Compagnons mit Edith auf Tournee, im selben Jahr drehen sie gemeinsam den Film *Neuf garçons, un coeur*. Im November 1947 tritt Edith Piaf mit den Compagnons in Amerika auf. Zur Zeit ihres Auftrittes im Playhouse am Broadway zeigt ihr Schicksals-Code ENDE! Der Abend wird für sie zur Katastrophe, denn bei den Amerikanern, die an Auftritte von sexy Glamourgirls gewöhnt sind, fällt die kleine, unscheinbare Chanson-Sängerin durch.

Die Kritiken für die netten Jungs aus Frankreich, die Compagnons, sind dagegen sehr gut. Nach einigen weiteren Auftritten, die zu keinem anderen Ergebnis führen, ist Edith Piaf so frustriert, dass sie Jean-Louis Jaubert und die Jungs darum bittet, die Tournee ohne sie zu Ende zu führen.

Doch dann tritt eine unerwartete Wende ein. Der Kritiker Virgil Thompson klärt die Amerikaner in einer großen Zeitung über das französische Chanson und die Piaf auf. Das Blatt wendet sich, und ihr amerikanischer Agent lässt Edith Piaf ohne die Compagnons im eleganten Cabaret Versailles auftreten. Vierzehn Tage probt sie ihre Ansagen in englischer Sprache und lässt außerdem zwei ihrer Chansons übersetzen. Dieses Mal gelingt ihr der Durchbruch. Die New Yorker sind begeistert, und Stars wie Marlene Diedrich, die eine ihrer besten Freundinnen wird, jubeln der Piaf zu.

Im Januar 1948 trifft sie in New York den Mann wieder, der sie schon 1946 bei ihrer ersten Begegnung im Pariser Club des Cinq faszinierte: den Boxer Marcel Cerdan, Europameister im Mittelgewicht. Vier Wochen nach ihrer Begegnung zeigt der Schicksals-Code von Edith Piaf LIEBE. Zeitgleich findet sich auch in den Berechnungen zu Marcel Cerdan der LIEBES-Code, zusätzlich aber noch der Wert für SCHWÄCHE. Die beiden verlieben sich unsterblich ineinander. Allerdings ist Marcel

Cerdan verheiratet und hat neben seiner Frau auch entzückende Kinder in Casablanca. Vielleicht zeigt sich deshalb in seinem Schicksals-Code auch der Wert für Verstrickungen: SCHWÄCHE.

Die Liaison von Piaf und Cerdan ist zwar für die Presse ein gefundenes Fressen, aber zunächst nimmt sie noch Rücksicht auf den verheirateten Cerdan und hält sich mit Berichten zurück. Die beiden Liebenden reisen gemeinsam nach Frankreich zurück. Edith arbeitet und gibt sogar eine private Vorstellung für die zukünftige Königin von England und ihren Mann. Marcel bereitet sich indessen auf seinen Weltmeisterschaftskampf im September des Jahres 1948 vor, den er gewinnt.

Immer wieder bittet Cerdans Trainer Lucien Roupp die Piaf, dem Hochleistungssportler angesichts des nächsten Kampfes im Juni 1949 möglichst viel Schlaf und viele Trainingseinheiten zu ermöglichen. Dennoch nimmt sie ihn so manches Mal auf einen Abstecher ins Nachtleben mit. Im Juni 1949 kommt es dann, wie es wohl kommen musste: Marcel Cerdan verliert den Titel an Jake La Motta.

Im Herbst des Jahres tritt Edith wieder in New York im Versailles auf, und Marcel geht in Europa auf eine Tournee mit Schaukämpfen. Nach Beendigung der Tour will Marcel Cerdan mit dem Schiff nach Amerika fahren, doch Edith kann es vor lauter Sehnsucht kaum erwarten, dass Marcel endlich eintrifft, und bittet ihn, stattdessen in ein Flugzeug zu steigen. In den frühen Stunden des 28. Oktober 1949 stürzt die Maschine mit Marcel Cerdan an Bord ab. Der Schicksals-Code von Edith Piaf zeigt ein Zeitfenster an, in dem auf zwei Zyklen der Wert für VERLETZUNG erscheint. Und was zeigt sich im Schicksals-Code von Marcel Cerdan zum Zeitpunkt des Unglücks? Es ist der doppelte Code für SCHOCK.

Edith Piaf bricht vor Schmerz zusammen, als sie vom Tod ihres Geliebten erfährt. Sie tritt zwar am selben Abend noch im Versailles auf und widmet ihr Konzert Cerdan, aber als Simone am nächsten Tag in New York eintrifft, wirft sie sich ihr weinend in die Arme und sagt: »*Momone, es ist meine Schuld, ich habe ihn getötet.*«

Edith trauert zutiefst um Marcel Cerdan, dennoch gibt es schon bald, im Jahr 1950, einen neuen Mann in ihrem Leben, den US-amerikanischen Schaupieler und Chansonnier Eddie Constantine. Er ist noch verheiratet und hat eine Tochter, aber in seiner Ehe kriselt es. Wieder fördert die Piaf die Karriere eines Mannes, der ihr am Herzen liegt. In Frankreich ist Eddie mit seinen Chansons erfolgreich, und in Deutschland beweist er sich als Schlagersänger. Ab Mitte der Fünfzigerjahre erobert er in beiden Ländern ein breites Publikum. Aber zu dieser Zeit gehen Eddie Constantine und Edith Piaf schon längst wieder getrennte Wege, denn 1951 erklärt Eddie Edith plötzlich, dass er immer noch sehr an seiner Frau und seiner Tochter hänge. Es ist eines der wenigen Male im Leben der Piaf, dass ein Mann die Beziehung zu ihr beendet.

Sein Nachfolger an Ediths Seite wird der ehemalige Radrennfahrer André Pousse. Edith wünscht sich zwar, dass er seinen Sport wieder aktiv betreibt, aber als Pousse ihrem Wunsch nicht nachkommt, ebnet sie ihm den Weg für eine neue Karriere als Schauspieler.

Edith ist wieder viel auf den Bühnen unterwegs, vor allem, um größere finanzielle Löcher zu stopfen. Charles Aznavour, der allein 1951 fünf Chansons für Edith schreibt, fungiert, wie so häufig zuvor, wieder einmal als ihr Chauffeur, und André Pousse ist ebenfalls mit von der Partie. Am 24. Juli 1951 ruft die Piaf ihre Momone mit der Nachricht an, dass sie gerade einen Unfall überlebt habe. Der von Charles gesteuerte Wagen ist aus der Kurve geraten und in hohem Bogen an einem Apfelbaum gelandet. Drei Wochen später, diesmal sitzt André am Steuer, ein neuer Unfall. Edith Piaf trägt Rippenbrüche und einen gebrochenen Arm davon. Bei beiden Unfällen ist im Schicksals-Code das Zeitfenster für VERLETZUNG geöffnet.

Noch im Krankenhaus wendet sich die Piaf von André Pousse

ab und seinem Freund, dem Radrennfahrer Toto Gérardin, zu. Und etwas Weiteres beginnt während dieses Krankenhausaufenthaltes: Edith Piaf lernt das Schmerzmittel Morphium kennen, von dem sie später nicht mehr loskommt.

Toto Gérardin ist noch verheiratet und seine Frau über seine Affäre mit der Piaf alles andere als amüsiert; ja, sie zeigt ihre Gegenspielerin sogar an. Ihr Mann habe beim Verlassen der gemeinsamen Wohnung Dinge mitgenommen, die definitiv ihr gehörten, und die Piaf habe sich der Mittäterschaft schuldig gemacht. Aber die Beziehung zu Toto endete schon bald nach diesem Skandal.

Im Frühjahr 1952 trifft Edith den Sänger Jacques Pills wieder, dem sie schon zweimal zuvor begegnet ist. Der Pianist und Komponist von Pills ist Gilbert Bécaud, der ein Jahr später seinen ersten großen eigenen Erfolg haben soll. Jacques und Edith beschließen, gemeinsam an einem Titel zu arbeiten, und kommen sich dabei näher. Edith ist zu diesem Zeitpunkt schon morphiumabhängig, aber ihrer Umwelt bleibt die Sucht noch verborgen. Am 29. Juli 1952 heiratet die Piaf überraschend Jacques Pills auf dem Standesamt des 16. Arrondissements in Paris. Der Schicksals-Code von Jacques zeigt den Wert für LIEBE gleich doppelt. In den Berechnungen zu Edith Piaf findet sich zum Zeitpunkt der Eheschließung der Wert für STABILITÄT.

Aber Edith ist gesundheitlich alles andere als stabil; ohne Morphium geht in ihrem Leben gar nichts mehr. Das entgeht auch Jacques Pills nach einiger Zeit nicht, denn inzwischen kommt es zu schlimmen Entzugserscheinungen, wenn sich Edith nicht rechtzeitig eine Spritze setzt. Sie verspricht Jacques, das Problem in den Griff zu bekommen. Nach einer gemeinsamen Tournee heiratet das Paar am 20. September des Jahres in New York auch kirchlich. Trauzeugen sind ihr Manager Loulou Barrier sowie Marlene Dietrich. Nach der Trauung reisen die Piaf und Pills zwar an die schönsten und interessantesten Orte Amerikas, aber es ist keine richtige Hochzeitsreise, eher eine Tournee mit vielen Auftritten, in dessen Verlauf es aufgrund ihrer Abhängigkeit mit der Piaf gesundheitlich steil bergab geht. Der Mix aus Alkohol und Morphium gefährdet nun auch schon ihre Auftritte. Nach einem Zusammenbruch auf der Bühne müssen sogar die Eintrittsgelder an das Publikum zurückgezahlt werden.

Die folgenden Jahre sind von zahlreichen Entziehungskuren und schweren Zusammenbrüchen geprägt. Trotzdem tritt die Piaf immer wieder auf – nicht zuletzt, weil sie auf die Gagen angewiesen ist, denn das Rauschgift und die Krankenhausaufenthalte verschlingen Unsummen. Im Jahr 1956 scheint es so, als würde Edith Piaf die Kontrolle über sich und ihre Sucht zurückerlangen. Ihr Manager kann Verträge für eine neue Amerika-Tournee abschließen, und die Piaf wird begeistert in New York empfangen. Ihr Ehemann Jacques steht währenddessen in London auf der Bühne. Ihm kommt diese eheliche Auszeit sehr gelegen, fühlte er sich in letzter Zeit doch häufig im Schatten seiner berühmten Frau und hatte das Gefühl, immer mehr »Monsieur Piaf« zu sein. Die lange USA-Tournee, gekrönt von einem außergewöhnlichen Erfolg in der Carnegie Hall in New York, ist äußerst anstrengend für Edith. Wegen einer rheumatischen Erkrankung muss sie Cortison nehmen. Eigenmächtig erhöht sie die vorgeschriebenen Dosen derart, dass ernsthafte Nebenwirkungen ausgelöst werden. Im Mai 1956 tritt sie in der Pariser Konzerthalle Olympia auf. Edith Piaf erreicht einen neuen Höhepunkt ihrer Popularität: Für ihre Auftritte im Olympia sind während fünfzehn Wochen keine Karten mehr zu bekommen. Aber auch der Ausverkauf ihrer Gesundheit schreitet immer weiter voran.

Mitte des Jahres 1956 kündigt Edith Piaf ihre Scheidung von Jacques Pills an. In den Schicksals-Codes der beiden zeigt sich zu diesem Zeitpunkt ein identischer Wert: ENDE.

Im Jahr 1957 hat Edith Piaf eine kurze Liaison mit Félix Marten, der in ihrem Vorprogramm im Olympia auftreten darf und aus dem sie einen neuen Star machen will. Kurz darauf lernt sie den jungen Gitarristen, Komponisten und Sänger Georges Moustaki kennen. Ungeachtet aller Kommentare in den Klatschspalten beginnt Edith mit diesem fast zwanzig Jahre jüngeren Mann ein neues Leben. Das Jahr 1958 wird das Jahr von Piaf und Moustaki. Edith ist voller Freude über die Chansons, die Georges für sie komponiert, und er wirkt geradezu wie eine Verjüngungskur auf sie. Die beiden begeben sich auf eine Tour durch Frankreich und genießen im Anschluss gemeinsame Tage auf dem Lande. Noch eine besondere Freude wartet in diesen Tagen auf Edith: Der Sohn ihrer großen Liebe, Marcel Cerdan junior, kommt zu Besuch.

Am 7. September 1958 sitzen Edith, George, Marcel und eine Freundin gemeinsam im Auto. Georges lenkt seinen Citroën über die regennassen Straßen, als er einen LKW zu spät sieht. Für die anderen läuft dieser Unfall glimpflich ab, aber für Edith Piaf endet er im Krankenhaus. Zwei durchtrennte Sehnen an der Hand, eine lange Stirnwunde und ein Riss in der Oberlippe müssen versorgt werden, und das kurz vor ihrer geplanten USA-Tournee. Georges Moustaki hat möglicherweise einen großen Anteil an ihrem schnellen Genesungsprozess und schreibt ihr eines seiner schönsten Chansons: *Milord*.

Anfang des Jahres 1959 tritt Edith Piaf in Begleitung ihres Managers und George Moustakis ihre Tournee durch die USA an. Das amerikanische Publikum und auch die Presse feiern den Star aus Frankreich. Nur privat gibt es immer häufiger Spannungen zwischen ihr und Georges, der Anfang Februar allein nach Florida abreist. Dafür ist ein anderer alter Begleiter sofort wieder zur Stelle: der Alkohol!

Am 20. Februar bricht die Piaf auf der Bühne des Waldorf Astoria zusammen. Im Krankenhaus wird ein aufgebrochenes, blutendes Magengeschwür diagnostiziert, das sofort operiert werden muss. Georges Moustaki eilt an ihr Krankenbett, aber er empfindet für Edith nur noch Freundschaft. Anfang März 1959 darf sie das Krankenhaus verlassen, aber am 25. März erleidet sie einen Rückfall und muss erneut operiert werden. Ein neuer Mann wacht an ihrem Krankenbett: der junge amerikanische Maler Douglas Davies. Begonnen hatte alles damit, dass Davies ihr während ihres ersten Krankenhausaufenthaltes neben Blumen auch einen reizenden Brief ins Krankenhaus schickte. Edith bat darum, ihren Fan persönlich kennenlernen zu dürfen und verliebte sich auf Anhieb in den gut aussehenden Dreiundzwanzigjährigen.

Nach ihrer Genesung tritt sie entgegen der Ratschläge ihrer Ärzte, aber zur Begeisterung des amerikanischen Publikums, noch eine Woche lang im Waldorf Astoria auf. Anschließend reist Edith Piaf im Juni 1959 mit ihrer neuen Eroberung zurück nach Paris. Im August 1959 – Edith befindet sich auf einer Tournee in Frankreich – wird sie wieder bei einem Autounfall verletzt. Diesmal sitzt Douglas Davies am Lenkrad und verliert die Kontrolle über das Fahrzeug. Mit mehreren gebrochenen Rippen setzt die Piaf ihre Tournee fort. Es ist ihr wegen der damit verbundenen Schmerzen fast nicht möglich, mit gebrochenen Rippen zu singen. Morphium – da ist es wieder, das Rauschgift, von dem sie lange Zeit nicht loskommen konnte. Nun nimmt sie es erneut. Auch der Alkohol hält wieder Einzug in ihr Leben.

Über das genaue Ende ihrer Beziehung zu Douglas Davies gibt es verschiedene Aussagen. Hält es Douglas nur bis zum Ende der Tournee an der Seite von Edith aus, oder verlässt er sie Ende des Jahres 1959? Ist er noch bei ihr, als sie am 22. September im amerikanischen Krankenhaus in Neuilly wegen einer Bauchspeicheldrüsenentzündung operiert werden muss? Fest steht, dass er am Ende ihrer Beziehung geradezu aus ihrem Leben flüchtet. Zum erneuten Krankenhausaufenthalt sagt Simone, dass sie bereits seit Ediths Operation in New York die wahre Diagnose kannte: Krebs, unheilbar!

Diese Kette von Tiefschlägen, beginnend im August 1959, bildet sich auch in Ediths Schicksals-Code ab. Von April bis Dezember ist das Zeitfenster für SCHOCK geöffnet.

Fast ein Jahr lang dauert es, bis Edith Piaf sich von der Operation erholt. Schlafkuren statt Bühne, Absagen anstelle von Auftritten, Krankenhausaufenthalte, aber dazwischen auch immer wieder Proben und Aufnahmen. Im Sommer 1960 empfängt sie den Komponisten Charles Dumont, der ein neues Chanson für sie hat. Sie mag ihn zunächst gar nicht, diesen Charles, aber als er sich ans Klavier setzt und ihr den Titel *Non! Rien de rien … Non, je ne regrette rien* vorspielt, ist sie begeistert. Das ist ihr Lied. »Nein, ich bedauere nichts«, ihre Hymne. Charles Dumont schenkt ihr mit diesem Titel einen Welterfolg. Er wird nach Marguerite Monnot ihr Lieblingskomponist und nimmt darüber hinaus auch in ihrem Leben einen besonderen Platz ein.

Am 29. Dezember 1960 tritt sie, inzwischen von der Krankheit schwer gezeichnet, wieder im Olympia auf. Dieser Abend soll dem Publikum in unvergesslicher Erinnerung bleiben, denn sie, die schon hoffnungslos dem Tod geweiht schien, zieht alle in ihren Bann. Bis zum 13. April 1961 tritt sie nun im Olympia auf, aber die Strapazen fordern ihren Tribut. Ihre Kräfte lassen nach, sie muss nach ihren Auftritten von der Bühne getragen werden. Dennoch entschließt sie sich danach, wieder auf Tournee zu gehen. Ohne hohe Dosen von Schmerz- und Aufputschmitteln geht allerdings gar nichts mehr. Gleich zweimal wird sie wieder ins Krankenhaus eingeliefert und muss operiert werden.

Im Januar 1962 macht ihr Manager Edith mit dem Mann bekannt, der in ihrem Leben, in ihrem Herzen, die letzte entscheidende Rolle spielen soll. Es ist Théophanis Lamboukis, Sohn eines griechisch-orthodoxen Beautysalon-Besitzers. Für Charles Dumont ist die Zeit gekommen, seinen Platz an der Seite von Edith zu räumen. Der zwanzig Jahre jüngere, zurückhaltende Théo wird ihn nun einnehmen. Beruflich allerdings bleiben Charles und Edith weiterhin miteinander verbunden.

Wenige Wochen später liegt Edith mit einer schweren

Lungenentzündung im Krankenhaus, und Théophanis ist an ihrer Seite. Edith bleibt sein Gesangstalent nicht verborgen. Noch einmal bündelt sie all ihre Kräfte und konzentriert sich darauf, einen neuen Sänger zu formen. Sie will, dass Théo einmal zu den Besten gehören wird, und lässt ihn durch eine harte Schule gehen. Auch einen neuen, eingängigen Künstlernamen hat sie für den gut aussehenden, jungen Mann mit den dunklen Locken: Théo Sarapo. So hatte sie das Wort für »Ich liebe dich« (eigentlich *S'agapo*) von ihren griechischen Bewunderern verstanden. Im Sommer 1962 gehen Edith und Théo auf Tournee und stehen erstmals gemeinsam auf der Bühne.

Martin Salier beschrieb am 12.10.1963 im Hamburger Abendblatt in einem Nachruf auf die Piaf den ersten gemeinsamen Auftritt von Edith und Théo wie folgt: »Sie standen zusammen auf der Bühne. Edith Piaf in ihrem traditionellen schwarzen, etwas großmütterlichen Kleid. Gebrechlich, zierlich. Gezeichnet von schwersten Krankheiten und harten Nackenschlägen eines randvollen Lebens. Sie reichte Théo Sarapo nur bis an die Schulter. Es war, als forderten sie mit ihrem Schock-Chanson das Publikum und das Leben selbst in die Schranken: *A quoi ca sert raraour?* »Wozu ist schon die Liebe gut? Du bist es, den ich wollte!« Es war die alte, leidenschaftliche große Stimme Ediths, die gar nicht zu ihrem gebrechlichen Körper zu gehören schien. Die Aufrichtigkeit der Szene, der herausfordernde Mut des Bekenntnisses ans Herz. Zum letzten Mal.«

Am 9. Oktober 1962 heiraten Edith Piaf und Théo Lamboukis. Der Schicksals-Code von Théo zeigt zum Zeitpunkt der Hochzeit die seltene Code-Kombination von LIEBE und ANFANG, jeweils doppelt. Im Schicksals-Code von Edith zeigt sich ebenfalls der Wert für ANFANG und noch ein zweiter Wert: ÖFFENTLICHKEIT. Natürlich wird diese Hochzeit zu einem der Top-Medien-Ereignisse des Jahres. Trotz einer erneuten Entziehungskur und eines weiteren Krankenhausaufenthaltes aufgrund eines Leberkomas gibt die Piaf weiterhin Konzerte, nimmt Schallplatten auf, geht sogar noch im Januar 1963 auf eine kleine Tournee und tritt im Februar mit Théo in Paris auf.

Simone sagt über Théo, der sich bis zu ihrem Lebensende rührend um Edith kümmert: »*Dieser Junge hat ihr ein Glück geschenkt, das sie nicht mehr für möglich gehalten hatte. Ich habe immer gefunden, dass er sauber und anständig war und Edith liebte, wie es niemand getan hatte. Von ihr hatte er nichts zu erwarten als Kummer und Schulden. Ehe er sie heiratete, hatten ihm die Ärzte reinen Wein eingeschenkt. Er wusste, dass Edith unheilbar krank war. Und trotzdem hat er sie geheiratet. Das war ein sehr großer Liebesbeweis.*«

Der Krebs setzt Edith Piaf immer mehr zu. Es folgen ständig neue Krankenhausaufenthalte, und selbst die Ärzte und das Pflegepersonal sind angesichts der Schwere des Krankheitsverlaufs von ihrer unglaublichen Willenskraft überrascht.

Dennoch erliegt Edith Piaf kurze Zeit später, in einer kleinen, von Théo angemieteten Villa in der Nähe von Grasse, ihrer schweren Krankheit. Die Öffentlichkeit erfährt am 11. Oktober 1963 vom Tod der großen Chanson-Sägerin. Die Angaben über den genauen Todeszeitpunkt sind allerdings widersprüchlich – die Zahlenwerte des Schicksals-Codes sind es nicht. Für Oktober 1963 zeigt der Schicksals-Code von Edith Piaf ENDE und den doppelten Wert für BEFREIUNG.

Nach dem Tod wird ihr Leichnam nach Paris überführt. Dort sagen über zwei Millionen Franzosen ihrer wohl größten Volkssängerin adieu.

*

HEINRICH VIII.

»Divorced, beheaded, died – divorced, beheaded, survived.« – Dieser Abzählvers hilft britischen Schülerinnen und Schülern, sich das Schicksal der sechs einander folgenden Ehefrauen des englischen Königs Heinrich VIII. zu merken. »Geschieden, geköpft, gestorben – geschieden, geköpft, überlebt.« Sechs Worte, sechs Schicksale, die in Kurzform beschreiben, warum Heinrich VIII. vor allem als Ladykiller, Lustmensch und Despot in die Geschichte einging.

Die politische Lebensleistung dieses Königs von England, der sich selbst zum Oberhaupt der anglikanischen Kirche machte, bleibt bis heute heftig umstritten.

Zu Beginn seiner Regentschaft wird er als gut aussehender, stattlicher, sportlicher junger Mann beschrieben, was sich in seinen späteren Jahren drastisch ändern sollte. Darüber hinaus galt er als außergewöhnlich gebildet. Seine sechs Ehen, seine Machtbesessenheit und die Art, wie er England von 1509 bis 1547 regierte, lieferten bereits so viel Stoff für Biografien und Drehbücher, dass wir den Fokus ausschließlich auf einige Auffälligkeiten in den Berechnungen seines Schicksals-Codes richten, ohne detailliert auf die politischen Hintergründe einzugehen. Zeigt sich in den Berechnungen zu dem Mann, der sich zwei seiner Frauen mit Hilfe des Henkers entledigte, der Code für LIEBE? Spiegelt sich seine kalkulierte Grausamkeit auch in seinem Schicksals-Code wider?

Am 21. April 1509 besteigt der Zweitgeborene von Heinrich VII. und Elisabeth von York nach dem Tod seines Vaters den Thron. Nachdem sein Bruder Arthur überraschend gestorben war, wurde Heinrich VIII. zum Prince of Wales und damit der offizielle Thronfolger. Die Berechnungen des Schicksals-Codes zeigen hier den Code ANFANG gleich doppelt.

Nur wenige Wochen später, am 11. Juni, heiratet er Katharina von Aragon, die Witwe seines Bruders Arthur. Heinrich war zwölf Jahre, als sein Vater nach dem Tod des Bruders beschlossen hatte, dass Heinrich Katharina heiraten solle. Bereits 1503 war hierzu ein Heiratsvertrag geschlossen worden. Es standen wohl vor allem politische Interessen im Hintergrund: das spanisch-englische Bündnis. Die Heirat mit der Witwe des Bruders war erst durch eine päpstliche Dispens ermöglicht worden und entsprach dem letzten Wunsch seines Vaters, der ihn auf dem Sterbebett erneut gebeten haben soll, Katharina zu heiraten.

Schon kurz nach der Hochzeit freut sich das Paar über die Schwangerschaft Katharinas. Der Tudorkönig hofft auf einen männlichen Nachkommen, denn ein solcher Erbe gehörte zum Pflichtprogramm der Königshäuser, um die Thronfolge für die Zukunft zu sichern. In den Berechnungen taucht im Mai 1510 der Code VERLETZUNG auf, als das erste gemeinsame Kind von Katharina und Heinrich tot geboren wird, eine Tochter. Verblüffenderweise ist es ein Zahlencode, der sich mehrfach in den Schicksals-Codes von derart betroffenen Müttern fand. Es ist eine erstaunliche Übereinstimmung, dass bei Heinrich VIII., als Kindesvater, zu diesem Zeitpunkt der gleiche Code erscheint.

Wie wichtig ein Erbe für den König von England zu diesem Zeitpunkt ist, wird deutlich, wenn man sich die Erbfolge anschaut, die bei seinem Tod eintreten könnte. Würde nach ihm Margarete, seine Schwester, den Thron besteigen, wäre ein Schotte König von England, denn sie ist mit Jakob IV. von Schottland verheiratet. Und Heinrichs Schwester Maria, zweite in der Thronfolge nach Margarete, ist Karl von Kastilien versprochen.

Am 1. Januar 1511 kann Heinrich den heiß ersehnten Erben in die Arme schließen. Zum Zeitpunkt der Geburt seines Sohnes taucht der Code für BEFREIUNG in den Berechnungen auf, kurz danach der Code VERLETZUNG, der sich schon beim Tod seiner Tochter gezeigt hatte. Am 22. Februar, zweiundfünfzig Tage nach der Geburt, stirbt der kleine Thronfolger namens Heinrich.

Die Zeit bis zur Geburt der Tochter Maria ist geprägt von Krieg und Frieden. Am 13. November 1511 tritt England der Heiligen Liga gegen Frankreich bei, im April 1512 erklärt Heinrich VIII. dem König Frankreichs, Ludwig XII., den Krieg. Nach den ersten wenig ruhmreichen Eroberungsfeldzügen fällt er 1513 erneut in Frankreich ein. Während Heinrich VIII. in Frankreich kämpft, kommt es im Norden Englands zu einer Schlacht mit den Schotten, aus der die englischen Truppen siegreich hervorgehen. Bevor es im Sommer 1514 zu einem neuen Feldzug in Frankreich kommt, wird überraschend ein Friedensvertrag mit Ludwig XII. geschlossen.

Der Schicksals-Code weist für Februar 1516 SCHOCK aus, als Heinrich VIII. am 18. Februar Vater einer Tochter wird. Es war bereits die fünfte Schwangerschaft seiner Frau, und keines der Kinder hatte überlebt. Anstelle des sehnlichst herbeigewünschten Sohnes bringt seine Frau nun ein kräftiges und gesundes Mädchen zur Welt. Sie ist das einzige ihrer Kinder, das die ersten kritischen Wochen wohlbehalten überlebt. Und sie ist es, die später zur Königin von England gekrönt werden soll und der man den Beinamen »Bloody Mary« geben wird.

Drei Jahre später, im Sommer 1519, bekommt Heinrich erneut einen Sohn, Henry Fitzroy. Die Berechnungen zeigen den Wert LIEBE gleich doppelt. Es ist jedoch nicht seine Frau Katharina, die ihm einen Erben schenkt, sondern Elizabeth Blount, eine der Hofdamen, die einem gesunden Jungen das Leben schenkt. Sein einziger Sohn, der bis zu diesem Zeitpunkt überlebt, ist also kein legitimer Thronfolger.

Wann hat Heinrich der VIII. Elizabeth Blount kennen- und lieben gelernt? Darüber dringt nichts an die Öffentlichkeit. Als seine Geliebte später einen anderen heiratet, sind Heinrichs Hochzeitsgeschenke überaus großzügig. Und im Jahr 1525 wird Henry Fitzroy von seinem Vater zum Grafen von Nottingham und zum Herzog von Richmond und Somerset ernannt.

Wann immer Heinrich VIII. die ersten Gedanken an eine Annullierung der Ehe mit Katharina hatte – die Vorgehensweise, wie er im Frühjahr 1527 sein Vorhaben umzusetzen beginnt, hat so komplexe Hintergründe, dass sie eigene Kapitel in Büchern über Heinrich VIII. füllt. Erst die päpstliche Dispens hatte diese Heirat überhaupt ermöglicht. Dazu Jasper Ridley in seiner Biografie *Heinrich VIII.*: »Heinrich erkannte von Anfang an, dass es zwei Möglichkeiten gab, die Annullierung seiner Ehe zu erreichen – durch den Papst oder gegen den Papst.«

Welche wahren Motive auch immer hinter dem drängenden Wunsch Heinrichs stehen, wieder Junggeselle sein zu wollen – Tatsache ist, dass ihm Katharina bislang keinen männlichen Nachfolger geboren hat. Und da sie nun schon über vierzig Jahre alt ist, sind die Chancen, dass sie erneut schwanger wird, nicht mehr besonders groß. Eine weitere Tatsache ist, dass Heinrich VIII. inzwischen die junge, hübsche Hofdame der Königin, Anne Boleyn, kennengelernt hat. Wann genau hat diese Affäre begonnen? Uwe Baumann schreibt dazu in seinem Buch *Heinrich VIII.* folgendes: »Wir wissen nicht genau, wann die bloße Bekanntschaft, das höfische Getändel zwischen dem immer noch attraktiven König und der jungen, zierlichen und intelligenten Anne Boleyn der Liebe wich, einer tiefen, leidenschaftlichen und schrankenlosen Liebe, die das Leben aller Beteiligten so nachhaltig beeinflussen sollte. Heinrich VIII. soll eine echte, tiefe leidenschaftliche Liebe empfunden haben.« Später tauchen Liebesbriefe Heinrich VIII. auf, die Rückschlüsse auf seine tiefen Gefühle für Anne zulassen.

Der Schicksals-Code Heinrichs enthält nur einen auffälligen Code, der auf den Beginn dieser Beziehung hinweisen könnte, und zwar für die ersten Monate des Jahres 1527: Hier findet sich der Code für ANFANG gleich doppelt.

Die Scheidung von Katharina soll in den nächsten Jahren zum zentralen politischen Thema werden und dazu führen, dass Heinrich VIII. sich 1533 von Rom lossagt und 1534 mit dem *Act of Supremacy* die anglikanische Staatskirche mit ihm als Oberhaupt begründet.

Im Jahr 1533 überstürzen sich die Ereignisse. Anne Boleyn, mit der Heinrich inzwischen zusammenlebt, ist schwanger und erwartet das Kind für den Herbst. Sollte es ein Sohn werden, wäre der Nachkomme illegitim und die Thronfolge daher wieder nicht gesichert. Am 25. Januar 1533 heiraten die beiden unter

Ausschluss der Öffentlichkeit. Die Berechnungen des Schicksals-Codes zeigen den Wert für Verstrickungen an: SCHWÄCHE. Am 23. Mai erklärt der dem König treu ergebene Erzbischof von Canterbury, Thomas Cranmer, die Ehe mit Katharina für nichtig und, wenige Tage später, die heimlich geschlossene Ehe mit Anne Boleyn für gültig. Katharina, die während der Scheidungsschlacht immer wieder ihre Treue und Liebe zu Heinrich VIII. beteuert hatte, verliert ihren Titel als Königin. Bis zum Sommer 1531 war Katharina in Windsor geblieben, doch dann hatte Heinrich sie aufgefordert, den Palast zu verlassen. Bis zu ihrem Tod am 8. Januar 1536 wird sie Heinrich nie wieder begegnen.

Anne Boleyn, die neue Frau an Heinrichs Seite, wird im Juni 1533 zur Königin gekrönt. Heinrich erwartet mit seiner nun rechtmäßigen Ehefrau die Geburt des Kindes. Wie mag seine Gemütslage nach all den Bemühungen, einen Thronfolger zu bekommen, gewesen sein, als Anne am 7. September 1533 ein gesundes Mädchen zur Welt bringt? SCHOCK, dieser Code zeigt sich zum Zeitpunkt der Geburt im Schicksals-Code von Heinrich VIII.

Das Mädchen, Elisabeth I., wird später als letztes überlebendes Kind Heinrichs den Thron besteigen. Im März 1534 erlässt Heinrich den *Act of Succession*: Wenn aus der Ehe mit Anne oder aus möglichen weiteren Ehen keine männlichen Nachkommen hervorgehen, wird Elisabeth alleinige Thronerbin.

Knapp zwei Jahre später soll Anne mit einem Jungen schwanger gewesen sein, aber sie erleidet eine Fehlgeburt. Nur wenig später gibt es Gerüchte über Heinrich und Jane Seymor sowie über eine mögliche Scheidung von Anne Boleyn. Es kommt zu keiner Scheidung; stattdessen steht Anne kurze Zeit später im Mittelpunkt eines Prozesses. Es wird behauptet, sie habe gleich mit mehreren Männern – darunter auch mit ihrem Bruder – außerehelichen Verkehr gehabt. Die Anklage lautet auf Hochverrat durch Ehebruch und Konspiration gegen Heinrich VIII. Alle Angeklagten werden für schuldig befunden, zum Tode verurteilt und enthauptet. Bevor Königin Anne am 19. Mai 1536 hingerichtet wird, erklärt der Erzbischof von Canterbury ihre Ehe mit Heinrich VIII. für ungültig.

Die Berechnungen zeigen im Schicksals-Code von Heinrich den Wert für ANFANG gleich doppelt. Bereits am 30. Mai beginnt für Heinrich mit der heimlichen Hochzeit mit Jane Seymor ein Leben mit einer neuen Ehefrau an seiner Seite. Nun gilt es, die Thronfolge im Sinne der möglichen Nachkommen aus der Ehe mit Jane neu zu regeln. In dem Zeitraum, in dem die Ehe noch kinderlos ist, unterliegt es allein Heinrichs Entscheidung, wer seine Nachfolge antreten wird.

Für den Oktober 1537 werden zwei Codes angezeigt: GLÜCK, gleich doppelt, und VERLETZUNG – eine außergewöhnliche Code-Kombination. Am 12. Oktober geht Heinrichs größter Wunsch in Erfüllung: Mit Hilfe eines Kaiserschnitts bringt Königin Jane einen gesunden Jungen zur Welt. Aber wenige Tage später, am 24. Oktober, stirbt Jane an den Folgen der Geburt des kleinen Prinzen Edward.

Heinrich ist nun Witwer, und eine neue Heirat soll vor allem politischen Interessen dienen. Es beginnt eine Brautschau auf europäischer Ebene, die sich als nicht besonders einfach erweist. Neben der Tatsache, dass es darum geht, eine politisch sinnvolle Ehe zu arrangieren, gilt es auch, Heinrichs Wunsch nach Attraktivität seiner zukünftigen Braut zu erfüllen.

Der Maler Hans Holbein der Jüngere wird sogar aufs Festland geschickt, um Porträts einiger potenzieller Heiratskandidatinnen anzufertigen, darunter Anna von Kleve. Das Bild zeigt auf den ersten Blick eine liebreizende junge Dame in einem roten Samtkleid mit goldfarbenen Brokatverzierungen. Ihr Haar ist von einem kunstvoll verzierten Häubchen verdeckt, was Raum für Fantasien lässt. Verbirgt sich darunter eine goldblonde Lockenpracht? Der rote Stoff schmeichelt ihrem blassen Teint; die Lippen sind allerdings auf den zweiten Blick vielleicht etwas zu schmal. Doch Heinrich ist von dem, was er auf dem Bild sieht, mehr als angetan. Im Herbst des Jahres 1539 schickt der Bruder Annas, der Herzog von Kleve, seine Abgesandten, um einen Heiratsvertrag zwischen Heinrich VIII. und Anna von Kleve abzuschließen.

Der Schicksals-Code zeigt den Wert für SCHOCK, als Heinrich im Januar 1540 Anna erstmals persönlich trifft. Sie ist ganz und gar nicht die Frau, die Heinrich erwartet hat. Ihre Kleidung und ihr Stil entsprechen mehr dem Typ »Heimchen vom Niederrhein« als dem einer zukünftigen englischen Königin. Man hat ihm eine Schönheit versprochen, und es kommt eine Landpomeranze. Nach intensiven Überlegungen, was nun zu tun ist, heiratet er Anna von Kleve dennoch im selben Monat. Man kann sich vorstellen, dass Hans Holbein d. J. mit dem attraktiven Porträt, das er von Anna gemalt hat, in der Gunst des Königs nicht gestiegen ist.

Bereits wenige Monate später will Heinrich die Trennung von Anna und drängt auf Annullierung der Ehe. Thomas Cromwell, Graf von Essex, der die Ehe mit Anna von Kleve vermittelt hat, soll nun eine entscheidende Rolle für den Annullierungsprozess spielen. Cromwell wartet mittlerweile als Ketzer und Verräter im Tower auf die Vollstreckung des Todesurteils, aber zuvor soll er noch mit Aussagen über das Intimleben und den nicht stattgefundenen Vollzug der Ehe von Heinrich und Anna von Kleve die Annullierung ermöglichen.

Anna ist vielleicht wirklich nicht so schön und unterhaltsam, wie man Heinrich berichtet hat, als der Heiratsvertrag geschlossen wurde, aber die Annullierung der Ehe nach wenigen Monaten hat möglicherweise noch einen ganz anderen Hintergrund. Heinrich ist inzwischen, angeblich leidenschaftlich, in eine junge, anmutige und temperamentvolle Frau verliebt: Catherine Howard.

Anna hat bereits akzeptiert, dass Heinrich sie nach Richmond geschickt und großzügig abgefunden hat. Im Juli 1540 wird ihre Ehe mit Heinrich durch Konvokation und durch Bestätigung durch das Parlament für ungültig erklärt. Nachdem

Thomas Cromwell hierzu seinen Beitrag geleistet hat, wird er am 28. Juli 1540 vor dem Tower enthauptet.

In Oatlands heiratet Heinrich VIII. am selben Tag, am 28. Juli, die Frau, in die er sich zuvor verliebt hat: Catherine Howard. LIEBE, gleich doppelt, ist der Code, den die Berechnungen für den Zeitpunkt dieser heimlichen Hochzeit ausweisen. Es ist das erste Mal, dass dieser Zahlenwert in Heinrichs Schicksals-Code in Verbindung mit einer Heirat auftaucht. Jasper Ridley beschreibt die Beziehung von Heinrich VIII. zu Catherine wie folgt: »Heinrich war leidenschaftlich in sie verliebt und behandelte sie mit größter Achtung und Fürsorge.«

Die Liebe zu Catherine hält jedoch nur einen Sommer. Im Winter wird Heinrich zugetragen, es bestehe Grund zur Annahme, dass die Königin ihn in ihrer kurzen Ehe betrogen habe. Heinrich will Gewissheit und Belege für Catherines Ehebruch. Jasper Ridley schreibt dazu in *Heinrich VIII.*: »Aber es gibt keinen Grund, an der Richtigkeit der Darstellung zu zweifeln, die der Rat den Botschaftern im Ausland am 12. November übermittelte. Danach weigerte sich Heinrich, an Katharinas Schuld zu glauben, ehe sie nicht eindeutig bewiesen war. ›Das Herz Seiner Majestät war so von Kummer beschwert, dass es lange dauerte, ehe der König seinem Schmerz Ausdruck verlieh und uns schließlich mit vielen Tränen, was bei seinem Mut sonderbar war, sein Herz ausschüttete.‹« Am Ende wiegen die Verdachtsmomente so schwer, dass Heinrich gezwungen ist, den Anschuldigungen gegen Catherine Glauben zu schenken.

Bei der erschreckend hohen Anzahl von Todesurteilen, die während der Regierungszeit von Heinrich VIII. durch Schleifen, Erhängen und Vierteilen, Verbrennung auf dem Scheiterhaufen oder Enthauptung vollzogen wurden, ist es verwunderlich, dass er mit der Verurteilung seiner fünften Ehefrau zögert. Aus dem Blickwinkel des Schicksals-Codes war der ausschlaggebende Grund für eine Heirat mit Catherine Howard wahre Liebe, die für Heinrich jetzt mit einer bitteren Enttäuschung endet!

Wie zuvor Anne Boleyn, wird auch diese Königin wegen Ehebruchs und Konspiration gegen den König angeklagt, und ebenso werden alle, die in Zusammenhang mit dem Ehebruch stehen, zum Tode verurteilt. Am 13. Februar 1542 wird Catherine Howard hingerichtet. Der Schicksals-Code von Heinrich weist für den Zeitpunkt der Hinrichtung ENDE doppelt aus.

Bei allen fünf Frauen, die Heinrich bislang geheiratet hat, gab es im Vorfeld Gerüchte über eine sich anbahnende Liaison, über eine neue Verliebtheit des Königs, und man konnte etwa einschätzen, wo und wann Heinrich seiner Zukünftigen begegnet war. Nicht so bei Catherine Parr, die er ohne große Vorankündigungen am 12. Juli 1543 heiratet. Der Schicksals-Code zeigt für das Zeitfenster, in dem seine sechste und letzte Ehe geschlossen wird, den Wert für STABILITÄT, doppelt. Diese Ehe soll tatsächlich bis zum Tode Heinrichs stabil bleiben. Selbst als Catherine plötzlich in den Verdacht der Ketzerei gerät, bewahrt Heinrich sie vor dem Tower.

Bereits im Winter 1546 ist der König häufig ans Bett gefesselt. Aus ihm ist ein übergewichtiger, unförmiger, kranker Mann geworden. Die Schmerzen einer Beinverletzung und häufige Fieberanfälle machen ihm schwer zu schaffen. Am 28. Januar 1547 stirbt Heinrich VIII. im Alter von fünfundfünfzig Jahren.

EIN CODE – TAUSEND SCHLAGZEILEN

Die wichtigsten Stationen im Leben von Heinrich VIII. sind inzwischen ebenso in der Datenbank gespeichert wie die aus unzähligen anderen Lebensgeschichten prominenter Persönlichkeiten. Hinter jedem gespeicherten Ereignis steht der Zahlen-Code, der sich zeitgleich in den Berechnungen ihres jeweiligen Schicksals-Codes zeigte.

So wurden unter den Kategorien wie beispielsweise TRIUMPH, GLÜCK, LIEBE, ENDE, ANFANG, VERLETZUNG, SCHOCK inzwischen Hunderte von Ereignissen gesammelt, die im Leben dieser Menschen häufig auch mit kleinen und großen Schlagzeilen verbunden waren.

Durch die Zusammenfassung in den Code-Kategorien haben sie etwas gemeinsam: Herausragende Ereignisse ihrer Lebensgeschichten tragen denselben Zahlen-Code.

Es entstehen Verbindungen zwischen Coco Chanel und Abi Ofarim, Heinrich VIII. und Edith Piaf, Vincent van Gogh und Marie Curie oder John F. Kennedy und Wolfgang Amadeus Mozart, die es ohne den Schicksals-Code nicht gegeben hätte. Lesen Sie auf den folgenden Seiten, was die unterschiedlichsten Persönlichkeiten aus Musik, Mode, Politik, Wissenschaft und Geschichte unter gleichen Zeitqualitäten ihres Schicksals-Codes erlebt haben.

Sie werden überrascht sein, welche erstaunlichen Übereinstimmungen sich bei vielen Episoden der Großen aus Vergangenheit und Gegenwart zeigen. Das Einzige, was alle nun folgenden Begebenheiten verbindet, ist der Schicksals-Code.

DER CODE FÜR TRIUMPH ZEIGT SICH:

Musik

Abi Ofarim

... als Abi Ofarim im Jahr 1958 nach dem Selbstmord seines Vaters auf seinen Traum von Amerika und eine dortige Karriere verzichtet und die Herausforderung annimmt, den väterlichen Betrieb wieder hochzubringen und die Schulden abzubauen.

... als Esther und Abi im Jahr 1962 beim internationalen Songfestival im polnischen Zoppo den zweiten Platz belegen.

... als Esther und Abi Ofarim im Jahr 1966 mit ihrer Mischung aus Folklore und deutschsprachiger Musik den Höhepunkt ihrer Karriere in Deutschland erleben.

... als im Jahr 1968 der Titel *Cinderella Rockefella,* geschrieben von Mason Williams und Nancy Ames, zum Superhit wird und die Ofarims sogar die Beatles in den englischen Charts hinter sich lassen.

... als Abi Ofarim im Jahr 2009 seine neue CD *Too much of Something* veröffentlicht. Im Titelsong beschreibt er die rasante Achterbahnfahrt seines Lebens.

Wolfgang Amdadeus Mozart

... als Mozart, obwohl er erst drei Jahre alt ist, am Klavier bereits Terzen zusammensucht und sich an der Schönheit ihres Klanges erfreut. Möglicherweise zeigt sich hier schon der Durchbruch seines außergewöhnlichen Musikgenies.

... als am 5. Juli 1770 der Kardinalsstaatssekretär Lazzaro Opizio Pallavicini im römischen Quirinal dem vierzehnjährigen

Mozart die Insignien des ihm von Papst Clemens XIV. verliehenen Ordens *Vom goldenen Sporn* verleiht.

Edith Piaf

… als Edith Piaf am 25. August 1921 ihr Augenlicht zurückgewinnt.

… als Edith Piaf im März 1937 in der berühmten Pariser Music-Hall A.B.C auftritt – das erste Mal mit einem großen Orchester vor einem solchen Publikum.

Kunst

Vincent van Gogh

… als Vincent van Gogh 1880 alle bisherigen Pläne fallen lässt und sich entschließt, Maler zu werden.

… als Helene Kröller-Müller in den Jahren 1908 und 1909 gleich vier Werke von Vincent van Gogh kauft: Waldrand (Originaltitel: *Bosrand*), ein Sonnenblumen-Bild (Originaltitel: *Vier uitgebloeide zonnebloemen*), Der Säer (Originaltitel: *De zaaier*), und ein Stillleben mit Flasche und Zitronen (Originaltitel: *Mand met citroenen en een fles*). Im Jahr 1908 ist van Gogh bereits seit achtzehn Jahren tot.

Politik

Heinrich VIII.

… als Heinrichs älterer Bruder, Arthur Tudor, 1502 überraschend stirbt. Damit wird Heinrich zum neunten Prince of Wales und somit zum offiziellen Thronfolger.

… als Jane Seymor Heinrich VIII. endlich den ersehnten Sohn schenkt: Edward (12. Oktober 1537 bis 6. Juli 1553).

John F. Kennedy

… als Kennedy am 20. Januar 1961 im Alter von dreiundvierzig Jahren zum 35. Präsident der USA gewählt wird. Bis zum Attentat am 22. November 1963 in Dallas wird er nur 1036 Tage im Amt bleiben.

Wirtschaft

Coco Chanel

...als im Jahr 1921 das berühmte Parfüm von Coco Chanel auf den Markt kommt: Chanel No.5. Der Duft ist völlig neu. Bis dahin hatten die Parfüms der damaligen Zeit nur nach verschiedenen Blumen gerochen.

...als Coco Chanel im Jahr 1930 von Samuel Goldwyn Mayer beauftragt wird, die Stars von United Artists auszustatten. Der Vertrag garantiert Coco die sagenhafte Summe von einer Million Dollar.

...als Stanley Neiman Marcus, Inhaber der Nobelkaufhauskette in Dallas, im Jahr 1955 Coco Chanel als Anerkennung für den neuen Chanel-Look den Mode-Oscar verleiht. Damit wird sie zur einflussreichsten Modeschöpferin des zwanzigsten Jahrhunderts gekürt.

Wissenschaft

Marie Curie

...als Marya Ende 1891 endlich Warschau verlassen kann, um ihr Studium an der Mathematisch-Naturwissenschaftlichen Fakultät der Sorbonne zu beginnen. Marya immatrikuliert sich dort als Marie Sklodowska.

Galileo Galilei

...als der berühmten italienischen Naturwissenschaftler Galileo Galilei im Jahr 1610 vom Großherzog der Toskana zum Chefmathematiker und Philosophen am toskanischen Hof in Pisa ernannt wird.

DER CODE FÜR LIEBE ZEIGT SICH:

Musik

Abi Ofarim

... als Abi Ofarim 1956 im Alter von neunzehn Jahren die fast siebzehnjährige Esther in einem Straßencafé in Haifa kennenlernt. Die beiden verlieben sich sofort ineinander.

Wolfgang Amadeus Mozart

... als sich Wolfgang Amadeus Mozart im Jahr 1778 in die siebzehnjährige hochbegabte Sängerin und Musikerin Aloysia Weber verliebt. Sie ist die Tochter seiner Mannheimer Zimmerwirtin und Schwester seiner späteren Frau Constanze.

Edith Piaf

... als Edith Piaf am 11. Februar 1933 Mutter eines kleinen Mädchens namens Marcelle wird.

... vier Wochen, nachdem Edith Piaf im Januar 1948 in New York den Mann wiedertrifft, der sie schon 1946 bei ihrer ersten Begegnung im Pariser Club des Cinq fasziniert hat: den Boxer Marcel Cerdan, Europameister im Mittelgewicht.

Jacques Pills

... als Jacques Pills am 29. Juli 1952 auf dem Standesamt des 16. Arrondissements in Paris überraschend Edith Piaf heiratet.

Théo Lamboukis

... als Théo Lamboukis am 9. Oktober 1962 die zwanzig Jahre ältere Edit Piaf heiratet.

Yves Montand

... als sich Yves Montand im Jahr 1944 bei der gemeinsamen Arbeit in Edith Piaf verliebt.

Elvis Presley

…als sich Elvis Presley 1959 unsterblich in die vierzehnjährige Priscilla verliebt.

Film/TV

Marilyn Monroe

…als Marilyn Monroe am 19. Juni 1942 mit sechzehn Jahren den fünf Jahre älteren Nachbarssohn James Dougherty heiratet.

Romy Schneider

…als die große Schauspielerin Romy Schneider 1966 den Schauspieler und Regisseur Harry Meyen heiratet.

Kunst

Vincent van Gogh

…als sich Vincent van Gogh im Sommer 1881 in seine verwitwete Cousine Cornelia Adriane (Kee) Vos verliebt, die mit ihrem kleinen Sohn nach Etten gezogen ist.

…als Vincent van Gogh Ende 1881 in den Haag Clasina Maria Hoornik kennenlernt. Sie ist Näherin und Putzfrau und bessert nebenbei ihr Einkommen mit Prostitution auf.

Politik

Heinrich VIII.

…als Heinrich VIII. im Sommer 1519 endlich Vater eines Sohnes, Henry Fitzroy, wird. Die Berechnungen zeigen den Wert LIEBE gleich doppelt. Es ist allerdings nicht seine Frau Katharina, die ihm einen Erben schenkt, sondern Elizabeth Blount, eine der Hofdamen, die einen gesunden Jungen zur Welt bringt.

…als Heinrich VIII. am 28. Juli 1540 die Frau heiratet, in die er sich zuvor verliebt hatte: Catherine Howard. Es ist das erste Mal, dass dieser Zahlenwert in Heinrichs Schicksals-Code in Verbindung mit einer Heirat auftaucht, und zwar hier gleich doppelt.

Wirtschaft

Coco Chanel

...als Coco Chanel Anfang des Jahres 1908 Arthur Capel begegnet.

...als im Winter 1910 in der Rue Cambon Nr. 21 »Chanel Modes« eröffnet wird. Coco Chanel macht sich einen Namen in der Pariser Modewelt, und ihre Modelle werden bald in der Modepresse gezeigt.

...als im Herbst 1920 der russische Großherzog Dimitri Pawlowitsch, Neffe des Zaren, Cocos Liebhaber wird und in ihre Villa Bel Respiro einzieht.

...als sich im Jahr 1922 zwischen Coco Chanel und dem Dichter Pierre Reverdy, den sie seit 1918 kennt, eine Liebesgeschichte entwickelt.

...als vermutlich im Jahr 1932 Coco Chanels leidenschaftliche Beziehung mit dem französischen Designer, Journalisten und Modeillustrator Paul Iribe beginnt.

...als Coco Chanel im Jahr 1940 einen deutschen Presse-Attaché in Paris kennenlernt. Sie wird später den Mantel des Schweigens über diese Zeit legen. Coco Chanel ist zu dieser Zeit sechsundfünfzig Jahre alt und der Sonderbeauftragte des Reichspropaganda-Ministeriums dreiundvierzig.

Wissenschaft

Marie Curie

...als sich Marie, damals noch Marya, im Oktober 1886 in Kasimier verliebt, den Sohn der Gutsherrenfamilie, für die sie zu der Zeit als Hauslehrerin arbeitet.

...als Marie 1895, auf der Suche nach einem Labor, in dem

sie vernünftig forschen kann, den französischen Wissenschaftler und ihren späteren Mann, Pierre Curie, kennenlernt.

... als Marie Sklodowska und Pierre Curie am 26. Juli 1886 auf dem Standesamt in Sceaux heiraten.

DER CODE FÜR ANFANG ZEIGT SICH:

Musik

Wolfgang Amadeus Mozart

... als die Familie Mozart nach dem Erfolg des Wunderkindes Amadeus in München und Wien im Sommer 1763 zu einer ausgedehnten Tournee durch Deutschland und Westeuropa aufbricht.

... als am 16. Juli 1782 das vom Kaiser Joseph II. in Auftrag gegebene Singspiel *Die Entführung aus dem Serail* in Wien uraufgeführt wird.

Abi Ofarim

... als Abi und Esther am 11. Dezember 1959 heiraten.

... als Esther und Abi Ofarim im Frühjahr 1969 ihre letzte gemeinsame Konzerttournee durch Deutschland machen. Danach trennen sie sich. Für beide bedeutet diese Entscheidung einen privaten und beruflichen Neubeginn.

Edith Piaf

... als man Edith am 7. Juli 1935 im Krankenhaus mitteilt, dass ihre Tochter in den frühen Morgenstunden gestorben ist.

... als sich Edith Piaf im Jahr 1944 bei der gemeinsamen Arbeit in Yves Montand verliebt.

... als Edit Piaf am 9. Oktober 1962 den zwanzig Jahre jüngeren Théo Lamboukis heiratet.

Kunst

Vincent van Gogh

... als Vincent van Gogh im März 1886 ohne Vorankündigung in Paris bei seinem Bruder Theo, der dort als Kunsthändler arbeitet, eintrifft. Der Bruder nimmt Vincent bei sich auf.

Salvador Dali

... als Salvador Dali im Jahr 1929 während der Dreharbeiten zu *Ein andalusischer Hund* Gala Eluard kennenlernt. Dali verliebt sich in Gala, und sie bleibt bis zu seinem Tod die Ehefrau und Muse an der Seite des großen surrealistischen Malers.

Politik

Heinrich VIII.

... als Heinrich VIII. am 21. April 1509 als Zweitgeborener von Heinrich VII. und Elisabeth von York nach dem Tod seines Vaters den Thron besteigt.

... als Elizabeth Blount um das Jahr 1517 als Hofdame von Katharina von Aragón an den englischen Hof kommt und bald darauf Heinrichs Mätresse wird.

... als Heinrich VIII. am 30. Mai 1536 durch die heimliche Heirat mit Jane Seymor ein Leben mit einer neuen Ehefrau an seiner Seite beginnt. Königin Anne war am 19. Mai hingerichtet und die Ehe mit Heinrich vom Erzbischof von Canterbury für ungültig erklärt worden.

Wirtschaft

Coco Chanel

... als Coco Chanel 1908 Arthur Capel begegnet.

... als Coco Chanel 1924 in Monte Carlo Hugh Richard Arthur Grosvenor, den zweiten Herzog von Westminster, kennenlernt.

…als Coco Chanel am 5. Februar 1954 im Alter von siebzig Jahren ihre erste Modenschau nach ihrer Rückkehr aus dem Schweizer Exil präsentiert und ihren Salon in der Rue Cambon 31 erneut öffnet.

Aristoteles Onassis

…als sich der sechzehnjährige Aristoteles Onassis im Jahr 1922 ganz allein auf den Weg nach Südamerika macht. Der spätere Milliardär und Reeder reist mit nur sechzig Dollar als Startkapital. Er kann in Argentinien Fuß fassen, und sein märchenhafter Aufstieg beginnt.

Wissenschaft

Marie Curie

…als Marie und Pierre gemeinsam mit Henri Becquerel im Dezember 1903 der Nobelpreis für Physik verliehen wird. Zum ersten Mal ist eine Frau Preisträgerin in dieser von Männern beherrschten Domäne.

Galileo Galilei

…als der berühmte italienischen Naturwissenschaftler Galileo Galilei im Jahr 1610 vom Großherzog der Toskana zum Hofmathematiker, Hofphilosophen und zum ersten Mathematikprofessor von Pisa ernannt wird.

DER CODE FÜR GLÜCK ZEIGT SICH:

Musik

Abi Ofarim

…als dem siebzehnjährigen Abi im Jahr 1954 von Martha Graham ein Amerika-Stipendium angeboten wird.

Wolfgang Amadeus Mozart

... als Mozart im Jahr 1788 trotz extremer finanzieller Schwierigkeiten künstlerisch äußerst produktiv ist. Er komponiert die drei letzten Symphonien, die den krönenden Abschluss seines sinfonischen Schaffens bilden.

Kunst

Vincent van Gogh

... als Vincent van Gogh 1890, kurz vor seinem Tod, in Auvers in einen wahren Schaffensrausch verfällt. In nur siebzig Tagen erschafft er rund achtzig Gemälde und fast ebenso viele Zeichnungen.

Politik

Heinrich VIII.

... als am 12. Oktober 1537 Heinrichs größter Wunsch in Erfüllung geht und Königin Jane per Kaiserschnitt einen gesunden Jungen zur Welt bringt.

Wirtschaft

Coco Chanel

... als der Flakon von Coco Chanels weltberühmtem Parfüm im Jahr 1959 höchste Anerkennung für sein einzigartiges Design erhält. Der markante Flakon wird im Museum of Modern Art in New York ausgestellt.

Wissenschaft

Marie Curie

... als Maria Curie am 12. Juni 1883 die Schule als Jahrgangsbeste abschließt.

DER CODE FÜR RUHM ZEIGT SICH:

Kunst

Vincent van Gogh

... als Helene Kröller-Müller in den Jahren 1908 und 1909 gleich vier Werke von Vincent van Gogh kauft: Waldrand (Originaltitel: *Bosrand*), ein Sonnenblumen-Bild (Originaltitel: *Vier uitgebloeide zonnebloemen*), Der Säer (Originaltitel: *De zaaier*), und ein Stillleben mit Flasche und Zitronen (Originaltitel: *Mand met citroenen en een fles*). Im Jahr 1908 ist van Gogh bereits seit achtzehn Jahren tot.

DER CODE FÜR ENDE ZEIGT SICH:

Musik

Wolfgang Amadeus Mozart

... als Wolfgang Amadeus Mozart am 5. Dezember 1791 in den frühen Morgenstunden im Alter von fünfunddreißig Jahren seiner Krankheit erliegt.

Edith Piaf

... als der Direktor des Gerny's, der homosexuelle Louis Leplée, am 6. April 1936 in seiner Wohnung erschossen aufgefunden wird. Die Polizei nimmt die Piaf zunächst unter dem Verdacht der Mittäterschaft fest.

... als Edith Piaf am 11. Oktober 1963 in einer kleinen, von Théo Lamboukis angemieteten Villa in der Nähe von Grasse ihrer Krankheit erliegt.

Raymond Asso

... als Raymond Asso 1940 bei seinem ersten Heimaturlaub

schmerzlich erfahren muss, dass Edith Piaf, sein »kleiner Spatz von Paris«, das Nest längst mit einem anderen teilt.

Elvis Presley

... als der dreizehnjährige Elvis im Herbst 1948 mit seinen Eltern East Tupelo verlässt und die Presleys nach Memphis, Tennessee, ziehen.

Kunst

Vincent van Gogh

... als der Vater von Vincent van Gogh im März 1985 zusammenbricht und kurz darauf stirbt.

... als sich Vincent van Gogh am 27. Juli 1890 eine Kugel in die Brust jagt. Er kann sich noch schwer verwundet in sein Zimmer im Gasthof schleppen. Am frühen Morgen des 29. Juli 1890 stirbt Vincent van Gogh im Alter von siebenunddreißig Jahren.

Politik

Heinrich VIII.

... als am 13. Februar 1542 Catherine Howard hingerichtet wird. Wie zuvor, bei Anne Boleyn, war die Königin wegen Ehebruchs und Konspiration gegen den König angeklagt worden.

...als Heinrich VIII. am 28. Januar 1547 im Alter von fünfundfünfzig Jahren stirbt. Heinrich VIII. wird in Windsor begraben.

John F. Kennedy

... als Joseph Kennedy, schwerreicher Finanzier sowie Politiker und Botschafter der USA, im Herbst 1941 an seiner dreiundzwanzigjährigen Tochter Rosemary eine präfrontale Lobotomie durchführen lässt. Nach dem Eingriff ist Rosemary Kennedys Intellekt auf den eines Kleinkindes reduziert.

Wirtschaft

Coco Chanel

...als Gabrielles Mutter im Alter von dreiunddreißig Jahren am 16. Februar 1895 stirbt.

...als Gabrielles Vater nach dem Tod der Mutter Gabrielle und ihre beiden Schwestern Julia und Antoinette im Jahr 1895 dem Waisenhaus des Zisterzienserklosters von Aubazine übergibt.

...als Cocos ältere Schwester Julia im Jahr 1913 an Asthma stirbt, einer Erbkrankheit der Frauen aus Coco Chanels Familie.

...als Antoinette, Cocos jüngere Schwester, im Jahr 1919 in Argentinien stirbt.

...als Coco Chanels Lebenspartner Boy Capel am 22. Dezember 1919 auf dem Weg von Paris nach Cannes bei einem Autounfall ums Leben kommt.

...als es im Frühjahr 1921 in der Beziehung von Coco und Großfürst Dimitri Pawlowitsch, dem Neffen des Zaren, kriselt.

...als Cocos Beziehung mit Hugh Richard Arthur Grosvenor, dem Herzog von Westminster, im Jahr 1930 zu Ende geht.

...als Coco Chanel im September 1939 angesichts der Kriegserklärung von Frankreich und Großbritannien an das Deutsche Reich die Entscheidung trifft, ihr Modehaus zu schließen.

...als Coco Chanel am 10. Januar 1971 nach einem Spaziergang im Bois de Bologne in ihr Hotel zurückkehrt und sich erschöpft auf ihr Bett legt. Coco Chanel stirbt im Alter von siebenundachtzig Jahren.

Wissenschaft

Charles Darwin

...als der achtjährige Charles Darwin am 15. Juli 1817 seine Mutter verliert.

DER CODE FÜR SCHOCK ZEIGT SICH:

Musik

Wolfgang Amadeus Mozart

... als im Jahr 1767 in Wien eine katastrophale Blatternepidemie ausbricht und sich sowohl Wolfgang als auch Nannerl mit der heimtückischen Krankheit infizieren.

... als am 16. Dezember 1771, einen Tag nach Mozarts Rückkehr von seiner Italienreise nach Salzburg, sein Gönner, der Fürstbischof Sigismund III. Christoph von Schrattenbach, stirbt. Der Erzbischof hatte sowohl Leopold Mozart als auch Wolfgang als Musiker in der erzbischöflichen Hofkapelle angestellt.

... als am 3. Juli 1778 um 10 Uhr abends die Mutter von Wolfgang Amadeus Mozart stirbt, nachdem sich ihr Zustand bereits Mitte Juni dramatisch verschlechtert hatte.

... als im Jahr 1778 Mozarts große Liebe Aloysia zur erfolgreichen Primadonna avanciert und dem stellungslosen Musiker die kalte Schulter zeigt.

... als Mozart 1786 das Wiener Publikum mit der Aufführung von *Die Hochzeit des Figaro* derart überfordert, dass es sich von ihm abwendet. Mozarts wirtschaftliche Situation verschlechtert sich danach zusehends.

... als Mozart, während er in Prag an seiner neuen Auftragsoper *Don Giovanni* arbeitet, die Nachricht vom Tode seines Vaters ereilt. Vater Leopold Mozart war am 28. Mai 1787 gestorben.

... als Wolfgang Amadeus Mozart am 5. Dezember 1791 in den frühen Morgenstunden stirbt.

Abi Ofarim

... als sich der Vater von Abi Ofarim im Jahr 1958 in den Morgenstunden eine Kugel in den Kopf schießt und in Abis Armen stirbt.

... als Abi Ofarim am 16. Januar 1979 wegen des Besitzes und der Verbreitung von Suchtmitteln in München-Stadelheim in Untersuchungshaft kommt.

Edith Piaf

... als Edith Piaf mit fünf Jahren an einer doppelten Hornhautentzündung erkrankt und fast erblindet.

... als Edith Piaf im Alter von fünfzehn Jahren ihren Vater verlässt und sich zum zweiten Mal in ihrem Leben mit der schmerzhaften Erfahrung des Alleinseins konfrontiert sieht.

... als sich Edith auf ein Liebesabenteuer mit dem Handwerker Louis Dupont einlässt und als Siebzehnjährige schwanger wird.

... als am 6. April 1936 der Direktor des Gerny's, der homosexuelle Louis Leplée, in seiner Wohnung erschossen aufgefunden wird und die Polizei die Piaf zunächst unter dem Verdacht der Mittäterschaft festnimmt.

... als Edith Piaf 1943 aufs Polizeirevier zitiert wird, weil man die Leiche ihrer alkoholkranken Mutter irgendwo auf der Straße gefunden hat.

Yves Montand

... als Edith Piaf Yves Montand Anfang des Jahres 1946 den Laufpass gibt.

Marcel Cerdan

... als Marcel Cerdan, der Geliebte von Edith Piaf, in den frühen Stunden des 28. Oktober 1949 mit dem Flugzeug abstürzt, das sich auf dem Weg zu Edith nach New York befindet.

Film / TV

Marilyn Monroe

... als Marilyn Monroe am 20. Januar 1961 die Scheidung von Arthur Miller, dem bekannten amerikanischen Schriftsteller, einreicht. Marilyn hatte, wie Donald Spoto in seiner Biografie *Marilyn Monroe* schreibt, schon bald nach ihrer Hochzeit herausgefunden, »dass ihr Mann die Heirat bereute und sie für eine unberechenbare, hilflose Kindfrau hielt, mit der er Mitleid empfand«.

Kunst

Vincent van Gogh

... als van Gogh 1864 elf Jahre alt ist und in Zevenbergen unweit von Zundert in einem Internat eingeschult wird.

... als sich Vincent van Gogh 1883 unter dem Druck seiner Familie von der Prostituierten Clasina Maria Hoornik trennt und von da an nur noch für seine Arbeit leben will.

... als sich Vincent van Gogh am 23. Dezember 1888 nach einem heftigen Streit mit Gauguin aus Verzweiflung ein Stück seines Ohres abschneidet.

Politik

John F. Kennedy

... als Kennedy 1935, nachdem er sich an der London School of Economics eingeschrieben hat, so schwer erkrankt, dass er in die USA zurückkehren muss. Im Herbst schreibt er sich an der Universität Princeton ein, muss das Studium aber wieder aus gesundheitlichen Gründen abbrechen.

... als in der Nacht vom 1. auf den 2. August 1943 das Schnellboot PT-109, auf dem Kennedy als Kommandant an einer geheimen Nachtaktion bei den Salomonen im Pazifik teilnimmt, während der Operation von einem japanischen Zerstörer gerammt wird und sinkt.

... als im Zweiten Weltkrieg am 12. August 1944 das mit Sprengstoff beladene Flugzeug seines geliebten Bruders Joseph Patrick Kennedy junior über dem Ärmelkanal explodiert.

Heinrich VIII.

…als Katharina am 18. Februar 1516 anstelle des sehnlichst herbeigewünschten Sohnes ein gesundes, kräftiges Mädchen zur Welt bringt. Es ist bereits die fünfte Schwangerschaft der Frau von Heinrich VIII., und keines der Kinder hat bisher überlebt.

…als Anne Boleyn am 7. September 1533 statt eines Sohnes ein Mädchen zur Welt bringt.

…als Heinrich im Januar 1540, nachdem der Heiratsvertrag bereits geschlossen ist, Anna von Kleve erstmals persönlich trifft.

Adel

Prinzessin Diana

…als sich die Eltern von Prinzessin Diana im Jahr 1969 scheiden lassen.

Elisabeth, Kaiserin von Österreich und
Königin von Ungarn

…als Elisabeth, Kaiserin von Österreich und Königin von Ungarn, am 10. September1898 Opfer eines Attentates wird. In Genf stürzt sich ein junger italienischer Anarchist auf die Kaiserin und rammt ihr eine Dreikantpfeile ins Herz. Kurze Zeit später erliegt Kaiserin Elisabeth der tödlichen Verletzung.

Wirtschaft

Coco Chanel

…als Gabrielles Vater nach dem Tod der Mutter Gabrielle und ihre beiden Schwestern Julia und Antoinette im Jahr 1895 dem Waisenhaus des Zisterzienserklosters von Aubazine übergibt.

… als sich Etienne Balsan, nachdem Coco mit ihm auf sein Gestüt Royallieu gezogen ist, ausschließlich der Reiterei widmet und keinerlei Anstalten macht, Coco als seine offizielle Lebensgefährtin in die Gesellschaft einzuführen.

… als Cocos Liebesbeziehung zu dem Dichter Pierre Reverdy im Jahr 1924 endet. Reverdy findet in der Einsamkeit von Solesmes mehr Poesie und Inspiration.

… als Cocos Beziehung mit Hugh Richard Arthur Grosvenor, dem Herzog von Westminster, im Jahr 1930 zu Ende geht.

… als Coco Chanels Geliebter Paul Iribe am 28. September 1935 auf einem Tennisplatz an der Côte d'Azur zusammenbricht, nachdem Coco gerade dort eingetroffen ist. Er ist bewusstlos und stirbt kurze Zeit später.

… als Coco Chanel im September 1939 angesichts der Kriegserklärung von Frankreich und Großbritannien an das Deutsche Reich die Entscheidung trifft, ihr Modehaus zu schließen.

… als Coco Chanel Anfang des Jahres 1944 morgens aus dem Ritz geholt und wegen des Verdachts der Kollaboration verhaftet wird. Vermutlich wegen ihrer Beziehung zu einem deutschen Presse-Attaché wird sie eine Stunde lang vom Säuberungskomitee verhört.

Wissenschaft

Marie Curie

… als sich Marie Curies Schwester Bronia im Jahr 1876 mit Typhus ansteckt und die schwere Erkrankung nicht überlebt.

… als Marie Curie Anfang 1892 ernüchtert feststellen muss, dass ihr Wissensstand weit hinter dem der französischen Studienanfänger liegt und ihre französischen Sprachkenntnisse unzureichend sind.

… als der Ehemann von Marie am 16. April 1906 einen tödlichen Unfall hat.

… als am 4. November 1911 in der Zeitung Le Journal die

Schlagzeile steht: »Eine Liebesgeschichte. Madame Curie und Professor Langevin.«

... als Marie Curie, durch die Aufregungen der vorangegangenen Monate zermürbt und geschwächt, am 29. Dezember 1912 wegen einer chronischen Harnleiterinfektion in eine Klinik eingeliefert wird.

... als Marie Curie im Jahr 1921 unter Hör- und Sehstörungen zu leiden beginnt.

... als sich Marie im Jahr 1924 gleich zwei Augenoperationen unterziehen muss.

... als für Marie Curie 1930 die vierte und letzte Augenoperation erforderlich wird.

... als Marie Curie am 4. Juli 1934 im Alter von siebenundsechzig Jahren während eines Sanatoriumsaufenthaltes in der Schweiz stirbt.

Sigmund Freud

... als Sigmund Freud im April 1923 erfährt, dass er an Gaumenkrebs erkrankt ist.

Charles Darwin

... als der achtjährige Charles Darwin, später ein berühmter englischer Wissenschaftler und Begründer der modernen Evolutionstheorie, am 15. Juli 1817 seine Mutter verliert.

Politik

Heinrich VIII.

... als Heinrich VIII. am 12. Juli 1543 ohne große Vorankündigung Catherine Parr heiratet.

Martin Luther King

... als der Baptistenpfarrer und Menschenrechtler Martin Luther King erfährt, dass der 35. Präsident der USA, John F. Kennedy, in Dallas erschossen worden ist. Kennedy hatte zuvor Unterstützung seitens der Regierung für die Ziele der Farbigen zugesagt.

DER CODE FÜR SCHWÄCHE ZEIGT SICH:

Musik

Abi Ofarim

... als Abi Ofarim 1951 zu seinem vierzehnten Geburtstag von der Freundin seines Vaters ein Fahrrad geschenkt bekommt. Sie wird danach für zwei Jahre seine Geliebte.

... als Abi Ofarim im Jahr 1965 zum ersten Mal mit Kokain in Berührung kommt, das vierzehn Jahre später beinahe sein Ende bedeuten, seinen geschäftlichen Ruin bewirken und ihn sogar ins Gefängnis bringen soll.

Wolfgang Amdeus Mozart

... als im Jahr 1767 trotz der Vertragszusage Intrigen von einflussreichen Gegenspielern die Aufführung von Mozarts Oper *Finta semplice* verhindern und Mozart kein Honorar bekommt.

Edith Piaf

... vier Wochen, nachdem Edith Piaf im Januar 1948 in New York den Mann wiedertrifft, der sie schon 1946, bei ihrer ersten Begegnung im Pariser Club des Cinq, fasziniert hat: den Boxer Marcel Cerdan, Europameister im Mittelgewicht.

Marcel Cerdan

... als Marcel Cerdan im Januar 1948 in New York die Chanson-Sängerin Edit Piaf wiedertrifft.

Kunst

Vincent van Gogh

…als Vincent van Gogh sich am 27. Juli 1890 eine Kugel in die Brust jagt, die sein Herz nur knapp verfehlt. Tödlich verwundet, kann er sich noch in sein Zimmer im Gasthof schleppen. Am 29. Juli stirbt Vincent van Gogh in den frühen Morgenstunden im Alter von siebenunddreißig Jahren.

Politik

Heinrich VIII.

…als Heinrich VIII. am 25. Januar 1533 Anne Boleyn unter Ausschluss der Öffentlichkeit heiratet.

Wirtschaft

Coco Chanel

…als im Jahr 1906 der Gutsbesitzer Etienne Balsan Coco bittet, mit ihm auf sein Gestüt in Royallieu bei Compiègne zu ziehen. Obwohl Gabrielle den Wohlstand anfangs sehr genießt, wird ihr bald bewusst, dass sie sich so ihr Leben nicht vorgestellt hat.

DER CODE FÜR ÖFFENTLICHKEIT ZEIGT SICH:

Musik

Wolfgang Amadeus Mozart

…als Mozart 1761 im Alter von nicht ganz fünf Jahren im großen Theater Salzburg im Schuldrama *Sigismundu, Hungariae Rex* von Johann Ernst Eberlin als kleiner Tänzer mitwirkt.

…als im Jahr 1762 die zwei überaus begabten Kinder Wolfgang und sein Schwester Nannerl eine Einladung an den Hof Maria Theresias in Wien erhalten. Wolfgang ist die Attraktion und die kaiserliche Familie so begeistert, dass er in der Woche darauf erneut ins Schloss eingeladen wird.

Edith Piaf

…als Edith im Herbst 1935 in der Rue Troyon in der Nähe der Champs-Élysées auftritt und von Louis Leplée, dem Direktor des berühmten Club Gerny's angesprochen wird. Er bittet sie, bei ihm vorzusingen.

Kunst

Vincent van Gogh

…als Vincents Bruder Theo zwischen September 1889 und April 1890 Gemälde von Vincent zu drei namhaften Ausstellungen avantgardistischer Kunst einreicht.

Wirtschaft

Coco Chanel

…als Coco Chanel 1921 ihr berühmtes Parfüm Chanel No.5 auf den Markt bringt. Der Duft ist völlig neu – bis dahin haben die Parfüms nur nach verschiedenen Blumen gerochen.

…als Coco Chanel 1930 von Samuel Goldwyn Mayer beauftragt wird, die Stars von United Artists auszustatten. Der Vertrag garantiert Coco die sagenhafte Summe von einer Million Dollar.

DER CODE FÜR BEFREIUNG ZEIGT SICH:

Musik

Abi Ofarim

... als Abi Ofarim am 16. Januar 1979 wegen Verstoßes gegen das Betäubungsmittelgesetz zur Untersuchungshaft nach München-Stadelheim eingeliefert wird.

Wolfgang Amadeus Mozart

... als es im Jahr 1781 zwischen Mozart und dem Erzbischhof Colloredo zum endgülten Bruch kommt. Als Hoforganist wurde Mozart mit der Dienerschaft auf eine Stufe gestellt. Nach einer heftigen Auseinandersetzung weist Colloredo ihm die Tür, und Mozart kündigt seine Stellung.

Edith Piaf

... als Edith am 17. Februar 1936 ihre erste große Galavorstellung in einem Zirkus hat. Danach geht es mit ihrer Karriere steil bergauf.

... als Edith Piaf am 11. Oktober 1963 in einer kleinen, von Théo Lamboukis angemieteten Villa in der Nähe von Grasse stirbt.

Politik

Heinrich VIII.

... als Heinrich VIII. am 1. Januar 1511 den heiß ersehnten Thronerben in seine Arme schließen kann.

Wirtschaft

Coco Chanel

... als Coco Chanel nach ihrer Rückkehr aus dem Schweizer Exil am 5. Februar 1954 im Alter von einundsiebzig Jahren den

Modeberichterstattern aus aller Welt ihre neue Kollektion präsentiert. Sie öffnet erneut ihren Salon in der Rue Cambon 31.

Wissenschaft

Marie Curie

... als Marie Curie im Sommer 1893 ihr Physikexamen als Beste besteht und daraufhin ein Stipendium erhält, das ihr den weiteren Aufenthalt in Paris und ein Mathematikstudium ermöglicht.

DER CODE FÜR VERLETZUNG ZEIGT SICH:

Musik

Abi Ofarim

... als sich im Jahr 1958 der Vater von Abi Ofarim mit einem Revolver in den Kopf schießt. Er stirbt in den Armen seines Sohnes Abi.

Edith Piaf

... als Edith Piaf mit fünf Jahren an einer doppelten Hornhautentzündung erkrankt und fast erblindet.

... als in den frühen Stunden des 28. Oktober 1949 das Flugzeug mit Marcel Cerdan, dem Geliebten von Edith Piaf, der sich auf dem Weg zu ihr nach New York befindet, abstürzt.

... als Edith Piaf im Juli 1951 einen Autounfall überlebt. Der von Charles Aznavour gelenkte Wagen gerät aus der Kurve und landete in hohem Bogen an einem Apfelbaum. Drei Wochen später ein weiterer Unfall: Edith Piaf trägt Rippenbrüche und einen gebrochenen Arm davon.

Raymond Asso

... als Raymond Asso 1940 bei seinem ersten Heimaturlaub

schmerzlich erfahren muss, dass Edith Piaf, sein »kleiner Spatz von Paris«, das Nest längst mit einem anderen teilt.

Film / TV

James Dean

... als der amerikanischen Schauspieler James Dean am 30. September 1955 mit seinem Porsche bei einem Autounfall tödlich verunglückt.

Wissenschaft

Marie Curie

... als Marie Curie im Sommer 1903 eine Frühgeburt erleidet. Das Kind stirbt kurz darauf.

Politik

John F. Kennedy

... als sich John F. Kennedy 1935 an der London School of Economics für ein Studium einschreibt, jedoch so große gesundheitliche Probleme bekommt, dass er sich sofort in ärztliche Behandlung begeben muss.

... als Kennedy im April 1945, als er als Korrespondent der Hearst-Presse in Berlin über die Potsdamer Konferenz berichtet, aus gesundheitlichen Gründen in die USA zurückkehren muss.

... als Kennedy 1954/1955 aufgrund zweier Rückenoperationen längere Krankenhausaufenthalte in Kauf nehmen muss.

... als der am 7. August 1963 zur Welt gekommene Patrick Bouvier Kennedy zwei Tage später stirbt.

... als John F. Kennedy am 22. November in Dallas/Texas erschossen wird. Der Haupttatverdächtige, Lee Harvey Oswald, wird zwei Tage nach dem Attentat auf Kennedy ebenfalls erschossen.

Heinrich VIII.

… als im Mai 1510 das erste gemeinsame Kind von Katharina und Heinrich VIII. tot geboren wird, eine Tochter.

… als am 22. Februar 1511, zweiundfünfzig Tage nach der Geburt, der lang ersehnte Thronfolger namens Heinrich stirbt.

… als Königin Jane am 24. Oktober 1537 stirbt, nachdem sie am 12. Oktober 1537 Heinrichs größten Wunsch erfüllt und mit Hilfe eines Kaiserschnitts einen gesunden Jungen zur Welt gebracht hat: den kleinen Prinzen Edward.

Wirtschaft

Coco Chanel

… als im Jahr 1895 Gabrielles Vater nach dem Tod der Mutter Gabrielle und ihre beiden Schwestern Julia und Antoinette dem Waisenhaus des Zisterzienserklosters von Aubazine übergibt.

DER CODE FÜR RÜCKZUG ZEIGT SICH:

Musik

Abi Ofarim

… als Abi Ofarim am 16. Januar 1979 wegen Verstoßes gegen das Betäubungsmittelgesetz zu Untersuchungshaft nach München-Stadelheim eingeliefert wird.

Wissenschaft

Marie Curie

… als 1878 die Mutter der zehnjährigen Marya stirbt. Marya vertieft sich von nun an in ihre Bücher, um sich der oft tristen Wirklichkeit zu entziehen.

Wirtschaft

Coco Chanel

...als Coco Chanel im Jahr 1939 wegen des Zweiten Weltkriegs das Unternehmen Chanel schließt.

NACHWORT VON MICHAEL KOROLL

»Was hat Sie bewegt, sich so intensiv mit dem Thema Schicksal auseinanderzusetzen?« Diese Frage wurde mir nicht nur von Birgit Lechtermann gestellt, sondern im Zusammenhang mit meiner Arbeit am Schicksals-Code auch von zahlreichen anderen Personen. Meine Antwort beschränkte sich vor der Arbeit an diesem Buch auf die erstaunliche Genauigkeit der Code-Zahlen in den Berechnungen, die interessanten Korrelationen zwischen verschiedenen Biografien und die überraschenden Zyklen im Leben von Prominenten und Menschen, die mit ihren herausragenden Taten Geschichte geschrieben haben. Diese Themen drehten sich aber in erster Linie um das Verfahren und seine statistische Treffergenauigkeit.

Jetzt, nachdem die Arbeit an diesem Buch abgeschlossen ist, nach unzähligen Berechnungen, Gesprächen, Interviews und authentischen Lebensgeschichten, wäre meine Antwort eine andere. Die spannenden und zum Teil sehr bewegenden Lebensgeschichten, die Birgit Lechtermann in vielen Tages- und Nachtstunden anvertraut wurden, haben mir eine etwas andere Sichtweise vermittelt.

Ich hatte Gelegenheit, einigen Interviewpartnern nach den Gesprächen die Berechnungen ihres Schicksals-Codes vorzulegen und sie ihnen näher zu erläutern. Ich wies sie auf Zeitpunkte in den Auswertungen hin, die von den Betroffenen in den Interviews nicht genannt worden waren, in denen sich jedoch besonders prägnante Code-Zahlen zeigten. Ich fragte, ob sie sich möglicherweise an Ereignisse erinnerten, die diesen Zeiträumen zugeordnet werden konnten. Die Überraschung der Betroffenen war groß: Es waren tatsächlich immer auffällige Geschehnisse mit den Code-Zahlen verbunden, an die sich meine Gesprächspartner nach meinen gezielten Fragen wieder erinnerten. Zeigten sich dieselben Codes in früheren Zeiträumen und waren sie auch dort mit ähnlichen Ereignissen verknüpft, wich die anfängliche Skepsis großem Erstaunen. Die Befragten begannen zu verstehen, dass ihr Lebensweg keine willkürliche Abfolge von Ereignissen war, sondern dass ihr Schicksal einem bestimmten Timing folgte.

Bei einigen Gesprächspartnern, die sich zum Zeitpunkt des Interviews in einer schwierigen Lebenslage befanden, hatte diese Erkenntnis einen für mich besonders bemerkenswerten Effekt: In dem Moment, in dem sie ihr eigenes Lebensmuster erkannten, auffällige Code-Zahlen tatsächlich erlebten Ereignissen zuordnen konnten und feststellten, dass sie sich in ihrem bisherigen Leben bereits einmal, vielleicht sogar mehrmals in einem ähnlichen Zyklus befunden hatten und dass es danach immer wieder aufwärtsgegangen war, schöpften sie neue Hoffnung.

Einmal fragte ich eine Interviewpartnerin, nachdem wir gemeinsam ihren Schicksals-Code analysiert hatten, wie sie die Informationen für sich nutzen werde. Ihre Antwort lautete: »*Wenn ich weiß, dass es weitergeht und das nächste Zeitfenster für mein Glück bereits feststeht, gibt mir das Mut. Die Durststrecke bis dahin werde ich auch noch durchstehen.*« Zum ersten Mal begriff ich den vielleicht wichtigsten Effekt meiner Arbeit. Das war für mich eine neue Dimension des Schicksals-Codes, die ich bis dahin unterschätzt hatte: dass Menschen aus dem Wissen um ihr eigenes Lebensmuster Hoffnung und Zuversicht ziehen können, die sie für die Bewältigung ihrer Krisen dringend benötigen.

Der Begriff Lebensmuster ist vielleicht ein wenig irreführend, denn die Berechnungen des Schicksals-Codes sind weder

Ursache noch zwingender Hinweis auf das, was passieren wird. Der Schicksals-Code bildet nach meiner bisherigen Erfahrung ein individuelles, psychologisches Lebens-Timing ab, das eine erstaunliche Übereinstimmung mit den tatsächlich erlebten Ereignissen vieler Lebensgeschichten aufweist. Aus den Berechnungen lassen sich die zeitlichen Schwerpunkte in bestimmten Themenbereichen – Zeiträume für Neuanfänge, Erschütterungen, Chancen und Rückschläge – ableiten. Was dann konkret in diesen Zeitfenstern geschieht, ist letztlich das Ergebnis von persönlichen Entscheidungen, das Resultat vergangener Handlungen und die Folge von unzähligen Einflüssen und Umständen, die nicht immer beeinflusst werden können.

Im Rahmen seines unbestimmten Schicksals sowie seiner Talente und Fähigkeiten kann jeder Mensch sein Leben selbst bestimmen, und das Wissen um sein persönliches Lebens-Timing kann ihm helfen, Hoffnung, Zuversicht und Perspektiven zu entwickeln. Der Schicksals-Code kann als Hilfskompass dienen, wenn man in schwierigen Lebenssituationen den Blick für seine Möglichkeiten und den Glauben an einen guten Ausgang einer Krise verloren hat. Die Kenntnis der eigenen Lebenszyklen kann dabei helfen, sich wieder zuversichtlich auf sein persönliches Timing einzuschwingen.

Diese Zuversicht ist begründet, denn auch wenn die Abhängigkeiten und Umstände in jedem Leben extrem unterschiedlich sind, bieten sich allen Menschen neben unvermeidlichen Rückschlägen irgendwann auch Chancen, gehen Türen auf, und es begegnen einem die richtigen Menschen. Die Zeitpunkte für solche Chancen sind im persönlichen Schicksals-Timing bereits festgelegt. Das zeigen mir die vielen übereinstimmenden Ergebnisse und Korrelationen von Code-Zahlen in unzähligen Lebensgeschichten, die nicht mehr allein dem Zufall zuzuschreiben sind. Ich hoffe, dass es in Zukunft möglich sein wird, diese Erkenntnisse mit wissenschaftlicher Unterstützung auf einer breiteren statistischen Basis weiter zu sichern.

Ich habe großen Respekt vor den vielfältigen Auffassungen der Menschen bezüglich des Themas »Schicksal« und ihren unterschiedlichen Sichtweisen zu den Möglichkeiten und Grenzen der menschlichen Selbstbestimmung. Aber ich kann nach der Arbeit am Projekt Schicksals-Code nicht mehr an den Zufall glauben. Vielmehr erkenne ich ein festgelegtes Timing für die Auswirkungen menschlichen Handelns, und das selbst über den Tod eines Menschen hinaus, wie es zum Beispiel der Schicksals-Code von Vincent van Gogh zeigt. Was wir als Zufall, Chaos oder Willkür wahrnehmen, ist vermutlich nur die Auswirkung einer Ursache-Wirkungs-Kette, deren Anfang wir nicht kennen, oder einer Ordnung, die wir nicht verstehen. Daraus kann für uns Menschen Hoffnung erwachsen, aber auch eine große Verantwortung. Die Konsequenzen unseres Tuns folgen ihren eigenen Gesetzen und zeigen sich manchmal mit erheblicher Verzögerung, aber unweigerlich immer in den dafür geeigneten Zeitfenstern – im Guten wie im Schlechten. Der Schicksals-Code ist möglicherweise ein wichtiger Schlüssel für das bessere Verständnis dieser Gesetzmäßigkeiten.

NACHWORT VON BIRGIT LECHTERMANN

Mit sehr viel Neugier, aber auch mit gesunder Skepsis habe ich die Arbeit an diesem Buch begonnen. Sie war für mich ein interessantes Experiment, zu dem ich mit meinen Interviews zum Thema »Schicksal« einen Beitrag leisten wollte.

Die persönlichen Schicksalsschläge, von denen mir meine Gesprächspartner so offen und vertrauensvoll erzählten, haben mich sehr berührt. Einige Interviewpartner hat die Schilderung vergangener Ereignisse noch einmal emotional so aufgewühlt, dass sie während des Gesprächs in Tränen ausbrachen. Am Ende eines jeden Interviews stellte ich immer dieselbe Frage: »Wie haben Sie sich in Ihren schwersten Stunden motivieren können?«

Die Antworten waren so unterschiedlich wie die Menschen, die ich interviewt habe. Dennoch hatten alle Aussagen einen gemeinsamen Nenner: Gib die Hoffnung niemals auf! Ihre Hoffnung war das Einzige, was ihnen in dieser Situation noch geblieben war, und sie klammerten sich an sie wie an einen Strohhalm. Und diese Hoffnung war es schließlich auch, die sie wieder aus ihrer Lebenskrise herausführte. Aber diese Menschen hofften oder wünschten nicht nur untätig, sondern sie machten durch ihr aktives Handeln eine positive Entwicklung möglich.

Nach den Interviews, manchmal sogar zeitgleich, wurden von Michael Koroll erste Berechnungen für die Erstellung eines persönlichen Schicksals-Codes des jeweiligen Gesprächspartners durchgeführt. In seinen Datenblättern mit ihren endlosen

Zahlenkolonnen hatte Koroll häufig bereits bestimmte Zahlenwerte markiert. Er fragte meine Interviewpartner gezielt nach bestimmten Zeitpunkten, in denen er auffällige Codes entdeckt hatte. Es hat mich immer wieder fasziniert, dass sich die Gesprächspartner häufig erst jetzt an Ereignisse in eben diesen Zeiträumen erinnerten.

Codes wie ENDE, SCHOCK oder VERLETZUNG stimmten immer auch inhaltlich mit den Erzählungen überein. Was sind das für Berechnungen, die bestimmte Arten von Ereignissen zeitlich so genau eingrenzen können? Ich habe nicht Mathematik studiert, aber ich kann mir sehr gut vorstellen, was Mathematiker diesen Berechnungen entgegenhalten könnten: dass es Daten ohne Muster nicht gibt, dass der Zufall nicht berechenbar ist und dass sich überall Muster erkennen lassen, wenn man sie nur sehen will.

Wenn die Phänomene Schicksal und Schicksals-Code nach dem heutigen Wissen der Mathematik nicht erklärbar sind, könnte es sich dann möglicherweise um ein psychologisches Phänomen handeln, sozusagen um eine Art Psycho-Rhythmus? Ein Timing, das uns Menschen in all unserem Streben einem bestimmten Zeitplan folgen lässt, der uns gar nicht bewusst ist? Auch das liefert noch keine Erklärung für die Erschütterungs-Codes, die genau zum Todeszeitpunkt eines geliebten Partners im eigenen Schicksals-Code erscheinen, oder für sich ergänzende Codes, wie sie beispielsweise im Schicksals-Code von Edith Piaf und denen ihrer zahlreichen Liebhaber nachzuweisen sind.

Ich muss gestehen, dass ich auch nach der intensiven Arbeit an diesem Buch keine schlüssige Antwort liefern kann. Aber ich wünsche mir, dass der Schicksals-Code schon bald mit der Auswertung von Tausenden von Biografie-Daten auf wissenschaftlich-statistische Beine gestellt wird, die Formeln mit der Unterstützung von Mathematikern weiter präzisiert werden und die These, dass Menschen ein Lebens-Timing haben, vielleicht auch mit Hilfe der Psychologie gestützt werden kann. Trotzdem werden wir Menschen dem Schicksal wohl niemals alle Geheimnisse entreißen können – und das ist auch gut so.

Für mich war es eine spannende Erfahrung, einen Ausflug in den geheimnisvollen Bereich Schicksal zu machen. Und jetzt werde ich mich hauptsächlich wieder dem widmen, was ich schon vorher erfolgreich und mit Freude gemacht habe: Ich werde neue TV-Formate entwickeln und als Moderatorin und Coach arbeiten.

Michael Koroll wünsche ich für seine weitere Arbeit am Schicksals-Code viel Erfolg und alle Zeitfenster, die er braucht, um seine Entdeckung einer breiten Öffentlichkeit zugänglich zu machen.

DANKSAGUNG

Wir danken allen Interviewpartnern für ihren Mut, ihr Vertrauen und ihre Zeit, die sie uns geschenkt haben.

Und Monika Danek danken wir für ihre Unterstützung bei der Recherche historischer Biografien.

Unser besonderer Dank gilt Abi Ofarim, der uns viel von seiner kostbaren Zeit gewidmet hat.

Außerdem danke ich, Birgit Lechtermann, meiner Tochter Lisann für ihre Geduld während der neun Monate, in denen der Schicksals-Code viel Zeit ihrer Mutter in Anspruch genommen hat.

QUELLEN

Boris Becker

- Boris Becker, *Augenblick, verweile doch…*, Wilhelm Goldmann Verlag München 2004.
- Karl Adolf Scherer, *Chronik Handbuch Sportgeschichte in Zahlen*, Chronik Verlag im Bertelsmann Lexikon Verlag Gütersloh und München 1997.
- Sport Chronik. *5000 Jahre Sportgeschichte*, Sport Verlag Berlin 2000.
- Dagmar von Taube, http://www.welt.de/vermischtes/article1451148/Boris_Becker_ist_bei_Frauen_farbenblind.html, 11. Dezember 2007.

Coco Chanel

- Edmonde Charles-Roux, *Coco Chanel. Ein Leben*, Fischer Taschenbuch Verlag Frankfurt am Main 2005.
- Paul Morand, *Die Kunst, Chanel zu sein. Gespräche mit Coco Chanel*, Schirmer-Mosel München 1998.
- Katharina Zilkowski, *»Le style c'est moi!«* Coco Chanel, Econ & List Taschenbuch Verlag München 1998.

Marie Curie

- Eve Curie, *Madame Curie*, Fischer Taschenbuch Verlag Frankfurt am Main 1990.
- Françoise Giroud, *»Die Menschheit braucht Träumer«. Marie Curie*, Econ & List Taschenbuch München 1999.
- Peter Ksoll und Fritz Vögtle, *Marie Curie*, Rowohlt Taschenbuchverlag Reinbek bei Hamburg 1988.

– Susan Quinn, *Marie Curie*, Insel Verlag Frankfurt am Main und Leipzig 1999.

Charles Darwin
– Eve-Marie Engels, *Charles Darwin*, Verlag C. H. Beck München 2007.
– A. und K. Steinmüller, *Charles Darwin. Vom Käfersammler zum Naturforscher*, Verlag Neues Leben Berlin 1985.

James Dean
– Paul Alexander, *James Dean*, Goldmann Verlag München 1995.
– Bertrand Meye-Stabley, *James Dean*, Langen Müller München 2005.

Prinzessin Diana
– Tina Brown, *Diana. Die Biographie*, Droemer Verlag München 2007.
– Sally Bedell Smith, *Diana. Auf der Suche nach sich selbst*, Wilhelm Heyne Verlag München 2000.

Elisabeth, Kaiserin von Österreich, Königin von Ungarn
– Brigitte Hamann, *Elisabeth. Kaiserin wider Willen*, Piper Verlag München 1998.
– Katrin Unerreiner, *Sisi. Mythos und Wahrheit*, Verlag Christian Brandstätter Wien und München 2005.

Sigmund Freud
– Hans Martin Lohmann, *Sigmund Freud*, Rowohlt Taschenbuch Verlag Reinbek bei Hamburg 2006.
– Max Schur, *Sigmund Freud*, Suhrkamp Verlag Frankfurt am Main 1973.

Galileo Galilei
– Stillman Drake, *Galilei*, Verlag Herder Freiburg im Breisgau o.J.
Vincent van Gogh
– Matthias Arnold, *Vincent van Gogh*, Kindler Verlag München 1993.

– Fritz Erpel und Eva Schuhmann, *Vincent van Gogh. Ein Malerleben. Selbstzeugnisse in Briefen*, Henschelverlag Kunst und Gesellschaft Berlin 1990.
– Herbert Frank, *Van Gogh*, Rowohlt Taschenbuch Verlag Reinbek bei Hamburg 1976.
– Stefan Koldehoff, *Vincent van Gogh*, Rowohlt Taschenbuchverlag Reinbek bei Hamburg 2003.
– Stefan Koldehoff, *Vincent van Gogh. Mythos und Wirklichkeit*, DuMont Literatur & Kunst Verlag Köln 2003.
– Melissa McQuillan, *Van Gogh*, Lichtenberg Verlag GmbH München 1998
– Eva Schuhmann, *Vincent van Gogh. Briefe an seinen Bruder*, Bd. 1–3, Kindler Verlag München o. J.
– Anna Torterolo, *Van Gogh*, Dumont Verlag Köln 1999.
– Stichting Kröller-Müller Museum, Otterlo, Niederlande.

Heinrich VIII.
– Uwe Baumann, *Heinrich VIII.*, Rowohlt Taschenbuch Verlag Reinbek bei Hamburg 1991.
– Jasper Ridley, *Heinrich VIII. Eine Biographie*, Benziger Verlag Zürich 1990.

Jimi Hendrix
– Corinne Ullrich, *Jimi Hendrix*, Deutscher Taschenbuch Verlag München 2000.
– Charles Shaar Murray, *Jimi Hendrix. Sein Leben, seine Musik, sein Vermächtnis*, Verlagsgruppe Koch-Hannibal Höfen (Österreich) 2003.

Steve Jobs
– Jeffrey Young und William L. Simon, *Steve Jobs und die Geschichte eines außergewöhnlichen Unternehmens*, Scherz Verlag Frankfurt am Main 2006.

John F. Kennedy
– Nigel Hamilton, *John F. Kennedy. Wilde Jugend. Leben und Tod eines amerikanischen Präsidenten*, S. Fischer Verlag Frankfurt am Main 1993.

– Edward Klein, *Das Geheimnis der Kennedys. Eine Familie und ihr Fluch*, F. A. Herbig Verlagsbuchhandlung München 2004.
– Alan Posener, *John F. Kennedy*, Rowohlt Taschenbuchverlag Reinbek bei Hamburg 1991.
– Thomas Reeves C., *John F. Kennedy*, Ernst Kabel Verlag Hamburg 1992.

Martin Luther King
– Stephen B. Oates, *Martin Luther King*, Ernst Kabel Verlag Hamburg 1984.

Marilyn Monroe
– Donald Spoto, *Marilyn Monroe. Die Biographie*, Wilhelm Heine Verlag München 1993.

Mozart
– Attila Csampai und Dietmar Holland (Hrsg.), *W. A. Mozart, Die Entführung aus dem Serail. Texte, Materialien, Kommentare*, Rowohlt Taschenbuch Verlag Reinbek bei Hamburg 1983.
– Georg Knepler, *Wolfgang Amadé Mozart. Annäherungen*, Henschel Verlag o.O. 2005.
– Malte Korff, *Wolfgang Amadeus Mozart*, Suhrkamp Verlag Frankfurt am Main 2005.
– Franz Xaver Niemetschek (Autor) und Jost Perfahl (Hrsg.), *Ich kannte Mozart. Die einzige Biografie von einem Augenzeugen*, Langen Müller München 2005.
– Maria Publig, *Mozart. Ein unbeirrbares Leben*, Langen Müller München 1991.
– Erich Valentin, *Mozart. Eine Biographie*, Hugendubel Kreuzlingen und München 2006.

Abi Ofarim
– Abi Ofarim, *Der Preis der wilden Jahre*, Pabel-Moewig Verlag Rastatt 1985.

Aristoteles Onassis
– http://www.stern.de/lifestyle/leute/:Aristoteles-Onassis-Reicher-Mann/553194.html

Edith Piaf
– Simone Berteaut, *Ich hab' gelebt Mylord. Das unglaubliche Leben der Edith Piaf*, Scherz Verlag Bern und München 1970.
– Matthias Henke, *Süchtig nach der Sehnsucht. Edith Piaf*, Econ & List Taschenbuch Verlag München 1998.
– Joëlle Monserrat, *Edith Piaf. »Non, je ne regrette rien«*, Wilhelm Heyne Verlag München 1995.

Pablo Picasso
– Norman Mailer, *Picasso. Portrait des Künstlers als junger Mann*, Piper Verlag München 1996.
– Wilfried Wiegand, *Picasso*, Rowohlt Taschenbuch Verlag Reinbek bei Hamburg 1973.

Elvis Presley
– Peter Guralnik, *Last Train to Memphis. Elvis Presley. Sein Aufstieg 1935–1958*, Bosworth Music Berlin 2005.
– Peter Guralnik, *Careless Love. Elvis Presley. Der Abgesang 1958–1977*, Bosworth Music Berlin 2006.
– Peter Harry Brown und Pat H. Broeske, *Elvis. Die Biographie*, Engelhorn Verlag Stuttgart 1997.

Romy Schneider
– Günter Krenn, *Romy Schneider. Die Biographie*, Aufbau Verlag Berlin 2008.
– Alice Schwarzer, *Romy Schneider. Mythos und Leben*, Verlag Kiepenheuer & Witsch Köln 1998.

Geht nicht, gibt's nicht – Talent ist lernbar

Daniel Coyle
DIE TALENT-LÜGE
Warum wir (fast) alles
erreichen können
Aus dem Amerikanischen von
Jürgen Neubauer
265 Seiten
ISBN 978-3-431-03785-2

Talent ist gottgegeben. Oder fest in den Genen verankert. Daran lässt sich nichts ändern.
»Falsch!«, sagt Daniel Coyle. Er hat entdeckt, warum aus einer einzigen Tennisschule in Moskau so viel mehr Weltklassespieler kommen als von irgendwo sonst auf der Welt. Oder warum 90 Prozent der Schüler einer Gesangsschule in Dallas einen Plattenvertrag ergattern – eine Quote, von der andere nur träumen. Was machen diese Schulen besser? Ob im Sport oder in der Kunst, in der Musik oder Mathematik, überall hat Daniel Coyle dieselben Grundbausteine gefunden, mit denen wir unsere Talente erfolgreich fördern und unser Potenzial besser ausschöpfen können. Und jetzt sind Sie dran!

Ehrenwirth

Wann haben Sie Ihre besten Ideen?
Kurz vor dem Einschlafen?
Unter der Dusche? Beim Joggen?

William Duggan
GEISTESBLITZE
Wie wir Intuition zur Strategie machen können
Aus dem Amerikanischen von Regina Schneider
272 Seiten
Klappbroschur
ISBN 978-3-7857-2382-1

Auch wenn es sich so anfühlt – Geistesblitze kommen nicht aus heiterem Himmel. Sie sind keine göttliche Eingebung und haben nichts mit Genialität zu tun. Sie sind schlicht eine ganz besondere Art von Intuition, die nach einem überraschend einfachen Muster abläuft. Dieses Buch erklärt, woher die guten Ideen kommen und wie wir die besten Voraussetzungen für den nächsten Geistesblitz schaffen. Denn: Kreativität ist planbar!

Gustav Lübbe Verlag